CHAMUEL
SCHAUFFERT

Seelensphäre

Sternentor zu Deinem Spirit

CHAMUEL
SCHAUFFERT

Seelensphäre

Sternentor zu Deinem Spirit

IMPRESSUM

Erstausgabe 2016

5.Auflage 2017

Covergestaltung: einklangmedia.de

Herstellung: Eigenverlag

Adresse: Chamuel World of Spirit
Bündtenackerweg 2
CH- 4146 Hochwald

E-Mail: office@chamuel-world-of-spirit.com
Internet: www.chamuel-world-of-spirit.com

ISBN: 978-3-033-05646-0
EAN: 9120049170210

Inhaltsverzeichnis

Vorwort

Herzlichen Dank, dass Du in Betracht ziehst, dieses Buch zu erwerben.
Neue Möglichkeiten zu erforschen, ist ein spannendes Abenteuer.

Die absolute, tiefgreifende Faszination der Seelensphären hat mich vom ersten Augenblick an, als ich mit ihnen in Berührung kam, in den Bann gezogen. Die phantastische Welt der Seelensphären ließ mich intensiver und umfassender in die Schöpfungsgeschichte unseres Universums eintauchen.
Die Entwicklung und Weisheit der unterschiedlichen Seelen und ihre Charaktere begeisterten mich mehr und mehr, bis ich letztendlich völlig von der Schönheit und Weisheit unseres Daseins verzaubert wurde.
Gerne will ich mein Wissen über die Seelensphären mit Dir teilen.
Meine Leidenschaft für das Thema ließ mich intensiv spüren, wie unglaublich wichtig die bezaubernde Welt der Seelensphären für die Menschen ist.
Die Idee für ein Buch, in denen alle auf der Erde vorhandenen Seelensphären und die Engel-Sphäre vorgestellt werden, war geboren.

Ich lade Dich ein, mit mir in die phantastischen Welten der Seelensphären einzutauchen.
Lass Dich treiben und schwebe mit Deinen Gedanken zu Deiner Sphäre oder bade in der Energie der verschiedenartigen Seelensphären und der Engel-Sphäre.
Verweile und genieße die Erinnerungen, die in Dir er- und geweckt werden.
Lass Dich auf unbeschreiblich erfüllende Abenteuer in den unterschiedlichen Seelensphären ein.
DU BIST JEDERZEIT ALLGEGENWÄRTIG IM KOSMOS.

In tiefer Verbundenheit zu Dir und der gesamten Schöpfung

Chamuel Schauffert

Beweggrund für das Buch

Was ist eine Seelensphäre?
Woher kommt Deine Seele?
Was geschieht mit Deiner Seele beim Verlassen Deines menschlichen Körpers?
Bist Du ein Engel oder ein Lichtwesen?
Was kannst Du mit dem Wissen der Seelensphären und der Engel-Sphäre anfangen?

Mittlerweile wurde mir viele Male die Ehre zuteil, Menschen mitzuteilen, welcher Seelensphäre sie angehören.
Die Reaktionen sind tief bewegend. Sie reichen von einem inneren Lächeln bis hin zu tränenreichen Emotionen, die sich einen Weg an die Oberfläche bahnen. Die berührenden Begegnungen mit diesen wundervollen Seelen eröffnete mir die Sichtweise, wie außerordentlich tiefgreifend das Wissen über unseren universalen Ursprung ist.
Mein Wille, diese wundervolle Seite unserer Schöpfung für viele Menschen greifbar werden zu lassen, feuerte mich an, das Buch in die materielle Realität zu bringen.

Das Buch unterstützt Dich, Deine wahre Identität zu entdecken. Bedenke jedoch, wir alle sind Eins. Selbstverständlich gibt es in jeder Sphäre Energien, die Dir bekannt sind und zu denen Du Dich hingezogen fühlst.
Das Buch begleitet Dich ein Stück des Weges zu Dir selbst, zu Deiner „Urseele“ im Universum. Durch das Lesen und Eintauchen in die Seelensphären erlebst Du spürbare Erfahrungen. Deine Bewusstwerdung, Ahnungen oder Erinnerungen werden Dich beflügeln. Sie fördern nachhaltig Deine göttliche Erleuchtung.

Immer tiefer verstand ich, wie wichtig das geistige Wissen über unsere spirituelle Heimat ist, um im jetzigen Leben Gefühle, Handlungsweisen und Sehnsüchte besser zu verstehen. Es ist hierdurch wesentlich leichter, ein reich erfülltes Leben für sich selbst und seine Mitmenschen zu erschaffen.

Mittlerweile sind auf der Erde Wesen aus 12 Seelensphären inkarniert.

Im März des Jahres 2015 ist das vorerst letzte Seelensphären-Tor geöffnet worden.
Die aktuellen Seelensphären auf der Erde sind:

- Lemurien
- Regenbogen-Sphäre
- Elfen- & Feen-Sphäre
- Wal- & Delphin-Sphäre
- Sirius
- Orion
- Plejaden
- Larimar
- Sonnen-/Sternen- und Planeten-Sphäre
- Zamarah
- Ansara
- Engel-Sphäre

Die Seelensphären bringen eine Vielzahl unterschiedlicher Daseinsformen und Wesensarten auf die Erde. Die Seelensphären-Charaktere könnten unterschiedlicher nicht sein. Einige Beispiele: die Tiere, die Kristalle, das Wasser, die Bäume und natürlich die Lichtwesen sowie die Engelwesen.
Engelwesen besitzen die gleichen Rechte und Pflichten wie alle Wesen im Universum. Aus diesem Grund ist es nur natürlich, dass sie die Erfahrungswelt der Menschlichkeit ebenfalls erleben.
Mit unbeschreiblich galaktischer Kreativität bereichern die verschiedenen Wesensarten der Seelensphären in einem gigantischen Ausmaß das Leben auf der Erde. Doch Achtung: nicht alle Wesen aus einer Seelensphäre inkarnieren! Der Durchschnitt der inkarnierenden Wesen aus den Seelensphären beträgt ca. 1/3 der Wesensarten. Mitunter sind es sogar nur die Lichtwesen oder eine einzige Seelenart, welche den Weg zur Erde findet.
Dir wird die unendliche Freiheit geschenkt, die universale Schöpfung aus diversen Blickwinkeln auf der Erde zu erleben und zu erfahren. Wir alle gemeinsam sollten uns mehr bewusst werden, was für ein faszinierendes und großartiges Geschenk das Leben auf der Erde ist. Die kosmische Liebe auf unterschiedlichste Weise auf der Erde zu entdecken und ausprobieren zu dürfen, ist eine überaus großzügige Gnade von Gaia. Hier auf der Erde erhältst Du die

wundervolle Möglichkeit, 12 verschiedene Seelensphären auf EINER Ebene zu erfahren. Was für ein phantastisches Abenteuer!

Anwendung des Buches

Im Buch verwende ich die „Du“ Anrede.
Alle Wesen zusammen ergeben DIE SCHÖPFUNG. Kein Wesen ist vom anderen getrennt.
Wir sind die Einheit, oder zumindest sollten wir anfangen, diesen Weg zu beschreiten.
Aus welcher Seelensphäre Du auch kommen magst, wir sind letzten Endes EINS. Dieses Gefühl zu vermitteln, ist mir eine Herzensangelegenheit. Für eine Begegnung auf Augenhöhe ist es vorteilhaft, Nähe zu schaffen. Ich bin gerne bereit, Dir ebenbürtig zu begegnen und Dein Herz zu berühren.

Versuche beständig, Deinen Geist für alle Möglichkeiten zu öffnen. Nichts ist in der göttlichen Schöpfung unmöglich. Vor tausend Erdenjahren beispielsweise hätte sich keine irdische Seele ein Leben, wie wir es heute führen, vorstellen können!
Erscheint Dir eine meiner Wahrheiten als vollkommen unvorstellbar, dann bedenke, dass die Aussage gegebenenfalls für einen anderen Erdengast wichtig ist. In diesem Buch beschreibe ich ALLE Seelensphären und wie Du bemerken wirst, wir SIND unterschiedlich. In Allem!
Es ist mir ein großes Anliegen, dass jedes Wesen seinen eigenen Nutzen aus diesem Buch ziehen kann.

Ist Dir Deine Seelensphäre nicht gegenwärtig, ist das ein wundervoller Grund, das Buch zu erforschen. Vielleicht fühlst Du Dich zu einer Seelensphäre besonders hingezogen. Ist das der Fall, kann das folgendes bedeuten:
1. Du benötigst gerade die Energie in einem hohen Ausmaß.
2. Die Seelensphäre hat beschlossen, Dich auf besondere Weise zu unterstützen.
3. Du kommst aus dieser Seelensphäre.
Für eine definitive und kompetente Aussage ist es unerlässlich, in der Akashachronik nachzufragen. Alles andere basiert auf Vermutungen und ist daher unseriös.

Es ist mir durchaus bewusst, dass das Buch mancher Vorstellungskraft Grenzen setzt.
Ist das bei Dir der Fall, dann überspringe einfach ein Kapitel oder lass das Buch ruhen. Das Wissen wirkt in Dir und wird nach und nach seine tiefgreifende Energie entfalten. Du solltest Dich niemals zwingen, verstehen zu müssen! Du hast das Recht, Deine Wahrheit auf Deine Weise zu leben. Lass Dir von keinem spirituellen Lehrer oder ähnlichem vorschreiben, was Du als Wahrheit akzeptieren musst.
Es ist jederzeit ein „Du KANNST“, sofern Du willst.

Da Du einzigartig bist, erscheint es mir unmöglich, Dir Anleitung zu geben, wie Du das Buch am besten nutzt. Jedoch beinhaltet das Buch einige Tipps, die Dich in Deiner Entwicklung unterstützen. Sie sind jeweils in die einzelnen Kapitel eingefügt. Es liegt allerdings in Deiner Verantwortung, was Du annimmst.
Beachte: Gleich was Du entscheidest, alle Wege sind Dein persönlicher Weg. Betrachte einen Tipp von mir als Samenkorn, das in Dir wächst. Du formst und förderst das Samenkorn.
Meine Empfehlung: Ignoriere, was Dich nicht berührt und lebe, was Dich bewegt.

Eine Garantie auf exakte Erfahrung kann ich nicht geben. Das wäre anmaßend. Hierdurch würde ich Dich glauben lassen, die gesamte Schöpfung in ihrer Vollkommenheit zu kennen.
Dem ist nicht so. Meine Wenigkeit darf gleichfalls auf der Erde einiges erfahren und erforschen.

Da ein derartiges Buch über die Seelensphären im Gesamten momentan auf dem Buchsektor nicht vorhanden ist, bemühte ich mich, alle wichtigen Aspekte darzulegen. Dennoch liegt es durchaus im Bereich des Möglichen, dass ich nicht allen Thematiken gerecht werde. Glücklicherweise ist die Schöpfung unendlich. Meine Möglichkeiten in diesem Buch sind begrenzt. Ich bin absolut im positiven Glauben, dass weitere Bücher folgen, in denen ich tiefer auf einzelne Themen eingehen darf.
Der Fokus dieses Buches konzentriert sich auf die Wissenserweiterung und der daraus entstehenden irdischen ANWENDUNG. Bist Du bereit, Dein Bewusstsein zu erweitern,

inspiriert Dich das Buch zu eigenverantwortlichem Handeln und Schöpfen.
Kein verantwortungsbewusster spiritueller Lehrer/Therapeut wird Dein Bewusstsein erheben! Du allein besitzt die Macht dazu!

Weder Seraphim Michael, Raphael oder Uriel, noch Avatare wie Rowena, Buddha oder Saint Germain werden Dir Wünsche erfüllen. Das liegt absolut in Deiner eigenen Verantwortung. Vielmehr werden sie darauf bedacht sein, dass Du Deinen Willen wahrnimmst und ausführst!
Sie werden Dich unterstützen, dich manchmal ein Stück des Weges tragen, jedoch werden sie niemals Deinen Weg für Dich beschreiten!
Sollte ein Wesen Dir anbieten, Deine Probleme zu lösen, sei kritisch!
Manipulationen sind in der spirituellen Szene an der Tagesordnung.
Ein wahrer Lehrer/Therapeut wird Dich immer in Deine Eigenverantwortung begleiten. Er wird Dich ermutigen, Dich auf die Abenteuer der Erfahrungen einzulassen und Neues auszuprobieren.

Wie Du Übungen empfindest, ist von Deiner Persönlichkeit abhängig. Empfohlene Zeiten sind ein Tipp und nicht Gesetz! Bist Du anderer Meinung, dann lebe genau das, was Du für richtig erachtest. Nichts ist in diesem Sinne richtig und nichts ist wirklich falsch. Nur unsere eigenen Bewertungen lassen Gegebenheiten im Licht des Unterschiedes aufscheinen.

Jede Übung ist für alle geeignet - ob „alter Hase“ oder „Neueinsteiger“. Der Aufbau ist allgemein gehalten. Empfindest Du bei einer Übung Widerstand, probiere sie zu einem anderen Zeitpunkt oder führe sie nicht aus. Es ist gut, ein Gefühl zu entwickeln, was Dir entspricht. Nur so kannst Du herausfinden, WER und WAS Du bist und was Du willst.
Bedenke jedoch, Spaß und Freude sollten bei jeder Übung Deine Begleiter sein.
Eine liebevolle Kontaktaufnahme zu den Seelensphären hat nur Bestand, sofern sie in Freude geschieht. Ist eine Übung zu mühevoll, gebe Dir mehr Zeit und Raum. Lieber kürzer und öfter üben, dafür mit mehr Erfolgserlebnissen.

Versuche jede Übung ohne Erwartungen an das Resultat zu beginnen. Beachte, Du bist in keiner „irdischen Schule“. Leistung ist weder der Weg, noch das Ziel. Möglicherweise spielt der Zeitpunkt eine Rolle. Übungen werden nur als angenehm empfunden, wenn Du Dir dafür Raum gibst. Bei Stress, kürze eine Übung oder verschiebe sie auf einen optimaleren Zeitpunkt. Gib nicht auf, sondern bleibe im Vertrauen, dass Du den richtigen Weg findest. Fühle Dich absolut frei, die Übungen zu absolvieren!

Die eigene Wahrhaftigkeit zu finden, endet in unendlicher Freude, sofern Du Deine Wahrheit auf Erden nicht allzu verbissen suchst.

Nutze das Wissen

Es berührt mich tief, dass immer mehr Menschen bereit sind, den Weg ihrer Spiritualität zu beschreiten. Die Erde ist ein beliebtes Übungsfeld, das Du hervorragend zum Erforschen Deiner Möglichkeiten nutzen kannst. Es ist ein magisches Abenteuer, Dein irdisches Dasein mit Deiner kosmischen Urkraft zu vereinigen. Ganz gleich auf welche Art und Weise Du die spirituelle Welt entdeckst und lebst, sie ist immer Teil Deiner wahren Seele. Selbst wenn Du sie nicht aktiv ausübst, Du bist und bleibst eine Reflektion der göttlichen Schöpfungskraft, gleich wo, in welcher Form und wie oft Du existierst.

Meine erlebten Erfahrungen als Mensch führten zur Erkenntnis, wie überaus wertvoll die Weisheit und die Energie der Seelensphären und der Engel-Sphäre für alle auf der Erde sind. Sämtliche Entwicklungsprozesse in den kosmischen Sphären oder im Universum nehmen Einfluss auf die Entwicklung der Erde. Besonders die Entwicklungen im spirituellen Sein können wir uns auf der Erde nutzbar machen. Natürlich kommt das Wissen über die unterschiedlichen „Techniken“ gleichfalls aus den Seelensphären. Besonders in der heutigen Zeitepoche ist es ratsam, das innere Bewusstsein der eigenen spirituellen Fähigkeiten zu erheben und sich nicht mit der materiellen Technik einzuschränken.
Ich lehne die irdische Technik keinesfalls ab. Vielmehr sollten wir sie mit unserem spirituellen Bewusstsein verbinden. Es liegt durchaus im Bereich des Machbaren, Technik und Spirit vereint zu nutzen. Irdische Ressourcen sollten nicht maßlos und in der Gier vergeudet werden.

Das Ziel wäre, das göttliche Paradies im Einklang mit allen Möglichkeiten auf Erden zu leben.

Es ist ein grandioses Gefühl, Grenzen, die Dich eingeengt haben, zu sprengen und Deine „Göttlichkeit“ innerhalb der irdischen Ebene zu erwecken. Schwebe in die Dimensionen und Ebenen der Seelensphären und lasse Dich be- und verzaubern. Deine Sicht, sowohl auf die sichtbare Welt als auch auf die geistige Sphäre, verändert sich stetig und so manches Rätsel löst sich auf.

Die Magie unseres Daseins war und ist ein zentraler Punkt auf der Erde. Seit Jahrmillionen befasst sich die „Menschheit“ mit den Fragen, woher komme ich, wohin gehe ich UND warum bin ich auf der Erde? Wozu das Ganze?
Zur Beantwortung all dieser Fragen unterstützen uns das Wissen und die Weisheit der diversen Seelensphären.

Es ist bedauerlich, dass Menschen auf der Erde vergessen haben, woher sie kommen und wohin sie zurückkehren. Manche Menschen fühlen sich auf der Erde fehl am Platz oder nirgends zugehörig. Die Folge: Verlustängste, Unruhe, Verwirrtheit, Aggression bis hin zu Depressionen und Todessehnsucht, um nur einige Auswirkungen zu benennen.
Die innere Intuition wird sich bemühen, ihre Erinnerung aufrecht zu erhalten. Sie wird kontinuierlich Kontakt zu unserer Heimat in den Seelensphären suchen. Gibst Du der Erinnerung Raum und wagst Du es, aktiv Kontakt zu erhalten, fühlt sich Deine Seele getragen und verbunden. Dein Leben erhält eine gigantische Bereicherung. Dein Verständnis für Dich selbst und Deine Mitmenschen wächst. Einem irdisch erfüllten Dasein steht nichts mehr im Wege.

Dein Verständnis für das GESAMTE weitet sich in Deinen Alltag aus. Du wirst beginnen, Herz und Verstand zu vereinen. Die gesamte Schöpfung ist jederzeit vollkommen mit allem verbunden. Mit unserem menschlichen Verstand verschließt sich uns manchmal das Wissen über die Gesetze der göttlichen Schöpfung. Alles zu lieben und im Wissen des All-Eins-Seins zu handeln, geht im alltäglichen Wahnsinn verloren. Jeder Mensch besitzt einen eigenen Körper und das ist, was wir wahrnehmen: MEIN und DEIN.

Hiermit ist nicht nur die Menschheit gemeint, sondern jegliche Energie/Materie, vom Stein bis zum Kristall bis hin zur Fauna oder Tierwesen.
Gemeinsam sind wir Gott oder die Schöpfung. Wir sind alle Puzzleteile des gesamten Gefüges. Schließt sich ein Puzzleteil aus, zerfällt das Bild und es entsteht Disharmonie.
Diese Weisheit ist besonders wichtig. Sie zeigt die Notwendigkeit auf, jedem Wesen in Respekt und Achtsamkeit zu begegnen.
Erschließt sich Dir die Weisheit, dass das Projekt Erde nur im Licht der Gemeinschaft funktionieren kann, ist die logische Folge, dass Du jedem mit Liebe begegnest.

Sind Dir die Energie/die Charakterzüge der einzelnen Seelensphären bewusst, akzeptierst Du Grenzen und Möglichkeiten Deines Gegenübers leichter.
Niemand wird mehr gezwungen, sich verbiegen zu müssen, damit er akzeptiert wird.
Betrachte jede Seele als Ergänzung zu Deiner eigenen Seele. Jede Seele besitzt einen Aspekt von Gott, der Dich vollkommen werden lässt. Du gehörst der Schöpfung nicht an. DU BIST DIE SCHÖPFUNG.

Wissen-Weisheit-Wahrheit

Jeder Mensch versucht, sich von anderen zu unterscheiden. Jeder ist bestrebt, seine Einzigartigkeit zum Ausdruck zu bringen. Du ebenso wie ich.
Das ist absolut richtig.
Manchmal hindert uns die menschliche Denkweise daran, unsere Einzigartigkeit im Gesamten zu sehen.
Erkenne das Ich im Wir. Lebe das Wir im Ich.

Aus unserer Einzigartigkeit heraus entstehen die unterschiedlichen Wahrnehmungen, das differente Wissen und die daraus resultierende seelenbezogene Weisheit.
Deine Daseins-Geschichte ist einzigartig. Die Folge: Deine Wahrnehmung ist einzigartig!
Viele Faktoren spielen bei Deiner Wahrnehmung eine Rolle. Woher kommst Du? Was hast Du in anderen Sphären erlebt? Wie oft warst

Du schon auf der Erde? … und so weiter. All das zusammen ergibt die Summe Deiner Wahrnehmung und Weisheit. Jede Seele erlebt ihre eigene Geschichte und daraus resultiert: EINE ABSOLUTE WAHRHEIT ODER WEISHEIT GIBT ES NICHT.

Was der Menschheit schwer fällt, ist die Akzeptanz der unterschiedlichen Weisheiten und Wahrnehmungen. Sie ist dennoch ein natürliches und richtiges Geschehen. Ein Eskimo nimmt die Erde aus einem anderen Blickwinkel wahr, als ein Wüstenbewohner. Müssten sie die Erde beschreiben, könnten sich die Beschreibungen wohl kaum andersartiger anhören.
Beide Sichtweisen der Erde sind richtig und wahr!
Betrachte Dein Gegenüber als Wesen mit anderen Erfahrungen und versuche, alle negativen Bewertungen zu vermeiden.

Ein gottesgläubiger Mensch wird Dir Gott in einem anderen Licht aufzeigen, wie ein Atheist.
Beide Sichtweisen und Wahrnehmungen sind richtig. Sie verwenden für ihre Weisheit nur unterschiedlich eingestellte „Teleskope".
Weisheit ist davon abhängig, was Du erlebt hast.
Prinzipiell gibt es weder richtig noch falsch. Das sind Erfindungen unserer Gesellschaft! Was es gibt, ist das Abenteuer unseres Daseins, das jede Seele individuell erlebt.
Betrachte Dein Leben als Abenteuer, in dem Du ruhig und ohne schlechtes Gewissen Erfolge und Misserfolge erleben darfst. Erfahre Dein Leben und erhalte bereichernde Lebenserfahrung.

Habe keine Furcht vor Wandel. Bleibe offen für neue Wahrheiten und Weisheiten.
Besitzen wir eine Meinung, bedeutet das keineswegs, dass wir diese nicht ändern dürfen. Du bist kein Blatt im Wind, sondern ein Wesen, das sich auf das Leben einlässt, anstatt nur zu existieren. Die Folge: Mehr Lebenserfahrung = verschiedene Wahrheiten. Was heute für Dich gültig ist, kann sich morgen durch ein Ereignis komplett wandeln.
Sei mutig für Neues. Vermeide jedoch, Dir die Meinung und Wahrheit eines anderen Wesens aufdrängen zu lassen. Prüfe exakt, ob sie mit Deiner Lebensphilosophie übereinstimmt. Dies gilt im Besonderen für spirituelle Lehrer, falls Du bei einem solchen

verweilst. Das Gleiche gilt für Dich, sei bestrebt, jedem seine Wahrheit zu lassen.

Wir alle neigen dazu, unsere Version der Weisheit als die Richtige anzupreisen. Doch Du darfst akzeptieren, dass die göttliche Schöpfung einem stetigen Wandel unterliegt. Hierdurch erfährst Du mal kleinere, mal größere Erleuchtung. Es ist unnötig, eine Einheitsmeinung anzustreben. Wesentlich bereichernder ist es, nimmst Du jede Wahrheit und Weisheit in Dir auf und fügst sie, sofern passend, Deiner Weisheit hinzu.
Wahrheiten und Wahrnehmungen sind nicht gleich, sondern GLEICHWERTIG.

Dies bringt uns zu meiner Wahrnehmung und Weisheit. Ich kann Dir keine absolute Sicherheit geben, dass meine Wahrheit mit Deiner Weisheit zu 100% übereinstimmt.
Möglicherweise begegnet Dir ein Mensch, der die Meinung vertritt, dass das Buch und dass darin enthaltene Wissen nicht der Wahrheit entspricht.

Hier empfehle ich Dir, bleibe offen für neue Aspekte und bilde Dir Deine eigene Meinung. Denke daran, dass jeder denken darf, was er möchte. Es gilt nicht zu bewerten, sondern zu erfahren, was die eigene Weisheit ist.

Was ich in diesem Buch schreibe, ist eindeutig meine Wahrnehmung und meine Weisheit.
Es ist mir nicht möglich, anderes zu schreiben, als das, was ich erlebe. Da kommen wir nun einmal nicht drum herum. Es besteht die Möglichkeit, dass meine Wahrheit sich von Deiner Wahrnehmung unterscheidet.
Prinzipiell ist es belanglos, sofern Du es als eine Möglichkeit und Bereicherung betrachtest.
Nehme was Dich beflügelt, das andere... akzeptiere als meine Weisheit. Du darfst Dir jedoch in Einem ganz sicher sein: Ich begegne Dir jederzeit in der Authentizität meiner Seele. Ich besitze zudem nicht den Anspruch, die einzige Wahrhaftigkeit zu kennen.

Spiritualität heute

Die Gesellschaft ist unbestritten im Wandel begriffen. Dennoch ist die Spiritualität für viele Menschen noch ein rotes Tuch. Oft ist das die Folge von „esoterischer“ Erfahrung. Die Erfahrung ist meistens mit negativen Erlebnissen behaftet. Hier darf klar und deutlich unterschieden werden. Nicht jeder Mensch, der sich intensiv mit Spiritualität auseinandersetzt, ist ein „Spinner“ und weltfremd. Ganz und gar nicht. Es gilt jedoch, klar und deutlich einen Unterschied zwischen Spiritualität und Esoterik zu vollziehen.
Für mich selbst erkläre ich es folgendermaßen: Esoterik treibt Dich in die Abhängigkeit.
Spiritualität unterstützt Dich, Deine Selbstverantwortung zu übernehmen und somit FREI zu werden.
Prüfe genau, was Du bei einem „Lehrer“ oder „Produkt“ empfindest. Entsteht das Gefühl von „ich muss“, dann versuche Dich schnellstmöglich davon zu befreien.

Bedauerlicherweise glauben die Menschen immer noch mehr dem Sichtbaren, als dem Unsichtbaren. Lustig hierbei ist: sämtliche Religionen basieren auf Gott, und ER/SIE/ES ist in keiner Religion absolut nachweisbar.
Es ist nicht relevant, was wir mit menschlichen Augen sehen. Denn selbst das menschliche Auge spielt uns Streiche. Von Vorteil ist jedoch, BEIDES, also Materie und Spirit miteinander zu verbinden. Du besitzt eine innere Intuition, eine innere Weisheit. Diese solltest Du fördern und mutig leben. Niemand kann jede Regung, jedes Gefühl, das empfunden wird, 100%ig erklären. Manchmal wissen wir es einfach.
Zeigt sich in Dir ein Gefühl, folge Deiner Intuition vertrauensvoll. Versuche, Dein Wissen oder Deine Ahnung nicht zu unterdrücken. Falls Du einmal daneben liegst, verliere nicht das Vertrauen. Sieh es weiterhin als Übung an, immer mehr auf Deine innere Weisheit hören zu dürfen.

Nichts ist, wie es scheint und nichts zeigt sich, wie es ist. Auf der Erde leben wir im besonderen Maß in einer phantastischen Illusion der Schöpfung. Das Universum ist in einem stetigen Bewusstwerdungsprozess. Daher bleibe für alle Möglichkeiten offen. Was Dir heute unmöglich erscheint, ist morgen selbstverständlich.

Bei allem Wandel und neuen Erkenntnissen, achte bitte auf allzu sensationsheischende Prozesse. Die wahre Spiritualität kommt auf leisen und sanften Wegen. In der authentischen und unverfälschten Spiritualität gilt es, für das Gesamte zu arbeiten, und nicht das eigene Ego zu befriedigen.

Selbstverständlich darf jedes Wesen die Spiritualität leben, wie es möchte. Allerdings liest Du gerade mein Buch, und ich nehme meine Verantwortung durchaus ernst. Meine Bemühungen sollen die Basis für eine gewissenhafte Wissenserweiterung schaffen. Von allzu schnellen Resultaten oder Sensationen rate ich ab. Vielmehr sollte das nachhaltige Erwachen Deines Bewusstseins im Vordergrund stehen.
Unterschätze Deine innere Weisheit niemals. Sie ist da, bereit von Dir entdeckt zu werden. Fange langsam und behutsam an, Deine Weisheit in Deinen Alltag einzubauen. Bevor Du Entscheidungen fällst, halte einen Augenblick inne, und höre auf das, was Dir Dein Bewusstsein mitteilen will.

Spirituelle Lehrer aus allen Religionen oder Nicht-Religionen absolvieren ihre „Ausbildung" auf der Erde. Es gibt keine Ausnahme-„Talente". Es ist nichts Besonderes, ein hohes Bewusstsein zu entwickeln. Jedes Wesen darf und kann das. In diesem Sinne ist kein Hinderungsgrund vorhanden, dass Du Deine irdisch spirituelle Entwicklung hier ebenfalls durchläufst. Hohe bewusste Spiritualität muss nicht angeboren sein, damit Du sie jetzt erfahren darfst. Jetzt ist der Zeitpunkt aufzuwachen. Und das Jetzt ist in jedem Augenblick.
Eben jetzt.

Hierbei ist besonders zu beachten, dass Du der Versuchung wiederstehst, andere Wesen über Dich zu stellen. Ganz gleich wie ausgeprägt ein Bewusstsein entwickelt ist, wir sind alle gleich viel wert! Niemals steht ein Wesen über einem anderen. Und sei es Seraphim Michael persönlich.

In der Spiritualität gibt es kein besser, schneller, höher oder weiter! Hier gibt es Hingabe an die eigene und somit an die gesamte Schöpfung. Du darfst erfahren, wie es ist, mit Deiner spirituellen

Seite Sicherheit und Selbstwert zu leben. Spiritualität findet nicht in den „höheren Sphären“ statt, sondern genau hier auf Erden und ganz genau in Deinem Körper, ganz spezifisch in Deiner bewussten Seele oder Deinen Gedanken. Mit dem Wissen der Seelensphäre oder präziser, mit der Weisheit Deiner Seelensphäre wird es einfacher, Deinen Bewusstwerdungsprozess voranzutreiben.

Ich bin absolut davon überzeugt, dass wir, soll die Menschheit überleben, unsere spirituellen Fähigkeiten schnellstmöglich entwickeln müssen. Ohne die Weisheit des Universums und damit verbunden die Weisheit der Seelensphären, kann es kein Überleben für das Projekt Erde geben.

Definition spiritueller Ausdrücke

Bevor ich tiefer in die spirituelle Welt eintauche, werde ich Wörter, die in diesem Buch des Öfteren erscheinen, erklären. Es ist von Vorteil, dieses Kapitel genau zu erforschen. Nicht jeder hat für ein Wort die gleiche Definition. Daher sehe ich es als vorteilhaft an, Dinge aus meiner Sicht zu erklären. Somit werden Missverständnisse reduziert und Du erhältst mehr Freude am Entdecken des Buches.
Die unterschiedlichen Aspekte sind ein zentrales Thema in diesem Buch und natürlich ebenso im Universum. Es ist ratsam und fruchtbar, ein wenig mehr als nur den Kern zu wissen. Zumal sich der Kern oft verborgen hält, erforschen wir nicht erst die Wunder um den Kern herum. Hier geht es darum, das Ganze in seiner Vollkommenheit zu erfassen. Ich erkläre Ausdrücke und Sachverhalte, die für das Herstellen von Zusammenhängen notwendig sind. Fühle Dich jedoch frei, das Kapitel zu lesen oder zu überspringen.
Handle, wie Du es fühlst. Da Du ein Buch in Deinen Händen hältst, ergibt sich Dir die Möglichkeit, jederzeit hierher zurückzukommen.

Ist Dir etwas unverständlich, so warte ein wenig ab, ob Dir Deine innere Weisheit eine Lösung aufzeigt. Lese ein Kapitel fertig (das trifft auf jegliches zu) und beobachte, was es in Dir auslöst. Erschließt sich Dir das Rätsel nicht, ergibt es wenig Sinn tiefer einzutauchen. Kehre zum Anfang zurück und versuche es noch einmal. Falls dies immer noch nicht fruchtet, empfehle ich weiter Nachforschungen zu betreiben. Oder Du meldest Dich per Mail bei mir.

Und jetzt geht es los.
Viel Vergnügen.

Einheit

Die Begriffe „Gott“ und „Einheit“ benennen das exakt GLEICHE.
Im Buch differenziere ich der Einfachheit halber diese zwei Wörter. Gott betrachte ich hier als DAS Zentrum. Unter Einheit verstehe ich alles, was sich außerhalb dieses Universums befindet.
Selbstverständlich ist das Universum ebenfalls Gott und Einheit. Unser Universum befindet sich in der Einheit. Wir sind sozusagen von der Einheit umzingelt.
Unser Universum ist durch eine feine Membran von der absoluten Einheit abgeschirmt. Wir sind momentan nicht befugt, die Freiheit, welche wir in der Einheit leben, zu erfahren. Zuerst müssen alle Wesen, und ich meine ALLE, ihr Bewusstsein zu 100% entfaltet haben. Dennoch ist die gesamte universelle Schöpfung mit der Einheit und mit Gott durch die Silberschnur verbunden. Uns ist zwar verwehrt, das absolute Einheitszentrum zu berühren, jedoch sind wir NICHT abgetrennt!

Wir streben unaufhörlich auf die Einheit zu. Wir besitzen in unserem Innersten den elementaren, unbezwingbaren Willen, uns mit der Einheit zu vereinigen/zu verschmelzen.
Jeglicher Bewusstseins-Prozess dient dem Ziel, mit der Einheit eins zu werden. Daraus resultiert, welchen Weg wir auch wählen, letzten Endes gelangen wir an die Grenze zur Einheit. Sobald alle Wesenheiten in unserem Universum ihre eigene Göttlichkeit erkannt haben, werden wir in einer fließenden Bewegung wieder EINS mit der Einheit.

Stetig fließt göttliche Einheitsweisheit und Liebe in unser Universum.

Es steht jedem Wesen im Universum frei, die Ströme für seine Bewusstwerdung zu nutzen.
Die Einheit besteht aus dem Nichts. Dort gibt es nur bewusstes SEIN. Es gibt kein Hell oder Dunkel, kein Licht oder Antimaterie.

Betrachte und beobachte einmal Deine Gedanken. Sie sind weder hell noch dunkel. Sie sind einfach. Und so gestaltet sich gleichfalls die Einheit. Er/Sie/Es ist Bewusstsein oder Gedanke.

Gott/Schöpfung

Das Wort Gott ist eine Bezeichnung ohne religiöse Zugehörigkeit. In Gott gibt es weder Religion noch Glaube. „GOTT“ steht in meinem Sinn für das Zentrum des vollkommenen liebenden Bewusstseins aller Seelen. Ist Dir der Begriff GOTT zuwider, ersetze ihn in Gedanken mit einem Ausdruck, der Dir besser gefällt.

Gott und die Schöpfung in verständlichen Worten zu beschreiben, erscheint mir eine Lebensaufgabe zu sein, also unendlich.
Ich starte jedoch den Versuch, das Prinzip der universalen Schöpfung und der Seelensphären vereinfacht darzustellen.

Gott ist das absolute, allumfassende liebende BEWUSSTSEIN. Das Gottes-Bewusstsein endet im Höhepunkt in der allumfassenden Einheit. Wobei die Einheit unendlich ist.
Gott ist die Liebe und die Weisheit.
Gott ist die existierende, denkende, handelnde Energie.
Gott ist sich seines allumfassenden SEINS einschließlich seiner Schöpfung bewusst.

Die gesamte Schöpfung beruht auf absoluter, göttlicher LIEBE.
Hierin sind alle Universen und die Einheit enthalten.
Göttliches Liebes-Bewusst-SEIN ist ALLES und NICHTS.
Gott „denkt“ und „fühlt“ ausschließlich Liebe.
Niemals gibt es andere Energie im Bewusstsein von Gott, als uneingeschränkte LIEBE.
Damit Du das allumfassende Schöpfungsprinzip verstehst, ist es wichtig, genau diesen Gedanken immer und allzeit in Dir zu tragen.

Daraus ergibt sich, dass Gott nicht bewertet oder bestraft.
In die gleiche Mülltüte kannst Du die Aussage werfen, dass Gott das Leid erschaffen hat. Nein, hat er nicht. Das waren wir selbst. Die Folge dessen ist: Du bist nicht fähig, „falsch“ zu handeln. Gott ist nicht fähig, solche „Gedanken“ zu ersinnen.
GOTT IST DAS LEID UNBEKANNT!
Beginnst Du zu verstehen, dass Gott viel ist, jedoch nicht das, was hier auf Erden gelehrt wird, wirst Du frei sein. Niemals mehr hat ein Mensch die Chance, Dich mit der Androhung göttlicher Strafe zu manipulieren.

Erinnere Dich, dass Gott Liebe ist. Akzeptierst Du diese Weisheit, bist Du im selben Augenblick frei von jeglicher irdischen Manipulation.

Göttliche Energie kann von der Einheit aus in unser Universum einfließen. Allerdings ist der Vorgang eine Einbahnstraße. Nichts, was in unserem Universum existiert, kann zurück in die Einheit. Der Ausdruck hierfür ist AUSATMUNGSPHASE. Die Bedeutung dessen ist: unser Universum befindet sich weiterhin in der Ausdehnungsphase. Das ist sogar irdisch wissenschaftlich nachweisbar.

Da nichts aus unserem Universum die göttliche Einheit berührt, brauchst Du Dir auch keine Sorgen darüber zu machen, was Gott von Dir hält. Er sieht immer nur Dein wahres Sein. Er sieht immer Deine Liebe. Da das so ist, verschwende keine Energie mit Schuldgefühlen. Richte nach einem Ereignis Deine Energie lieber auf die positive Erfahrung und handle im Jetzt mit Deiner neu gewonnenen Weisheit.

In unserem Universum sind wir als Wesen die göttliche Schöpferkraft.
In unserem Universum sind wir alle GOTT!
Durch das Wissen um unsere eigene Schöpfungskraft entsteht die Erkenntnis, dass wir alles formen und erschaffen, was in unserem Universum gegenwärtig vorhanden ist. Durch jede Handlung entstehen Situationen und diese haben Konsequenzen. Eines können wir jedoch nicht: Wir sind nicht fähig, neue Wesen zu erschaffen! Dies geschieht ausschließlich im Zentrum der Einheit. Falls ein Mensch behauptet, Du wurdest von bestimmten Wesen erschaffen, vergiss es schnell wieder. Die Seelenschöpferkraft besitzt nur das Göttliche Einheitszentrum.

Gott ist sich aller Wesenheiten allzeit bewusst. Ebenfalls, wenn diese ihren momentanen Aufenthaltsort in ein Universum verlagert haben. Gott hält die Verbindung durch die Silberschnur zu Dir aufrecht. Durch die Silberschnur wirst Du direkt vom Zentrum mit Liebe gespeist. Die Silberschnur besteht zwischen Gott/Einheit und Deinem Urkern im Universum, sprich: Deiner Seelensphärenheimat. Deine Seelenanteile im menschlichen Körper werden durch den

Chakrenstrahl aus Deiner Seelensphäre zu Deinem menschlichen Körper genährt.

Sprichst Du im Universum zu Gott, wird Deine Botschaft entweder von einem Seraphim-Engel oder einem Avatar-Lichtwesen empfangen. Ich befürchte, dass Gott für jegliche Art von Reklamation oder Jammern taub ist. Für Liebesgeflüster ist er jedoch absolut offen.
Ich darf Dich zudem darüber informieren, dass nicht jeder Wunsch erfüllt wird. Ist eine Bitte mit Deinem jetzigen Lebensplan nicht vereinbar, wird er für Dich unerfüllt bleiben.
Fühle genau in Dich, woher Deine Wünsche kommen. Entspringen sie einem irdischen Ego-Bewusstsein oder einem absoluten inneren kosmischen Bedürfnis?
Oft ist der ausschlaggebende Punkt die Absicht, die hinter dem Wunsch liegt. Die Schöpfung ist klar. Bist Du es in Deiner Absicht gleichfalls?
Letztlich erfüllt Gott alle Bedürfnisse und Wünsche, die wir jemals im Universum geäußert haben. Nur der Zeitpunkt und der Ort variieren. Gottes Wille ist immer, die Liebe in jedem Sein zu entfalten. Gott liebt, und sein Wille ist, dass Du glückselig bist.

Achtung, verwechsle nicht die Liebe von Gott in der Einheit mit der irdischen Liebe. Die Liebe auf Erden ist weder bedingungslos, noch ist sie frei. Im Gegensatz zu den Menschen sieht Gott allzeit Deine bezaubernde, liebende Einzigartigkeit.
Göttliche Liebe bedeutet nicht, dass all Deine menschlichen Bedürfnisse oder Wünsche und Träume augenblicklich und ohne „Gegenleistung“ erfüllt werden.
Eine „Gegenleistung“ wäre beispielsweise ein Bewusstseinsschritt in Deiner Lebensaufgabe.

Das Universum

In diesem Buch schreibe ich von unserem Universum. Also das Universum, in dem wir uns befinden. Nur damit es keine Missverständnisse gibt, es existieren tausende von Universen innerhalb der Einheit. Sie unterscheiden sich in jeglicher Hinsicht.

Unser Universum ist eins von Millionen Universen im Sein der Einheit. Jedes Universum hat seinen besonderen Zauber, so auch unseres. Nirgends gibt es ein Universum, das solche Tiefe und Weite besitzt wie unseres. Die Unendlichkeit dieser Tiefe ist von der Erde aus betrachtet galaktisch gigantisch. Doch von der Unendlichkeit der Einheit aus betrachtet, nicht grösser als ein Sandkorn im Ozean.
Was für eine Vorstellung hast Du von unserem Universum?
Sofern Du willst, stelle Dir unser Universum wie eine Luftblase in einem riesigen Pazifik vor. Der Ozean ist die Einheit, die kleine Luftblase ist unser Universum. Das Universum ist rundherum umgeben von der göttlichen Liebe der Einheit. Wir schweben mit unserem Universum im Ozean der Einheit. Wir treiben dahin im Meer der Liebe. Innerhalb des Universums treiben die verschieden Wesenheiten und bilden zusammen Seelensphären.

Unterschiedliche Wesen verbinden sich und formen eine Seelensphäre in unserem Universum. Ein Spiel wird kreiert. Alle, die wollen, dürfen mitspielen, so lange sie sich an die Regeln (kosmische Gesetze) halten. Verstoßen mehr als die Hälfte der Spieler gegen die Gesetze, wird das Spielfeld verändert. Die Regeln allerdings bleiben immer gleich. Nur die Umstände erscheinen anders. Das geschieht immer innerhalb eines sphärischen Energiefeldes. Es ist Seelen nicht erlaubt, einfach das Spielfeld zu verlassen!
Innerhalb des Energiefeldes sind mehrere Spielfelder vorhanden, zum Beispiel die Erde und ihr Abkommen mit den Seelensphären.
Jedes Spielfeld und jedes Spiel hat seine eigenen Spielregeln.
Die persönlichen Spielregeln werden je nach Lebensaufgabe festgelegt.
Nicht nur Lichtwesen besitzen persönliche Gesetze, das Gleiche gilt für jedes einzelne Projekt, für alle Galaxien und Seelensphären im Universum.
Auf irdisch: Es gibt galaktische Richtlinien (göttliche Gesetze), die befolgt werden müssen. Jeder Kanton/Bundesland (Galaxie) hat jedoch die Möglichkeit, in einem gewissen Rahmen diese Richtlinien auszulegen, wie es seinen Gegebenheiten entspricht. Der Rahmen bleibt bestehen. Innerhalb des Rahmens besteht Raum für

Individualität oder Bedürfnisse.

Innerhalb des gesamten Universums gelten immer die gleichen gewaltigen, nicht wandelbaren, unumgänglichen kosmischen Gesetze. Sie sind für alle Wesen in unserem Kosmos gültig und MÜSSEN von der gesamten Schöpfung eingehalten werden.
Bis auf die klitzekleine Ausnahme innerhalb Luzifers Sphäre. Verlässt er seine Sphäre, so ist auch er dazu verpflichtet, die Gesetze zu beachten. Bedauerlicherweise verändert sich sein Verhalten diesbezüglich. Er überschreitet Grenzen, was ihm nicht zusteht. Seraphim Michael wird sich in naher Zukunft mehr auf Luzifer und die Einhaltung der universalen Gesetze konzentrieren. Die Führung des Universums wird einem geeigneten Nachfolger übergeben.

Es ist für Dich vorteilhaft, die kosmischen Gesetze zu erforschen und in Deinen Alltag mit einzubauen. Jeder Verstoß wird im kosmischen Rat registriert und eines Tages erhältst Du die „Rechnung“ oder „Quittung“. Beachte, dass es nicht darum geht zu bestrafen, sondern lediglich um Bewusstwerdung und Gleichgewicht.

Wie bereits angedeutet, gibt es zwei Arten von kosmischen Gesetzen oder freundlicher ausgedrückt: Spielregeln.
Zum Ersten wären hier die allzeit gültigen Gesetze. Keiner Seele ist es auch nur annähernd möglich, sie zu verändern oder aufzulösen. Auch Luzifer mit Anhang nicht.
Zum Zweiten gibt es Gesetze, die für eine Zeit ihre Gültigkeit haben. Beispielsweise für ein Projekt wie die Erde. Gerät ein Projekt komplett aus den Fugen und müssten hierdurch die Gesetze gebrochen werden, besteht die Möglichkeit der definitiven Aufgabe des Projektes. Hierzu wird das Einverständnis von Seraphim Michael benötigt. Er ist das einzige Wesen, das die komplette Macht in unserem Universum trägt und bei ihm finden alle Fäden ihren Abschluss.
Er allein ist befugt, zu entscheiden und zu bestimmen, was letztendlich im Universum geschieht.

Überlege Dir intensiv, ob Du mit Seraphim Michael zusammen arbeiten willst. Er ist sehr streng und bei ihm gibt es keine Aus- oder

Schönreden. Er ist MÄCHTIG, bitte vergesse das niemals. Er ist der Einzige, der eine wirkliche Zerstörung veranlassen kann. Sei Dir dessen immer bewusst. Seraphim Michaels charakterliche Darstellung auf der Erde wird sehr verharmlost. ER ist unerbittlich was die Bewusstwerdung anbelangt. Irdische Geplänkel-Spiele mit diesem großen Seraphim zu spielen, ist hochriskant.
Besitzt Du jedoch den bedingungslosen und uneingeschränkten Willen, Dein Bewusstsein zu entfalten, wird Michael Dich auf allen Ebenen unterstützen.
Noch ein kleiner Tipp: Er steht nicht auf Umschmeicheln, Anbetung oder Jammern. Willst Du mit Seraphim Michael arbeiten, formuliere Deine Ziele klar und deutlich.
Das gilt für alle Seraphim Engel und Avatare!

Im Universum gibt es in allen Dimensionen und Ebenen kosmische Räte, die die Bewusstwerdung aller Seelen in unserem Universum beobachten. Eine Bevorzugung einzelner Wesen ist nicht erlaubt, ganz gleich ob sie Seraphim Raphael, Avatar Saint Germain oder Pegasus heißen. Es gelten in unserem Universum für alle Wesen die GLEICHEN Gesetze. Es gibt keine Ausnahme!
Auch für besondere Umstände oder Verstrickungen gelten die Regeln. Auf Milde durch ein unglückliches Zusammentreffen verschiedener Umstände darf keiner hoffen. Das Universum ist klar und eindeutig, was seine Gesetze angeht. Ein Verbiegen ist ausgeschlossen.

In den universalen kosmischen Räten wird jede Wesensart durch einen Avatar/Seraphim vertreten.
Beispiel:

1. Seraphim Michael (Engel)
1. Avatar Saint Germain (Lichtwesen)
2. Avatar Pegasus (Einhörner)
3. Avatar Korana (Sterne & Planeten)
4. Avatar Tujmur (Drachen)
5. Und so weiter...

Ein universaler kosmischer Rat besteht aus Millionen Wesen.
Du kannst jederzeit zu dem kosmischen Rat der Erde Kontakt aufnehmen. Dazu benötigst Du nichts weiter, als Deinen Willen.
Setze Dich ruhig hin und sage klar und deutlich, dass Du

Verbindung zum kosmischen Rat der Erde aufnehmen willst. Danach beobachte, was geschieht. Nimmst Du eine Veränderung der Energie wahr, trage Deine Bitte vor. Danach verabschiede Dich und erwarte bitte keine sofortige Antwort. Falls keine direkte Kommunikation entsteht, macht nichts, Du wirst in jedem Fall gehört.

Das Universum selbst unterliegt gleichfalls einem stetigen Bewusstseinswandel. Wellen der Veränderung bewegen sich durch alle Dimensionen und Ebenen. Glaube nicht, dass die einzelnen Dimensionen getrennt sind. Nein, sind sie nicht. Die Übergänge sind fließend. Alle Wesen innerhalb des Universums werden von allen Veränderungen/Energien berührt. Die Bewegung des Universums gerät niemals in einen Stillstand.
Kannst Du Dir beispielsweise nicht erklären, warum Du plötzlich gute Laune hast, ohne dass etwas Offensichtliches geschehen ist? Dann sei versichert, dass das Universum gerade eine Glückseligkeits-Energie ausstrahlt. Wesen im Universum erleben in diesem Augenblick eine Erleuchtung.
Bedauerlicherweise gilt das Gleiche auch für das weniger Nette. Beachte gleichfalls: Du sendest, wie alle Wesen, ebenfalls Energien ins Universum!

Momentan sind wir in der Ausatmungsphase. Eines Tages tritt jedoch im Bruchteil einer Sekunde ein Stillstand ein. Das ist der Augenblick, in dem wir alle (außer Luzifer) unsere Bewusstwerdung vollenden und bereit für die Einheit sind. Dann hält das Universum den Atem an. Für einen Augenblick steht die universale Schöpfung still.
Nachdem die Schöpfung angehalten wurde, beginnt Gott die Einatmungsphase. Das Universum löst sich auf, und wir dürfen wieder in der Einheit unserem Dasein frönen.

Ist der Vorgang der Rückkehr in die Einheit beendet, entsteht nochmals ein kurzer Atemstillstand. Der Stillstand ist kurz bevor Luzifer in die Einheit zurück befördert wird.
Dies geschieht in einer gewaltigen Explosion der Verschmelzung.

Unser Ziel ist leider noch ein wenig in der Ferne.
Der Drang, uns wieder mit der Einheit zu vereinigen, ist in jedem Wesen im Universum angelegt. Daher wird es keine andere

Richtung als die Richtung zur Einheit geben. Manche Wesen schreiten forsch darauf zu, andere entschließen sich, Umwege durch das Universum zu gehen. Schließlich ist unser Universum aus der Sicht der Erde gigantisch und es gibt mit Sicherheit viel zu entdecken. Im Besonderen natürlich das eigene Wesen.

Bedenke, dass die sichtbare Materie von der Erde gerade einmal 2/8 ist! Das ist, was wir in der dritten Dimension wahrnehmen können. Du bist Teil dieser gigantischen Universalen Energie! Du bist das Universum!
Lass Dich überraschen, wie wundervoll und bezaubernd das Universum ist. Du wirst es erkennen, sobald sich Deine sphärischen Augen öffnen!

Universale Dimensionen

Das Universum ist sehr einfach aufgebaut.
Es gibt 12 Dimensionen und innerhalb der Dimensionen gibt es 12 Ebenen.
Stelle Dir das Universum als Schulzeit vor. Darin gibt es 12 Schuljahre und jedes Schuljahr ist in 12 Monate unterteilt.

Wie die irdische Schulzeit funktioniert der Bewusstseinsprozess im Universum. Manchen fällt es leichter, manchen schwerer. Einige müssen ein Schuljahr wiederholen oder Nachhilfe beantragen. Manche dürfen eine Klasse überspringen.
Der Bewusstwerdungsprozess läuft nicht wie bei einer Leiter stetig gerade aus und immer nach oben. Es gibt durchaus Abstürze, die durch eine Inkarnation hervorgerufen werden. Allerdings hat der Verlust von Bewusstsein nichts mit Negativität zu tun. Ein Kind in der ersten Klasse ist ja nicht „böse“, sondern nur noch nicht bewusst. Gleich verhält es sich im Universum.
Nicht das Unbewusste ist negativ, sondern ausschließlich die Absicht, einem Wesen Schaden zufügen zu wollen. Daher ist es von allergrößter Wichtigkeit, dass Du immer Deine Absichten prüfst. So bist Du vor unangenehmen Überraschungen sicher.

Hat ein Wesen es in die zwölfte Dimension geschafft, darf es sich natürlich nicht einfach in die Hängematte legen und abwarten, bis

der Rest des Universums auch dort angelangt ist.
Ganz im Gegenteil. In der zwölften Dimension befindet sich der größte und mächtigste kosmische Rat unseres Universums. Vor diesen kosmischen Rat wird das Wesen gebeten. Es wird genau erörtert, welche göttlichen Aspekte das Wesen besitzt und anschließend werden ihm die universalen Aufträge mitgeteilt.

Bist Du schon ein Avatar und hast einen Auftrag auf Erden zu erfüllen, dann gebe Dich diesem hin. Einem Avatar oder Seraphim ist es verwehrt, einen eigenen Willen zu besitzen. Sie handeln immer im Sinne der Göttlichkeit. Es ist sehr vorteilhaft, nimmst Du Deine Größe auf Erden an, und handelst im menschlichen Körper mit Deinem hohen Bewusstsein. Fehltritte werden im kosmischen Rat vermerkt und müssen behoben werden. Avatar oder Seraphim hin oder her.

Die Dimensionen und Ebenen entsprechen dem Bewusstseins-Niveau der Wesen.
In der 12. Dimension 12. Ebene befindet sich der Übergang zur Einheit. Eine hauchdünne leichte Membran isoliert uns von der Einheit. Den Übergang zur Einheit bewacht Seraphim Uriel. An ihm kommt keine einzige Seele vorbei.

(Schematisches Bild unserer Seelensphärendimensionen auf Seite 29)

Vielleicht fragst Du Dich, warum der Aufbau mit den Dimensionen und Ebenen notwendig ist.
Durch die Situation mit Luzifer wurde es notwendig, Sphären zu erschaffen, die sich nur dann berühren, sofern ein Wesen bereit ist, den nächsten Schritt zu wagen.
Beispiel: Ein Kind aus der ersten Klasse müsste die neunte Klasse besuchen. Es würde absolut überfordert und eher seinen Geist verschließen, als Freude am Lernen und Erfahren entwickeln. Gleich verhält es sich im Universum mit seinen Dimensionen. Die Dimensionen schützen uns.
Eine Dimension mit ihren Ebenen hat keinen Einfluss darauf, ob ein Wesen der Negativität angehört! Luzifers Sphäre reicht bis in die höchste Dimension! Er ist ein Seraphim!

Unterschätzte niemals die Kraft von Luzifer. Er ist der Meister der Illusion und Verführung!

Die Aufgabe der Dimensionen ist es, Wesen vor Überforderung zu schützen. Jedes Wesen ist in der Dimension beheimatet, in der sein Bewusstsein entfaltet ist. Es ist möglich, dass ein Wesen in die unteren Dimensionen absteigt, damit es eine Aufgabe erfüllen kann. Jedoch bleibt die höhere Dimension einem Wesen verwehrt, sofern es nicht das Bewusstsein dafür entwickelt hat.

Dimension IV & V

Im aktuellen Zeitgeschehen wirft Gaia ihr Licht Richtung vierte Dimension. Sie strebt unaufhaltsam nach ihrem höheren Bewusstsein. Sie sieht und spürt die vierte Dimension und ihr Fokus hat sich absolut auf die vierte Dimension eingestellt. Bedauerlicherweise hat sich eine unerwartete Hürde aufgetan.

Nach einer irdischen Inkarnation verweilen viele Wesen, Lichtwesen, Tierwesen, Pflanzenwesen, Steinwesen usw. in der vierten Dimension. Sie nutzen die Ebene als Zwischenstation, damit sie weiterhin im Energiefeld der Erde verweilen können. Das ist nicht der Weg, den ein Wesen nach dem irdischen Tod gehen sollte. Meldet sich ein Wesen bei Dir, das bereits seine menschliche Hülle verlassen hat, so erkläre ihm, dass es in seiner Seelensphäre erwartet wird. Lade es nicht zum Verweilen ein, indem Du intensive Gespräche mit ihm führst, oder sogar selbst Kontakt aufnimmst. Durch solch ein Verhalten behinderst Du absichtlich die weiteren Lernschritte dieser Seele! Du kannst jederzeit einen Seraphim oder Avatar bitten, Dich zu unterstützen.

Wichtig ist für Dich die Information, dass der Wandlungsprozess intensiv läuft. Was nichts daran ändert, dass Gaia die vierte Dimension für ihre Bewusstwerdung nicht nutzen kann. Sie wird ihre Schwingung auf die fünfte Dimensionsenergie anheben müssen. Das bedeutet, sie muss einen gewaltigen Sprung vollführen.
Das Überspringen einer kompletten Dimension ist außergewöhnlich und keineswegs üblich. Dennoch sah der kosmische Rat des Erdenprojekts keine andere Lösung für Gaia. Gaia verweilt

demzufolge in der dritten Dimension, bis sie den Sprung in die fünfte Dimension bewältigen kann.
Die fünfte Dimension wird für Gaia eine massive Erleichterung bezüglich der Materie bringen. Erstens ist die „Materie“ in der fünften Dimension wesentlich durchlässiger und zweitens gehen die Wesen sensibler mit dieser um. Das Bewusstsein der inkarnierten Seelen ist ebenfalls auf die fünfte Dimension angepasst. Demzufolge sind sie sich ihrer Handlungen und der daraus resultierenden Konsequenzen intensiver bewusst.

Zeitqualität

ZEIT ist eine Energie, die im restlichen Universum anders wahrgenommen wird.
In der Einheit gibt es die Energieform der Zeit nicht. Das Zeitempfinden in den Seelensphären ist je nach Dimension und Ebene unterschiedlich.

Prinzipiell gilt, je tiefer die Dimension, desto langsamer verstreicht die „Zeit“.
Zeitgefühl wird durch das Herabsenken der Schwingung in den Dimensionen hervorgerufen. Je höher die Dimension, desto weniger empfinden wir den Umstand der Zeit.
Je unbewusster ein Bewusstsein schwingt, desto intensiver nimmt es die Zeit wahr. Je bewusster, desto weniger Zeitgefühl. Das gilt für die Seelensphären und gleichermaßen für das Universum.

Hast Du also das Gefühl, dass die Zeit an Dir vorbei rast, dann freue Dich. Du bist auf dem Weg, Dein Bewusstsein zu erheben.
Vereinfacht dargestellt, bist Du Dir Deiner selbst noch nicht vollkommen bewusst, desto intensiver nimmst Du die Zeit wahr.
Beispiel: Die Erde befindet sich in der dritten Dimension. Eine Inkarnation auf Erden dauert ca. 80 Jahre. In der Seelensphäre Lemurien, die sich in der sechsten Dimension befindet, werden die 80 Jahre zu 5000 Jahren.

Polarität

Jedes Universum besitzt seine Eigenheit.
Unser Universum ist das Universum der Polarität.
Nicht zu verwechseln mit Dualität!

Die Polarität ist in der ganzen Schöpfungsgeschichte einmalig. Sie entwickelte sich aus dem Umstand von Luzifers Fall heraus. Es bildeten sich zwei gegensätzliche Pole. Die Pole heißen Seraphim Luzifer und Seraphim Michael.
Die Funktionsweise dieser Pole ist leicht: Beide Waagschalen enthalten Magnete, die die jeweilige Energie anziehen. Handelst Du negativ, dockst Du an der Waagschale auf der Seite von Luzifer an. Die Negativität zieht Dich an, vernebelt Deine Sinne und Du erliegst der Illusion, alles richtig zu machen. Die Gefahr wird real, tiefer in negative Denkweisen und Handlungen abzurutschen.
Das gleiche Prinzip funktioniert auf der Seite von Michael: Lebst Du Deine liebevolle Energie, wirst Du von ihr angezogen.
Doch bedenke: Luzifer ist allzeit gegenwärtig und ihm bereitet es unendliche Freude, allen liebenden Wesen Stolperfallen in den Weg zu legen.
Stelle Dir die Polarität als eine Waage vor. Je nach dem, was wir leben, senkt sich einmal die eine, dann die andere Seite. Ziel ist es, weder die eine Seite, noch die andere zu leben. Der Clou ist: Sind Deine Handlungen in der Balance, also in der Mitte, gibt es Nichts zu halten.
Auch wenn Deine Sinne/Dein Bewusstsein einmal von der Negativität vernebelt werden, behalte im Blickfeld, dass Du nicht allein bist. Dir stehen sphärische Begleiter und ein Schutzengel zur Seite. Es kommt sehr selten vor, dass ein Wesen im Energiefeld der Erde in die Negativität abrutscht. Zumal wir mit „nur“ 12 Seelenanteilen von unseren Millionen in einen irdischen Körper inkarnieren.

Dualität

Das Einheitsprinzip heißt Dualität.
Durch das Ereignis der göttlichen Reflektion erschafft Gott die Wesen seiner Schöpfung. Er stellt sich gewissermaßen vor einen

„Spiegel“ und reflektiert sich selbst. Anders als auf der Erde, ist Gott fähig, seinem Spiegelbild mit der Energie des goldenen Funkens „sich selbst bewusstes Leben“ einzuhauchen.
Wir alle sind göttliche Dualitäts-Aspekte der einen allumfassenden Energie = Gott.
Gott stellt sich seine Aspekte gegenüber, damit er sich in Liebe reflektieren kann. Dieser Vorgang offenbart das göttliche Prinzip. Ich stelle mich mir selbst gegenüber und verbinde mich mit meinem Gegenüber zur Einheit.
Jeder Aspekt der Göttlichkeit wird in der Dualität geschöpft. Auf der Erde nennen wir das Zwillingsflamme! Gott reflektierte sein Bewusstsein niemals im Einzelnen! Alles geschieht in der Energie des Dualen (Zweihaftigkeit). Die Universale Dualität zeigt uns auf, dass wir jegliche Energie als unsere erkennen dürfen.
Alles ist Teil unseres Selbst. Jede Seele ist ein Aspekt des Ganzen. Wir sind EINS. ICH bin DU und Du bist ICH.

Zwilling

Dein Zwilling ist der göttliche Aspekt, der Deinen Aspekt ergänzt. Der Aspekt, der Dich vollkommen werden lässt. Zwillingsflammen besitzen zusammen „EINE HERZENERGIE“. Du und Dein Zwilling seid EINS. Euer gemeinsamer „Zwilling“ ist Gott. Mit Deinem Zwilling bist Du bis in die Unendlichkeit verschmolzen. Eine Trennung ist nicht möglich. Gleich wo Du Dich gerade aufhältst, die Energie Deines Zwillings ist immer in Dir. Niemals kannst Du Deinen Zwilling verleugnen. Er lebt in Dir und durch Dich. Ein Zwilling besteht immer aus dem gleichen Aspekt wie Du. Sprich: Er kommt aus dem gleichen Energiefeld wie Du. Jedoch können Zwillinge im Universum in unterschiedlichen Seelensphären zu Hause sein!

Nehme liebevollen Kontakt zu Deinem Zwilling auf. Erforsche seine Aspekte und füge sie Deinem Sein hinzu. Die Kraft, die hieraus entsteht, ist einfach wundervoll.
Ich bin sicher, Du wirst Kräfte und Weisheit in Dir finden, die Du Dir niemals zugetraut hättest.

Seelenpartner

So, wie wir alle Teil einer Zwillingsflamme sind, so sind wir Teil einer immerwährenden Liebe. Die Duale Liebe in uns nennen wir Seelenpartner. Der Seelenpartner lässt uns den Aspekt der Göttlichkeit leben, den wir im irdischen Leben mit Partnerschaft-Liebe betiteln. Doch ist es viel mehr als menschliche Liebe. Es ist das Alles und das Nichts. Es ist die Freiheit und die Zusammengehörigkeit. Mit Deinem Seelenpartner lebst Du die tiefste und innigste göttliche Liebe, die es gibt. Dennoch leben wir selbstverständlich mit jeder einzelnen Seele die Liebe Gottes.
Eine Seelenpartnerschaft unterscheidet sich zur irdischen Partnerschaft gewaltig. Hier ist man tatsächlich Eins, ohne den anderen einzuschränken. Dein Seelenpartner muss nicht aus dem gleichen Energiefeld wie Du kommen. Verbindungen zwischen Licht- und Engelwesen sind gang und gäbe. Seelenpartnerverbindungen zwischen Tier- und Licht- oder Engelwesen habe ich jedoch noch nicht in unserem Universum wahrgenommen.
Gemeinsam mit Deiner Zwillingsflamme und Deinem Seelenpartner bildest Du die vollkommene Dreifaltigkeit.
Dein Zwilling ist Dein Herz.
Dein Seelenpartner Deine Liebe.
Verbinde Dich mit der Energie Deines Seelenpartners, sofern Du das Gefühl in Dir trägst, nicht geliebt zu werden. Dazu brauchst Du nur den Willen zu äußern, dass Dich Dein Seelenpartner umarmt.

Seelenfamilien

Eine Seelenfamilie ist ein bunt zusammen gewürfelter Haufen der unterschiedlichsten Wesenheiten. Er betitelt die Gemeinschaft, mit der wir zusammen Aufträge und Projekte ausführen.
Alle Wesen im Universum absolvieren ihre Aufträge in Gruppen. Niemals arbeitet ein Wesen allein! Falls Du dachtest, Du hast nur auf der Erde einen Auftrag und im Kosmos ruhst Du Dich aus... nein es ist umgekehrt. Auf der Erde ruhst Du Dich aus und im Kosmos wartet richtig viel Arbeit auf Dich. Die Arbeit im Universum kannst Du mit einem intensiven Bewusstwerdungs-Programm vergleichen. Alle Projekte werden zwingend von einem Avatar oder Seraphim begleitet.

Um zu erfahren, an welchen Aufgaben Du im Universum gerade arbeitest, kannst Du Dich in einer Meditation mit Deiner Seelenfamilie verbinden.

Seelengruppen

Unter Seelengruppe verstehe ich Wesen einer Spezies, einer Energieform.
Alle tragen eine gemeinsame Grundschwingung in sich. Alle Seelen wurden aus demselben „Stoff“ gewebt oder geschöpft. Dennoch repräsentiert jede Seele diesen Stoff mit einem unterschiedlichen Aspekt. Beispiele: Kristalle, Engelwesen, Tiere, Lichtwesen, Planeten, Sterne, Drachen, Einhörner usw.

Eine Besonderheit bei den Seelengruppen ist, dass einige von ihnen ihren Aufstiegsprozess miteinander absolvieren. Das bedeutet, alle Seelen aus dieser Seelengruppe sind auf der exakt gleichen Bewusstseinsstufe.
Allerdings gestaltet sich der allgemeine Aufstiegsprozess im Universum eher einzeln. In diesen Seelengruppen kann und darf sich jede Seele für ihr Tempo der Bewusstwerdung entscheiden. Was nicht bedeutet, dass sie sich nicht füreinander interessieren oder sich gegenseitig unterstützen.
Da Du entweder ein Licht- oder ein Engelwesen bist, liegt es an Dir, Dein Tempo für Deine Bewusstwerdung zu finden. Das bedeutet, keiner wartet auf Dich und somit hast Du auch keinen Druck, so schnell als möglich bewusst zu werden. Nehme Dir so viel Zeit, wie Du für richtig erachtest.

Bewusstsein

Was genau ist Bewusstsein?
Bewusstsein bedeutet, Du bist Dir Deiner Selbst allzeit bewusst. Das bedeutet, Du fühlst ALLE Wesen, die in unserem Universum vorhanden sind, wie Dich selbst! In Dir besitzt Du in Deinem „Herzzentrum“ den göttlichen Funken, der mit allen anderen Funken auf das Innigste verbunden ist. Der goldene Funken in Deinem Herzzentrum ist Dein „Ich-Bin“-Bewusstsein.

Ausnahmslos besitzt jedes einzelne Wesen in unserem Universum Millionen von Seelen-anteilen. Zusammen ergeben sie das Wesen... Seraphim Raphael oder Buddha und so weiter.
Jeder Seelenanteil hat seinen eigenen Charakter. Alle Seelenanteile zusammen ergeben die Energie des Wesens.

Das Universum mit seinen mehr oder weniger bewussten Wesen ist ein abgeschlossenes System. Nichts kommt hinzu und nichts löst sich auf. Es kann immer nur Wandel stattfinden.
In unserem Universum werden keine neuen Seelen erschaffen. Wesen, die uns unbewusst oder „naiv“ erscheinen, haben schlicht noch nicht ihr Bewusstsein entfaltet. Natürlich gibt es Wesen, die eine überaus große Portion Kindlichkeit in sich tragen. Das ist jedoch vollkommen unabhängig vom Grad ihres Bewussten Seins. Das gesamte Universum ist ein einziges großes, denkendes Bewusstes Sein. Alles lebt und „denkt“. Das Denken findet in unterschiedlichen Geschwindigkeiten statt. Das ist alles.
Wer glaubt, dass ein Stein kein Leben in sich trägt, liegt komplett daneben. Es gibt kein Gramm tote Materie.

Beginne, Deine Umgebung aus der Sicht der Lebendigkeit zu betrachten. Du erhältst viel Klarheit und das Verständnis, dass das Universum LEBT, bereichert Deine Seele. Jedes Wesen lebt in seinem Rhythmus und seiner selbst gewählten Form.
Diesen Rhythmus nutzen wir, um bewusst unsere Schöpfung zu erfahren und zu erleben.
Die Abenteuer, die wir in unserem Universum erleben, sind nichts weiter als der Bewusstwerdungsprozess unserer Seele.

Freier Wille

Tauchen wir eines schönen Tages wieder in die geliebte Einheit ein, dann ist es mit unserem freien Willen endgültig vorbei. Freien Willen gibt es in unserem Universum bis zu einem gewissen Grad. Das bedeutet, alle Wesen - außer Engelwesen, sind befähigt, in den unteren Sphären ihren freien Willen zu leben. Das bedeutet, sie selbst entscheiden, was sie leben wollen. Ab der zehnten Dimension löst sich der freie Wille auch für den „Rest" der Schöpfung in Wohlgefallen auf. Ab der zehnten Dimension ist der Drang und die Herzführung so stark im Göttlichen, dass es uns gar nicht in den Sinn käme, eine Entscheidung treffen zu müssen.

Beginne bei jeder Handlung zu überprüfen, ob sie zum Wohl aller Wesen ausgeführt wird. Ist dies der Fall, handelst Du ohne freien Willen. Du fängst an, im Göttlichen Sein zu handeln.

Chakren

Das Wort „Chakren" erkläre ich kurz in Bezug auf das Verfahren der Inkarnation. Entschließen wir uns Mensch zu werden, müssen wir unsere Seelensphäre verlassen.

Damit wir weiterhin mit der nötigen Energie unserer „Urseele" versorgt werden, wird ein Energiestrahl mit Transformationszentren aktiviert, genannt Chakren. Vereinfacht bedeutet es, die Chakren und der Chakrenstrahl sind der verlängerte Arm Deiner Seele. Die Chakren sind Deine Energieverwaltung! Inklusive mehrerer Transformationsstationen.

Fühlst Du Dich oft müde und kraftlos, so reinige Deine Chakren und Deinen Chakrenstrahl. Beispielsweise durch eine Meditation oder auch mit Kristallen oder einem Salzbad.
Die Chakren-Transformationszentren sorgen dafür, dass Deine Seelenschwingung langsam an das Niveau Deiner Erfahrungswelt angepasst wird. Der Höhepunkt für das menschliche Dasein bilden die zwölf Chakren, in denen unsere Seelenanteile liegen. Im

menschlichen Körper sind es sieben und außerhalb fünf Chakren, die die Seelenanteile tragen. In Deiner Seelensphäre benötigst Du keine Chakren.

Die Akashachronik

In unserem Universum erhielt jedes Wesen sein Lebensbuch, genannt Akashachronik. Hierin ist alles, was Du erlebst, erfährst, planst und ausführst, enthalten. Einfach alles, was Du in diesem Universum erleben willst. Schlicht ausgedrückt, die Akashachronik ist Deine Erinnerung, Deine Gegenwart und Deine Zukunftspläne in Einem.
Willst Du Genaueres über Deine Lebensaufgabe wissen, dann lese in Deiner Akashachronik. Traust Du Dir das noch nicht zu, suche Dir ein Wesen Deines Vertrauens. Doch Vorsicht! Das Lesen der Akashachronik ist ein sehr intimes Verfahren. Achte genau auf Deine Gefühle. Fühlst Du Dich unwohl, dann beende die Sitzung.

Lichtwesen

Als Lichtwesen betitele ich alle Wesen, die aus dem „Geist“ der Göttlichkeit entstanden sind.
Im Universum haben sie die Form des menschlichen Körpers gewählt. Diese Form brachten sie auf die Erde mit. Eine Ausnahme gibt es jedoch. Die Elfen und Feen wählten wie die Engel ihre Form mit Flügeln. Ab der zehnten Dimension allerdings löst sich die Materie komplett auf und somit auch die Form.
Lichtwesen sind in vielen Seelensphären zu Hause. Ihre unterschiedlichen Aspekte passen zu jeglicher Wesensform. Für die Erde kommen sie aus jeder Seelensphäre, bis auf die Sphäre der Engel und der Sonnen-/Planeten-/Sternen-Sphäre.
Die Lichtwesen übernehmen in unserem Universum alle Arten von Aufgaben und sie mischen, mehr als jede Wesensart sonst, überall mit. Sie betreuen zahllose Projekte, beispielsweise die Erde. Sie sind die am stärksten vertretene Seelengruppe in unserem Universum. In jedem kosmischen Rat sind sie vertreten, es sei denn, es ist ein Rat, der den einzelnen Seelengruppen vorbehalten ist. Einige Lichtwesen spielen sowohl auf der Erde, wie ebenso im

gesamten Universum eine übergeordnete Rolle. Die Betitelung für vollkommen erwachte Lichtwesen ist „Avatar".
Beispiel: Saint Germain, Buddha, Maria, Sananda (Jesus) oder auch Konfuzius.

Nicht alle Lichtwesen aus einer Seelensphäre inkarnieren ins irdische Matrixfeld. Die Seelensphären, die ich beschreibe, betreuen zusätzlich einige eigene Projekte. Die Erde ist nur eines von vielen. Lichtwesen sind bei Ihren Projekten ab der vierten Dimension anzutreffen. Begeben sie sich in die Energiefelder ihrer Projekte mit niedrigerem Bewusstseins-Niveau, so transformieren sie sich in die unteren Dimensionen.
Lichtwesen durchlaufen ihren Bewusstseinsprozess in 12 x 12 Stufen. Das entspricht den 12 Dimensionen und 12 Ebenen.
Willst Du Kontakt zu einem Lichtwesen aus der 12. Dimension herstellen, dann ist es ausreichend, seinen Namen zu nennen. Das Lichtwesen wird dann auf die Art mit Dir in Kontakt treten, die Du am besten annehmen kannst.

Engel

Im Buch verwende ich die Betitelung Seraphim für vollkommen erwachte Engel, wie beispielsweise Michael, Raphael oder auch Gabriel.
Engelwesen sind aus dem Herzzentrum der Göttlichkeit entstanden und ihre Aufgabe besteht hauptsächlich darin, den göttlichen Willen und die göttliche Liebe zu überbringen.
Engel nehmen in unserem Universum eine gesonderte Rolle ein. Sie sind die einzige Seelengruppe, die nicht 100% ihrer Seelenanteile im Universum hat. 50% ihrer Anteile verweilen weiterhin in der Einheit.
Ihnen bleibt die vollkommene Rückkehr in die Einheit verwehrt, solange nicht alle Wesen ihr Bewusstsein erweckt haben, gleich wie viele Anteile im Universum vorhanden sind.
Engel wählten im Universum ebenfalls die Form eines menschlichen Körpers, allerdings mit Flügeln. Bei einer Inkarnation auf die Erde bleiben die Flügel in der Engel-Sphäre.
Es ist nur wenigen bekannt, dass Engelwesen auf die Erde inkarnieren. Dennoch, es ist von grundlegendem Interesse, das

Engel ebenfalls menschliche Erfahrungen sammeln, auch die Seraphim.
Die Engel stellen im Gegensatz zu anderen Seelengruppen eher eine Minderheit dar. Durch den Umstand mit Luzifer spielen sie dennoch eine der Hauptrollen im Universum. Alle Seelensphären bewegen sich offen und in allen Dimensionen unseres Universums, bis auf die Engel-Sphäre. Sie besteht ausschließlich in der 12. Dimension und ist komplett abgeschottet. Keine andere Wesenheit darf sie berühren, was ebenfalls eine Ausnahme darstellt.

Willst Du mit einem Seraphim Kontakt aufnehmen - nur Mut! Sie sind nicht anders als Du und werden Dir immer auf gleicher Ebene begegnen. Sie stellen sich niemals über Dich. Jedoch solltest Du ein wichtiges Anliegen haben, wenn Du einen Seraphim rufst. Nur zum Spaß würde ich es Dir nicht empfehlen.

Erde = Gaia

Gaia ist der kosmische Seelenname der Erde, ihr Spirit.
Gaia ist ein Planeten-Wesen und wird intensiv von Seraphim Uriel begleitet. Er ist einer ihrer spirituellen Lehrer. Zudem stehen Gaia die Avatare Sanat Kumara und Hilarion zu Seite.
Alle Seelen erhalten im Universum sphärische Begleiter. Falls Du Deine nicht kennst, frage nach. Es ist wundervoll, die geistigen Begleiter direkt ansprechen zu können. Es erleichtert den spirituellen Aufwachprozess ungemein.

Planetenwesen wie Gaia gestalten in Eigenverantwortung und in Selbstständigkeit ihren Aufstiegsprozess. Gaias Bewusstsein ist ausschließlich in der Dimension vorhanden, in der sie existiert, zurzeit in der dritten Dimension.

Gaia ist eine riesige, intensiv zusammengeballte Energiekugel im Zentrum des „Erdinneren". Weder Feuer noch Stein, sondern einfach nur eine gigantisches Bewusstes SEIN. Gaia hat in dieser Dimension ihre gesamten Seelenanteile, welche über das Erdenergiefeld verteilt sind. Mit Gott ist Gaia, wie alle Wesen, durch die Silberschnur verbunden.
Du kannst Dich mit Gaia verbinden, in dem Du Dich barfuß auf den

Boden stellst. Ihre Energie fließt durch Deine Fuß-Chakren in Deinen Körper ein.

Erdenprojekt

Vor 12,7 Milliarden Jahren hat Gaia den Entschluss gefasst, sich für neue Wege zu öffnen.
In „Absprache“ mit Seraphim Uriel war sie bereit, ein Projekt zu beginnen, das in direkter Zusammenarbeit mit den Seelensphären steht.

Beachte, dass für Wesen wie Gaia die Zeit in einer anderen Dimension stattfindet. 12,7 Milliarden Jahre sind für sie keine allzu lange Zeit. Aus diesem Blickwinkel betrachtet, ist für Gaia alles sehr neu und ungewohnt. Aus ihrer Perspektive ist sie gerade dem Kleinkindalter entwachsen.
Unsere Galaxie ist ebenfalls recht jung und Uriel sah darin einen optimalen Platz für Gaia.
Im kosmischen Rat wurden konkrete Vorbereitungen getroffen. Eine davon war das Auswählen der Seelensphären, die bereits einen Anker in der zwölften Dimension hatten. Das bedeutet, Wesen dieser Seelensphären haben bereits das Avatar-Bewusstsein entfaltet.
Die Gruppe stellt sich wie folgt zusammen: Lemurien, Regenbogen-Sphäre, Elfen- & Feen-Sphäre, Wal- & Delphin-Sphäre, Sirius, Orion, Plejaden, Larimar, Sonnen-/Sternen- und Planeten-Sphäre, Zamarah, Ansara. Die Engel-Sphäre war zu Anfang nicht mit eingebunden!
Das Erdenprojekt wurde allein von den Seelensphären geleitet, und auch der kosmische Rat bestand aus genau diesen Sphären. Bis auf Seraphim Uriel, der ein Begleiter von Gaia ist, war kein anderer Engel mit einbezogen.
Seraphim Michael ist der absolute Begleiter aller Wesen. Dennoch ist er nicht in jedes Projekt aktiv mit einbezogen, genauso wenig wie Engel. Begleiten ist etwas anderes, als aktiv mitgestalten.

Vor ca. 4,55 Milliarden Jahren begann das Projekt mit konkreten Handlungen.

Am Anfang waren die Seelensphären Zamarah, Lemurien und Wal- & und Delphin-Sphäre sehr aktiv. Prinzipiell unterstützen sich die einzelnen Seelensphären gegenseitig. Wie auf der Erde ebenfalls, bilden sich Gruppen, die enger miteinander arbeiten. Unsere Seelensphären verbindet ein langer, gemeinsam beschrittener Weg. Die Seelensphären bemühen sich, für unterschiedliche Wesen einen Aufenthalt auf der Erde zu arrangieren. Für manche Formen ist jedoch noch nicht die Zeit, oder die Zeit schon abgelaufen. Allerdings inkarnieren nicht alle Wesen aus den Sphären. Manche werden der Erde für immer fern bleiben. Sie widmen sich anderen Aufgaben.
Die Seelensphären sind berechtigt, allen Seelen aus ihrer Seelensphäre einen Aufenthalt auf der Erde zu ermöglichen. Eine Absprache im kosmischen Rat ist nicht nötig. Anders sieht es bei Wesen aus, die NICHT aktiv am Erdenprojekt beteiligt sind. Hier muss immer der kosmische Rat einer Inkarnation zustimmen. Eine Ausnahme gibt es jedoch: Avatare oder Seraphim, gleich aus welcher Sphäre, dürfen nach Belieben inkarnieren.
Bedenke, dass Avatare und Seraphim aus dem Universum IMMER im vollkommenen Bewusstsein der Göttlichkeit handeln. Erhältst Du sphärisch von ihnen einen Rat oder Tipp, dann empfehle ich, diesen zu beachten.

Die einzelnen Wesen wählten ihre Form für die Erde, und nach und nach nahm diese die Gestalt der heutigen Zeit an. Der Prozess ist noch lange nicht abgeschlossen. Die Formen und Energien werden sich weiterentwickeln und neue Spielfelder werden erschaffen. Sobald Gaia in die fünfte Dimension aufgestiegen ist, werden die Karten für die Formen auf der Erde neu gemischt. Seelengruppen werden sich verabschieden und dafür werden andere neu erscheinen. Dass sich eine neue Seelensphäre dazugesellt, halte ich allerdings für eher unwahrscheinlich.

Alles, was Dir auf der Erde begegnet, ist und hat eine Seele! Pflanzen wie Tiere, Wasser wie Luft oder Erde, Steine und Erze, oder Edelmetalle. Gaia ist gleichfalls pure Energie/Seele. Wesen aus den Seelensphären umhüllen Gaia mit Materie, die sie, sobald sie inkarnieren, annehmen.

Es ist nicht möglich, ohne ein schützendes Matrixfeld in ein Energiefeld der Erde zu inkarnieren. Die Problematik wurde durch den Aufbau eines solchen Matrixfeldes um die Erde gelöst.
Ein Energienetz wird von Seraphim Michael gespeist, das andere bedauerlicherweise von Luzifer. Luzifers Energiemantel liegt, vom Kosmos aus gesehen, UNTER der schützenden Hülle von Seraphim Michael. Diese Vorgehensweise verhindert ein Abstrahlen Luzifers Energie in unsere Galaxie. Seraphim Michael wird hier von vielen Avataren unterstützt. Wie beschrieben, war Seraphim Michael nicht aktiv am Projekt Erde beteiligt. Sind jedoch Berührungspunkte mit Luzifer gegeben, ruft das automatisch die Anwesenheit von Seraphim Michael hervor, so auch in unserem Fall.

Durch Luzifers Energie wird gewährleistet, dass Wesen, die die Erde oder die inkarnierten Seelen begleiten, nicht zu intensiv in ihren Bewusstwerdungsprozess eingreifen. Besonders Engel unterliegen einem kleinen Helfersyndrom. Es ist von großer Wichtigkeit, dass alle „Menschen" lernen, ihr eigener Meister zu sein. Es ist wenig bewusstseinsfördernd, jede Hürde, die es zu bewältigen gibt, an die geistigen Begleiter abzugeben. Wir wären nicht eigenverantwortliches Bewusstsein, sondern Marionetten.
Es ist jederzeit erlaubt, Unterstützung anzufordern. Ich bitte Dich jedoch, dabei zu berücksichtigen, dass es um DEINE Entwicklung geht. Nur in dem Du Dein Leben in die Hand nimmst, kannst Du auch erfahren und lernen.

Luzifer ist ins irdische Projekt mit eingebunden. Durch ihn lernen wir zu erkennen, was unsere Seele will. Erliegt sie der Gier der dritten Dimension/Materie, oder kann sie in der tiefen Schwingung erkennen, dass es um EIGENVERANTWORTLICHE Bewusstseinsentfaltung geht. Luzifers Energie ist auf der Erde präsent. Sie wird durch Seraphim Michael allerdings zu 50% abgemildert. Das Gleiche gilt auch umgekehrt. Betrachten wir die Situation, kannst Du erkennen, dass die Erde eine phantastische Möglichkeit bietet, die Polarität aufzuheben.

Hohe Avatare standen und stehen Gaia und dem Erdenprojekt unermüdlich zur Seite. Das alleine ergäbe ein Buch. Seraphim Uriel ist weiterhin aktiv in den Bewusstwerdungsprozess Gaias involviert, was nicht gleichzusetzen ist mit der Betreuung der „irdischen Welt".

Alle 150 Jahre wechselt der Einfluss eines Seraphim. Momentan führt Seraphim Michael, der 2029 von Seraphim Uriel abgelöst wird. Auf der Lichtwesen-Seite ist momentan der führende Avatar Saint Germain.

Gaia benötigt in ihrem aktuellen Zustand einiges an sphärischer Hilfe. Sie „kämpft“ an zwei Fronten. Die eine ist ihr eigenes Bewusstsein und das andere sind WIR.
Gaia befindet sich mit ihrem Bewusstsein in der dritten Dimension und hier erliegt sie einigen Illusionen. Ihr Bewusstsein ist noch nicht wirklich entfaltet, und das solltest Du unter gar keinen Umständen vergessen. Gaia ist nicht negativ oder böswillig, ganz und gar nicht. Manche Handlungen, die geschehen, sind schlicht Erfahrungen. Sie fängt an zu handeln, doch die Konsequenzen kann sie nicht abschätzen.

Am eigentlichen Bewusstwerdungsprozess von Gaia sind wir wenig beteiligt. Unser Nutzen liegt vielmehr in der Erfahrungswelt, welche wir ihr bieten. Gaia kann durch uns ihr Dasein anders wahrnehmen. Natürlich unterstützt das ihre Wahrnehmung und somit indirekt auch ihre Entfaltung. Für uns ist die Entfaltung Gaias durchaus wichtig. Je bewusster Gaia ist, desto mehr fließt die höhere Schwingung im Matrixfeld. Dieser Umstand gibt allen inkarnierten Wesen die Chance, ihr Bewusstsein ebenfalls zu erhöhen.
Hierbei spielt es absolut keine Rolle, ob Du ein Wesen aus der fünften oder aus der elften Dimension bist. Allein der Vorgang des Erhebens löst einen Impulsschub bei uns aus.

Am Erdenprojekt sind Milliarden Wesen beteiligt, die für den größten Teil der Bevölkerung unsichtbar sind. Die Wesen arbeiten unerlässlich für uns, die inkarnierten Wesen. Ein wichtiger Aspekt für eine Inkarnation auf der Erde ist der eigene Aufstiegsprozess. Mittlerweile gibt es etliche Wesen, die einen Aufstiegsprozess durch die Erde vollbracht haben, sogar Engel! Beispielsweise Seraphim Metatron.
Falls Du ein inkarniertes Wesen aus den höheren Sphären oder vielleicht ein Avatar oder Seraphim bist - jetzt bist Du auf der Erde! Und da gelten für ALLE die gleichen Gesetze.
Dennoch hast Du jederzeit die Möglichkeit aufzuwachen und Deine Weisheit zum Wohle des Erdenprojektes einzusetzen.

Inkarnation auf die Erde

Das Inkarnationsverfahren gestaltet sich nach Dimension, Bewusstsein und Art der Sphäre.
Für die Erde gilt folgendes:

1. Die Seele muss eine Lernaufgabe oder einen Auftrag wählen.
1. Der Lernschritt oder der Auftrag muss im kosmischen Rat der Seelensphäre und der Erde genehmigt werden.
2. Die Seele benötigt einen Chakrenstrahl.
3. Der Chakrenstrahl wird von einem Seraphim ummantelt.
4. Es dürfen nur zwölf Seelenanteile in einem Körper auf die Erde inkarnieren.
5. Jede Seele begleiten ein Schutzengel und drei sphärische Begleiter.

Bevor eine Inkarnation praktisch umgesetzt wird, wird in Deinem Team diskutiert, was Du exakt auf der Erde erleben und erfahren willst. Insgesamt sind an diesem Prozess ca. 3.000 bis 5.000 Wesen aller Arten beteiligt. In den meisten Fällen besteht ein Team über mehrere Millionen Jahre. So wird ein kontinuierlicher Entfaltungs-Prozess gewährleistet. Hast Du Dir ein Konzept erarbeitet, wird es im kosmischen Rat genehmigt. Falls nicht, beginnt alles nochmals von vorne. Dein Konzept ist in Deiner Akashachronik vermerkt. Willst Du eine Änderung, kannst Du jederzeit mit dem kosmischen Rat Kontakt aufnehmen. Achtung: Achte genau auf Deine Beweggründe! Solltest Du mit Oberflächlichkeit glänzen, wird Dir ein weiterer Zutritt in den kosmischen Rat gegebenenfalls verwehrt.

Jeder Seelensphäre ist ein Seraphim zugeteilt. Die Seraphim sind gleichzeitig auf der Erde aktiv, müssen jedoch nicht unbedingt eine tragende Rolle spielen. Die Seelensphären sind an mehreren Projekten beteiligt, das gilt ebenfalls für die Seraphim. Die Erde ist nur ein Projekt von vielen.

Bist Du für die Erde startbereit, umhüllt Dich ein Seraphim. Er begleitet Dich, eingehüllt in seinen Farbstrahl, auf dem Weg zur Erde. Die Ummantelung Deines Chakren-Strahls besteht die

gesamte Inkarnationszeit über. Jeder Seraphim stellt sich allen Wesen zur Verfügung. Solltest Du aus der sechsten Dimension kommen, begleitet Dich der Seraphim mit gleicher Intensität wie ein Wesen aus der zwölften Dimension!
Du wählst den Seraphim aus, der für Deine Aufgabe auf der Erde die besten Voraus-setzungen mitbringt. Die Energie der Farbe ist eng an den Seraphim gebunden. Sie repräsentiert neben der Bedeutung des Namens die Kraft und Energie des Seraphim.

Der Seraphim achtet exakt darauf, dass Du an der Stelle ins irdische Matrixfeld eintauchst, in der Du Deine Inkarnation beginnen willst. Du begleitest unter normalen Umständen Deine Mutter/Deine Eltern vor Deiner Zeugung mindestens sechs Monate, manchmal länger. Ist der Moment Deiner „Mensch"-Werdung gekommen, wird die Eizelle befruchtet. Du beginnst in Deinen neuen materiellen Körper einzufließen. Dieser Prozess ist nicht sonderlich schwierig, heikel ist es, Deine Seelenanteile in die Chakren einzufügen. Hier geschehen die meisten Missgeschicke. Ca. 30% der Verfahren müssen aus den unterschiedlichsten Gründen abgebrochen werden. In diesem Fall wird ein neuer Versuch gestartet.
Manchmal will eine Seele nur den Eintauch-Prozess erleben und zieht sich danach komplett in ihre Seelensphäre zurück. Beim sogenannten „plötzlichen Kindstod" wollen die Seelen nochmals den Geburtsvorgang erleben und bleiben nur einen kleinen Moment auf der Erde, bevor sie zurückkehren.

Das erste Chakra und der erste Seelenanteil, der eingefügt wird, ist ca. sechs Wochen nach der Befruchtung das Herzchakra. Danach folgen Solarplexuschakra, Sexualchakra, Wurzelchakra, dann geht es weiter mit dem Halschakra, dem Dritten Auge, Kronenchakra und weiter in die höheren Chakren hinauf bis zum zwölften, das geschützt durch das Sternentor außerhalb der irdischen Matrixsphäre liegt.

Dein sichtbarer materieller Körper ist nur ein Teil Deines wahren „menschlichen" Körpers.
In Wahrheit besitzt Du zehn Hüllen um Deine Seele. Arbeiten Dein Schutzengel oder Deine sphärischen Begleiter mit Dir, geschieht dies durch Deine sphärischen Körper.

Auflistung Deiner Körper aus geistiger Sicht:
1. Materieller Körper
2. Aura-Körper
3. Ätherischer Körper
4. Emotional-Körper
5. Mental-Körper
6. Astral-Körper
7. Ketheri-Körper
8. Chakren-Körper
9. Sternen-Körper
10. Seraph/Avatar Körper

Sind alle Seelenanteile in Deine Chakren eingebunden, beginnt die Geburt. Im Moment der Abtrennung der Nabelschnur vergisst Du zu einem großen Teil, wer Du in Wahrheit bist. Wir nennen diesen Vorgang „Durch das Tor des Vergessens schreiten". Allerdings werden nicht sofort und komplett die Tore geschlossen. Bis zu Deinem zweiten Lebensjahr auf Erden bleiben einige Tore geöffnet. Erst danach wird Dir die Erinnerung genommen, damit Du Deiner irdischen Bestimmung folgen kannst.
Durch das Tor des Vergessens müssen alle Wesen, die auf die Erde inkarnieren! Das gilt für Engel wie für Lichtwesen, für Tierseelen und für Pflanzenwesen. Allerdings unterscheidet sich der Grad des Vergessens.

Sobald die Tore geschlossen wurden, beginnt die Energie aus der Akashachronik zu wirken, und die Umsetzung Deiner Bestimmung auf Erden beginnt. Deine sphärischen Begleiter werden auf Deine Wege achten und gegebenenfalls Korrekturen vornehmen. Dein Weg ist nicht in Stein gemeißelt. Du hast durchaus innerhalb Deiner Inkarnation einen Spielraum. Zudem besitzt Du drei Möglichkeiten, Deine Inkarnation zu beenden. Meist ergibt sich die erste Möglichkeit in der Kindheit. Die Art der Rückkehr ist nicht festgelegt. Sie kann durch Krankheit oder Unfall vollzogen werden. Entscheidet sich Deine Seele für das Weiterleben auf der Erde, wird der nächste Abschnitt aktiviert. Die zweite Möglichkeit der Rückkehr ist in der Mitte Deiner Inkarnation. Bitte beachte, nicht DEIN menschliches ICH entscheidet über Verbleib oder Rückkehr, sondern Deine Seele in der Seelensphäre.
Läuft alles nach Plan, was selten vorkommt, nimmst Du Deinen

letzten Termin zur Rückkehr wahr und kehrst nach Verlassen des Körpers wieder in Deine Seelensphäre zurück.

Wenn Du in Deine Seelensphäre zurückkehrst, läuft der Vorgang in umgekehrter Reihenfolge ab. Sind alle Seelenanteile aus Deinem menschlichen Körper gelöst, Deine Verbindung zum irdischen Matrixfeld getrennt, wird Dich Dein Seraphim wieder sicher zurückbegleiten. Meistens geht es zur Harmonisierung und Verarbeitung des Erlebten nach Lemurien und erst danach, frisch erholt in Deine eigene Seelensphäre. Tier- und Pflanzenseelen kehren direkt in ihre jeweilige Sphäre zurück.
Engelwesen ist der Heilungsweg über Lemurien verwehrt. Sie unterziehen sich in speziellen Energiezentren im Kosmos und auf dem Weg zurück in die Engel-Sphäre ihrem Heilungsprozess.
Nicht alle Erlebnisse und Erfahrungen werden in Lemurien harmonisiert. Ein Teil Deines Wirkens bleibt in Energieform auf der Erde zurück. Alles rein Irdische kann nicht in den Kosmos einfließen und muss seine Heilung auf der Erde erfahren.
Bitte denke bei allen Handlungen daran. Wir kommen als „Gäste“ auf die Erde! Wir haben die Ehre erhalten, auf der Erde Erfahrungen zu erleben. Schätze diese Ehre.

Gefahren einer Inkarnation

Das Erdenprojekt begleiten nicht nur Avatare und Seraphim, sondern gleichfalls Millionen unterschiedlicher Wesen. Sie umhüllen die Erde mit einem Schutzmantel, der verhindert, dass sowohl aus kosmischer wie ebenfalls aus irdischer Sicht allzu viele Energien hinein oder heraus gelangen.
Die Erde ist, wie unser ganzes Universum, ein abgeschlossenes System. Die darin existierende disharmonische Energie dürfen wir „Inkarnierte“ in die Harmonie wandeln. Es ist Engeln ebenso wie Lichtwesen aus der Sphäre nicht erlaubt, einzugreifen. Nur in absoluten Katastrophen wird ein Eingreifen gewährt. Beispiel: Atlantis.
Der gesamte Energiefluss bleibt in unserem Matrixfeld und durchflutet alles und jeden Winkel der Erde. Die Energie, gleich welche, kennt keinerlei Stoppregeln. Sie berührt die Wesen und

jedes Wesen darf entscheiden, in wieweit es die Energien eindringen lässt.
Sofern Du etwas transformierst, bedenke: Nichts verlässt diese Erden-Sphäre! Optimal ist, Du wandelst die Gefühle in Harmonie. Ohne Wandlung nimmt ein anderes Wesen sie auf.

Die Gefahr für alle Wesen auf der Erde besteht hauptsächlich darin, der Gier und der Illusion zu erliegen. Daraus entstehen das Mangeldenken und der Neid. Zum Schluss überwältigt uns die Angst und wir sind vollkommen in der materiellen Welt gefangen. Keine Seele ist vor diesem Weg geschützt. Es ist ein kosmisch-irdisches Gesetz, dass alle Seelen auf der Erde gleichgestellt sind. Selbst Avatare und Seraphim müssen selbstständig erkennen, dass der Weg der Liebe der einzig Wahre ist.

Entschließt sich ein Wesen der Illusion zu erliegen, hat Luzifer leichtes Spiel. Die Gier zeigt sich erst in Kleinigkeiten, bis sie letzten Endes das gesamte Denken und Handeln eines Wesens beherrscht. Die Folgen sind ein unterschiedlich ausgeprägtes Suchtverhalten. Beispiele sind Kaufsucht, Geltungssucht, Wissenssucht, Esssucht, Machtsucht, Alkoholsucht, Sportsucht, Sammelsucht, Sexsucht und natürlich auch die Drogensucht.
Die meisten Menschen finden ohne Hilfe nicht mehr aus den Süchten heraus. Die größte Hürde besteht im Nichterkennen eines Suchtverhaltens. Eine Problematik sehe ich in der gesellschaftlichen Akzeptanz einiger Süchte. Das übermäßige Sport treiben wird wertgeschätzt, während das zwanghafte Sammeln von Gegenständen als „schrullig“ angesehen wird. Übermäßigen Alkohol- und Esskonsum betrachten wir als normal.
Drogensucht wird schon bei kleinsten Mengen verurteilt. Unsere Sichtweise sollte sich dahingehend verbessern, dass wir eine Sucht präziser erkennen. Unsere Handlungen sollten sich dementsprechend wandeln, dass wir nicht mehr wegsehen.

Wir Menschen werden ununterbrochen mit disharmonischen Energien bombardiert. Immer liebevoll zu sein schützt nicht vor der Verführung. Immer liebevoll zu sein kann gleichfalls zu einer Sucht ausarten. Wichtig ist, bewusst und mit offenen Antennen durch das Leben zu schreiten. Sich jederzeit reflektieren, bietet den besten Schutz.

Jeder Aspekt von Gott, also wir, besitzen unsere ureigene Ausstrahlung. Die Kraft und Schönheit jeder Seele ist EINZIGARTIG! Die Einzigartigkeit leben wir im Universum auf unterschiedlichen Ebenen. Inkarnieren wir auf die Erde, nehmen wir einen Teil unserer Einzigartigkeit mit. Deine Einzigartigkeit bewegt das Universum/die Erde und trägt zu unser aller Entwicklung bei. Deine Seelenkraft auf der Erde beeinflusst die Entwicklung der Menschheit! Fühle Dich eins mit allen. Stelle Dir alle Wesen als leuchtende Punkte vor, die in Dir leben. Denke daran, jeder Gedanke hat unendliche Macht.

Wie bereits erwähnt, befindet sich die Erde in einer Energieummantelung. Die kosmische Liebesenergie dringt spärlicher zu uns durch, als beispielsweise in die Seelensphären. Wir können durchaus behaupten, dass die Erde ein intensives Prüfungs- und Entwicklungsfeld darstellt. Die Besonderheit unserer Erde liegt darin, dass sowohl Luzifer, wie ebenfalls Michael die Erde einhüllen.
Diesem Umstand verdanken wir die intensive irdische Illusionsmagie. Die Illusionsmagie wirkt sich sowohl auf Deine ätherischen, wie ebenso auf Deinen materiellen Körper aus.
Jede Zuwiderhandlung gegen die göttliche Ordnung verursacht in Deinem Körper Disharmonie. Unterliegen wir mehr und mehr der Illusion und „vermenschlichen“, ist die Gefahr groß, dass wir an Seele und Körper erkranken.
Wir können durchaus alle Lernschritte in Liebe und Gesundheit beschreiten. Das Leid ist nicht notwendig, damit wir erwachen. Leid ergibt keinen Sinn, Glückseligkeit schon.

Erliegt eine Seele der Illusion, kann das schwerwiegende Folgen nach sich ziehen. Die negativen Ströme hinterlassen im Astralkörper Risse. Bleibt eine Genesung durch Erkenntnis aus, kann eine komplette Zerstörung eintreten. Die Folge wäre eine Aufgabe des menschlichen Körpers, also der Tod dessen.
Nicht alle Krankheiten entstehen durch negative Energie. Manchmal übernehmen wir Energien und ab und an entscheiden wir uns, krank zu werden, damit ein Lernprozess seinen Anfang oder seinen Abschluss findet. Bitte beachte: Niemals ist eine Krankheit eine Strafe Gottes! Genesung bedeutet zudem nicht immer, dass der

menschliche Körper erhalten bleibt!

Es liegt im Bereich des Möglichen, dass sich Seelen auf der Erde bewusst für Luzifer entscheiden. Meist glauben sie an das leichte und schnelle Geld und Besitz. Sie definieren sich über Macht und Geltung. Hierbei wird verdrängt, dass Luzifer am Ende die Rechnung stellt. Und ER stellt sie nach seinen Regeln und Gutdünken.
Diese Gefahr ist eine der Häufigsten. Sie wird leicht übersehen, da der Rausch des Geldes und der Macht alles andere überlagert. Allerdings erhalten alle inkarnierten Seelen Hinweise von ihren sphärischen Begleitern. Werden sie beachtet, besteht kaum Gefahr.

Erliegt ein Wesen Luzifers Energie auf der Erde, wird nach Verlassen des irdischen Matrixfeldes geprüft, in wieweit das Wesen gereinigt werden muss. Sollte eine Reinigung nicht ausreichen, werden andere Maßnahmen in Betracht gezogen. Wie die Maßnahmen aussehen, unterliegt der Aufsicht der sphärischen Begleiter und des kosmischen Rates.
Dass ein Wesen auf der Erde vollkommen Luzifer verfällt, ist mehr als unwahrscheinlich.
Wir inkarnieren mit zwölf von Millionen Seelenanteilen. Allerdings besteht die Möglichkeit, dass ein Wesen eine Handlung auf Erden vollbringt, die ihm den Weg in Luzifers Sphäre ebnet.
Wesen, die Luzifers Sphäre angehören, inkarnieren ebenfalls ins irdische Matrixfeld. Dass sie auf Anhieb als solche erkannt werden, ist nicht sehr wahrscheinlich. Ein eindeutiges Erkennungszeichen gibt es nicht. Sei achtsam in allen Situationen, die Dich abhängig werden lassen oder die Dich massiv manipulieren.

Sofern ein Wesen sich entschließt, Luzifer zu folgen, ist ein Eingreifen seitens der sphärischen Begleiter nicht mehr möglich. Alle Wesen müssen in diesem Fall aus sich heraus den ersten Impuls senden, sollten sie die Luzifer-Sphäre wieder verlassen wollen. Hierin liegt wohl das größte Hindernis. Sendet ein Wesen aus der Luzifer-Sphäre einen Liebes-Impuls, eilen augenblicklich seine sphärischen Begleiter zu Hilfe.

Im Allgemeinen herrscht die Ansicht, dass alle „gefallenen“ Engel sich von Anfang an bei Luzifer befanden. Diese Vorstellung ist nicht

korrekt! Nicht jeder Engel in der Luzifer-Sphäre hat von Beginn an dort existiert. Es kann jede Sekunde ein Engel fallen und gefallene Engel können wieder aufsteigen. Die Gefahr ist weder für Lichtwesen noch für Engelwesen gebannt!
Dennoch ist Angst vor dem Leben nicht förderlich. Vielmehr solltest Du Deine Achtsamkeit gegenüber Dir selbst und allen Wesen leben. Liebevolle Verantwortung sollte Deinen Handlungen vorausgehen. Nehmen wir unsere Verantwortung in vollem Umfang wahr, ist es nicht möglich, Egomachtspiele zu betreiben.

Die Auswirkungen von Süchten und Machtspielen ist je nach Bewusstseinsniveau unterschiedlich. Prinzipiell gilt: Je bewusster ein Wesen ist, desto intensiver und tief-greifender sind die Auswirkungen. In Luzifers Sphäre zu existieren, ist wenig erbauend. Der Preis für einen kurzen Moment der Macht auf Erden, erscheint mir sehr hoch.

Seelensphären allgemein

Die Seelensphären existieren durchgehend von der ersten Dimension bis zur zwölften Dimension. Die Seelensphären, die eine Zusammenarbeit mit der Erde anstreben, benötigen das Bewusstseinsniveau der fünften Dimension. Daraus folgt: Alle hier inkarnierten Seelensphären besitzen immerhin das Bewusstsein der fünften Dimension.
Das heißt gleichfalls, dass sich Dein Bewusstsein mindestens auf der Stufe der fünften Dimension befindet. Baue auf dieser Grundlage Deine weitere Entwicklung auf. Du kannst jederzeit Deine Weisheit leben, in dem Du Dein zwölftes Chakra mit Deinem Seelenanteil aktivierst.

Das hohe Bewusstseinsniveau war Voraussetzung für das Erden-Projekt. Bitte vergiss nicht, dass die Erde in die fünfte Dimension aufsteigen will. Das war von Anfang an der Plan.

Wesen aus den höheren Sphären sind fähig, in eine tiefere Sphäre abzutauchen, jedoch kann kein Wesen aus einer tieferen Sphäre zu Inkarnationszwecken ohne Bewusstwerdungsprozess aufsteigen. Jedes Wesen muss die entsprechende Weisheit in sich tragen. Einige auf der Erde existente Seelensphären befinden sich im Aufstiegsprozess zur sechsten Dimension. Das bedeutet, dass die Wesen der Seelensphäre ab der sechsten Dimension existieren. Aus Gründen der Verbundenheit hat jede Dimension eine Verbindung zur ersten Dimension. Sie besteht aus einem Energiestrahl. Die Verbindung wird gelöst, sobald alle Wesen ihr liebevolles Bewusstsein in die zwölfte Dimension erhoben haben. Das hat nichts mit der Seelensphäre zu tun, sondern mit dem Aufbau unseres Universums mit seinen zwölf Dimensionen.

Jede Seelensphäre ist bestrebt, mit all ihren Wesenheiten, in die zwölfte Dimension aufzusteigen. Auf der folgenden Grafik findest Du die aktuelle Situation der Seelensphären.

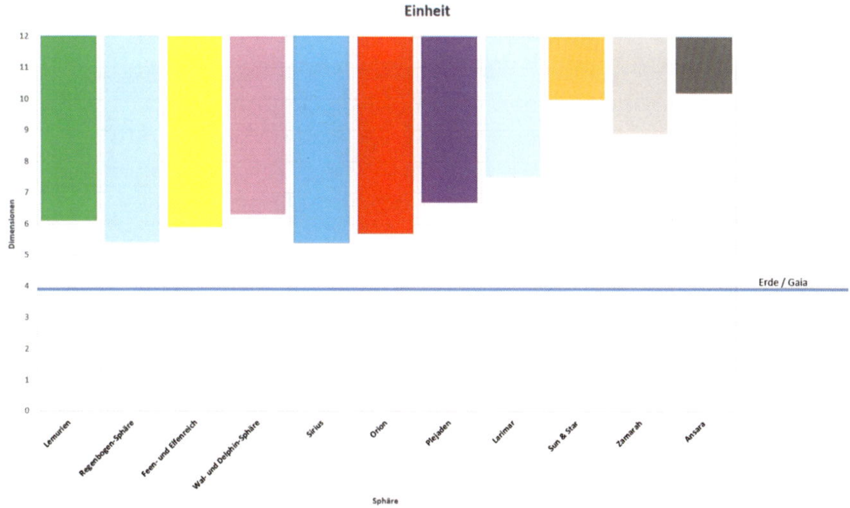

Sind wir auf als Mensch auf der Erde inkarniert, so nehmen wir vom irdischen Blickwinkel aus, die dritte Dimension war. Das Universum präsentiert sich uns ebenfalls in der dritten Dimension. Betrachten wir Sterne und Planeten, Sonnen und schwarze Löcher, so sehen wir die Materie der dritten Dimension.
Seelensphären, die in der dritten Dimension existieren, können wir von der Erde aus nicht betrachten. Diesem Umstand verdanken wir dem sphärischen Energienetz.
Du kannst die Seelensphären mit Deinem dritten Auge betrachten. Zudem ist es Dir jederzeit möglich, sie durch eine Meditation oder Astralreise zu besuchen.

Manche unserer Nachbarplaneten sind bereits mit ihrem Bewusstsein aufgestiegen. Ihre Materie bleibt zur Stabilisierung der dritten Dimension und unserer darin enthaltenen Galaxie vorhanden. Erhebt sich das letzte Bewusstsein aus der dritten Dimension, wird die Materie sich automatisch wandeln. Auf dem Planeten Venus beispielsweise inkarnieren ebenfalls unterschiedliche

Seelensphären. Die Wesen darauf sind für uns unsichtbar. Sie schwingen in der sechsten Dimension.

Die Seelensphären verweilen nicht an einem bestimmten Punkt im Universum, wie beispielsweise die Erde. Sie sind Spirit und breiten sich je nach Energie aus oder ziehen sich zusammen.
Deine Seelensphäre findest Du nach einer Inkarnation immer. Bedenke, Du bist durch Deinen Chakrenstrahl verbunden und zudem BIST Du die Seelensphäre, aus der Du kommst.

Eine Seelensphäre sollte nicht mit dem Energiefeld der Erde verglichen werden. Sie ist vielmehr Spirit und jedes Wesen ist mit allen Wesen verschmolzen. Kommst Du aus Lemurien, so BIST Du Lemurien! Ein Wechsel von einer Seelensphäre zur nächsten ist nicht möglich. Nur durch unterschiedliche Inkarnationsverfahren kannst Du Deine Sphäre verlassen. Begibst Du Dich in eine andere Sphäre, so ist von vornherein festgelegt, wann Du die Sphäre wieder verlässt.

In den Seelensphären finden wir die mannigfaltigsten Bewusstseinsformen. Nur 1/3 inkarniert auf die Erde und nimmt bewusst Materie an. Bei mancher Form würden wir aus menschlicher Sicht erschrecken. In den Seelensphären sind die außergewöhnlichen Göttlichen Ausdrucksaspekte normal. Alle Seins-Formen sind in den Seelensphären gleichgestellt.
Auf der Erde erhebt sich der Mensch über andere Wesenheiten. Viele glauben, Steine und Kristalle sind tote Materie, was falsch ist. Tiere und Pflanzen stellen wir ebenfalls unter unsere Herrschaft, was ebenso nicht der göttlichen Ordnung entspricht. Versuche in allem, was Dir begegnet, das göttliche Leben zu erkennen.

Jede Seelensphäre besitzt einen „Grundcharakter“. Die Wesen, die sich zusammenfanden, tragen diesen „Grundcharakter“ in sich. Die mächtige Anziehungskraft verband die Wesen miteinander und gemeinsam erschufen sie ihre Seelensphäre. Hierbei ist das Bewusstseins-niveau unerheblich. Es kam ausschließlich auf den göttlichen Aspekt an. Durch die unter-schiedlichen Bewusstseinsniveaus entstanden die zwölf Dimensionen mit ihren zwölf Ebenen.
Die Seelensphären sind zu Beginn unseres Universums entstanden

und werden sich erst in der zwölften Dimension auflösen. Die Seelensphären erscheinen in einem anderen Bild als die Erde. Ihre Ausdrucksform ist in der ersten Dimension wie in der zwölften Dimension mehr auf Spirit als auf Materie gerichtet. Allerdings gibt es ab und an ähnliche Ausdrucksformen wie auf der Erde.
Prinzipiell materialisiert ein Wesen seine Lieblingsausdrucksform auf der Erde. Sowohl Engel wie auch Lichtwesen sehen in der Seelen- oder der Engel-Sphäre nicht viel anders aus als hier. Die Konsistenz unterscheidet sich allerdings massiv.

Jede Seele kann und darf in ihrer Seelensphäre die Form annehmen, die es für geeignet hält. Manchmal wechselt ein Wesen seinen Ausdruck, was selten vorkommt. Einige Seelen wählten ähnliche Formen, wie beispielsweise die Lichtwesen oder Einhörner. Das nennen wir Seelengruppe. Hierbei sollte nicht vergessen werden, dass jede Seele ein eigenständiges Bewusstsein ist.
Es ist in jeder Seelensphäre möglich, seinen unabhängigen Bewusstseinsprozess zu absolvieren. Erfährt ein Wesen eine Erleuchtung, kann es selbständig in die nächste Ebene oder Dimension aufsteigen. Allerdings gibt es Wesensgruppen, die ihren Aufstiegsprozess an eine Gruppe gekoppelt haben. In diesem Fall kann nur die Gruppe insgesamt aufsteigen.

Die Dimension und Ebenen der Seelensphären sind durch eine leichte Energiemembran voneinander getrennt. Bei einer Bewusstseinserhöhung wird die Membran sichtbar. Das Wesen schreitet hindurch und befindet sich in der höheren Ebene. Der Energiefluss der zwölften Dimension durchdringt alle Dimensionen und Ebenen einer Seelensphäre.
Auf der Erde bist Du weiterhin mit Deiner Seelensphäre verbunden. Der Energiefluss der zwölften Dimension berührt Dich auf Erden gleichermaßen.

Innerhalb einer Seelensphäre ist es möglich, die nächste Bewusstseinsstufe wahrzunehmen.
Der Antrieb zur Bewusstseinsentfaltung ist gewährleistet und die hingebungsvolle Unterstützung aus der höheren Sphäre ist spürbar.

Die kosmische Gesetzgebung hat in den Seelensphären gleichfalls ihre Gültigkeit! Handelst Du innerhalb der Seelensphäre gegen die

Göttlichkeit, folgen die gleichen Konsequenzen wie auf der Erde. Je höher die Seelensphäre schwingt, desto intensiver nimmt ein Wesen seine Handlungen wahr.
Je dichter eine Seelensphäre, desto träger ist sie. Mit jeder Dimensions-Stufe wird eine Seelensphäre leichter und durchlässiger. In der zwölften Dimension ist bereits das Nichts vorhanden. Es gibt in der zwölften Dimension kein Licht und auch die Grenzen der einzelnen Seelensphären sind überwunden. Gleich auf welcher Dimensions-Stufe Du lebst, Du bist von Deiner Seelensphäre ausgehend mit der Silberschnur mit Gott und der Einheit verbunden.
Die Silberschnur, Deine Verbindung zu Gott, ist eine Einbahnstraße. Reine Göttliche Energie fließt zu Dir, jedoch strömt nichts von Dir in die Einheit zurück. Gott kann Dich als Wesen wahrnehmen, jedoch Deine universalen Handlungen nicht!

In Deiner Seelensphäre existierst Du, solange das Universum besteht. In Deiner Seelensphäre alterst Du nicht, noch stirbst Du, oder wirst geboren. Du lebst in der Seelensphäre ewiglich. Du besitzt in Deiner Seelensphäre Millionen von Seelenanteilen. Deine Anteile kannst Du von Deiner Urseele „abspalten“. Je nach Bestimmungsort wählst Du zwischen acht und ca. 5.000 Seelenanteile aus. Ein vollkommenes Ablösen aus Deiner Sphäre ist nicht möglich. Jedes Wesen kann in alle Sphären eintauchen und Abenteuer erleben. Bis auf die kleine Ausnahme der Engel-Sphäre: In diese können nur Engelwesen einfließen. Deine „Abenteuertrips“ wählst Du nach Deiner Art des Bewusstwerdungs-Prozesses aus.
Es ist nicht zwingend, alle Sphären zu erleben.
Alle Erfahrungen gestaltest Du eigenständig. Die Art und Weise wird im kosmischen Rat und mit Deinen sphärischen Begleitern besprochen.

Inkarnierst Du in eine andere Seelensphäre, behältst Du Dein Bewusstsein bei. Dies ist sehr positiv, weil Du ohne Bewusstseinsverlust auf einem höheren Niveau Deinen Lernprozess starten kannst. Das Inkarnationsverfahren geschieht im Universum auf unterschiedliche Arten. Es gibt viele Möglichkeiten, in eine Sphäre einzutauchen, die Irdische ist eine davon.

Inkarnierst Du in eine Sphäre, unterliegst Du Spielregeln, die für „Gäste“ erschaffen wurden.
Du bleibst verschont, was das Vergessen anbelangt. Allerdings besitzt jede Seelensphäre ihren eigenen Charakter. Daraus ergeben sich für Dich ungewöhnliche Situationen. Das Inkarnieren in andere Seelensphären ist und bleibt ein großes Abenteuer.
Die meisten Seelen erhalten Aufgaben oder Aufträge, die sie in ihrer Inkarnation erfüllen sollten. Nach Erfüllung Deines Auftrages kehrst Du in Deine Seelensphäre zurück. Eine Rückkehr aus den Seelensphären ohne Erfüllung des Auftrages ist sehr unwahrscheinlich. Das ist ein gewaltiger Unterschied zur Erde.
Bei der Erfüllung Deines Auftrages stehen Dir Deine sphärischen Begleiter im besonderen Maße zur Verfügung. Beobachtet wird Deine Aufgabe von einem Avatar und/oder Seraphim.
Die Seelensphäre selbst stellt Dir zudem Wesen zur Seite, die Dich bei Deiner Aufgabe liebevoll unterstützen. Bedauerlicherweise lässt sich manchmal ein schmerzhaftes Erfahren nicht vermeiden. Gleich in welcher Sphäre und Dimension Du Dich befindest, es gilt immer die Regel der Eigenverantwortung.
Eine Inkarnation in Seelensphären geht mit der Erfüllung eines Auftrages einher. Die Begleitung ist in den Seelensphären intensiver als bei Inkarnationen in Projekte. Bei Projekten wie der Erde, steht nicht der eigentliche Auftrag im Vordergrund, sondern das Erleben der Inkarnation an sich.

Einen Aufwachprozess erleben die Wesen indes nicht nur in anderen Sphären. Einen Großteil erfahren sie in ihrer eigenen Seelensphäre.
Unterschiedliche Aufgaben warten in der Seelensphäre auf die Wesen. Ist ein Wesen für den nächsten Schritt bereit, wird es eine neue Aufgabe erhalten. Hierbei unterstützen wieder die kosmischen Begleiter. Nichts geschieht im Universum ohne sie.
Ist eine Seele bereit, in die höhere Dimension aufzusteigen, wird es dabei ebenfalls von ihnen begleitet. Das ist ein wundervolles Erlebnis, da Deine gesamte Urseele in die höhere Sphäre gehoben wird.

Je höher das Bewusstsein sich entfaltet, je intensiver verläuft der Bewusstwerdungsprozess.
Übernimmt ein Wesen zusätzliche Aufgaben, wird der Prozess

beschleunigt. Allerdings ist die Zeitqualität in den höheren Sphären eine andere und somit ist diese Aussage nicht sehr objektiv.
Das Universum schwingt in differenten Energien. Die Energie wird von Wesen aufgenommen und der eigenen Schwingung angepasst. Das Zeitempfinden löst sich mehr und mehr auf. Schwingst Du mit Gott in der gleichen Energie, gibt es die Zeit nicht mehr.

In den Seelensphären wird ein ausgesprochen intensives Miteinander gelebt. Keine Seele fühlt sich allein oder sogar einsam. Die Seelensphären sind nicht mit Projekten wie dem Irdischen zu verwechseln. Die Seelensphären unterscheiden sich kolossal davon. Jedes Wesen einer Seelensphäre IST die Seelensphäre. Daher kann sich kein Wesen allein oder einsam fühlen.
Jede Seelensphäre wird von einem Seraphim begleitet. Der Seraphim stellt seine Energie zur Verfügung und hat eine beratende Funktion. Die begleitenden Seraphim für die Seelensphären der Konföderation mit der Erde sind uns bekannt als:

Michael	Begleiter des Sirius
Jophiel	Begleiter der Elfen- & Feen-Sphäre
Chamuel	Begleiter der Wal- & Delphinsphäre
Gabriel	Begleiter der Regenbogen-Sphäre
Raphael	Begleiter von Lemurien
Uriel	Begleiter des Orion
Zadkiel	Begleiter der Plejaden
Metatron	Begleiter von Larimar
Sandalphon	Begleiter von Sun & Star
Nathaniel	Begleiter von Zamarah
Haniel	Begleiter von Ansara

Die Seelensphären tragen ihre Verantwortung selbständig, dennoch kann ein Seraphim ohne Erlaubnis der Seelensphäre bei Gefahr eingreifen. In jeder Seelensphäre gibt es einen kosmischen Rat. In diesem werden alle Belange der Seelensphäre besprochen. Zudem gibt es einen übergeordneten kosmischen Rat der Seelensphären. In diesem werden die Belange beraten, die das gesamte Universum betreffen. Außerdem gibt es verschiedene andere kosmische Räte. Zu allen kosmischen Räten werden die Vertreter berufen. Sofern Du in einem kosmischen Rat mitwirken willst, musst Du Deine Absicht klar und unmissverständlich kundtun.

Jeder Seelensphäre steht zudem ein Avatar vor. Der Avatar ist der Seelensphäre zugehörig.

Lemurien	Zeus
Regenbogen-Sphäre	Faithemy
Elfen- & Feen-Sphäre	Malan Salah
Wal- & Delphinsphäre	Poseidon
Sirius	Sharon
Orion	Oronape
Plejaden	Aaron Shiro
Larimar	Alewar
Sun & Star	Sora
Zamarah	Laphron
Ansara	Tamura

Die Avatare dürfen, genauso wie die Seraphim, bei Gefahr ohne die Erlaubnis des Kosmischen Rates eingreifen. Die begleitenden Avatare haben ein immenses Programm zu bewältigen, bei dem ihnen ein großes Team zur Verfügung steht. Letzten Endes obliegt ihnen die vollumfängliche Verantwortung. Die Avatare besprechen sich unaufhörlich mit den zuständigen Seraphim.

Die Darstellungen von den Seelensphären muten sehr menschlich an. Meine Möglichkeiten zur Veranschaulichung sind auf der Erde ein wenig begrenzt. Ich kann nur die Sprache nutzen, die wir alle hier sprechen, also die menschliche.

SEELENSPHÄRE
Lemuria
CHAMUEL
World of Spirit
www.chamuel-world-of-spirit.com

Lemurien

Kurzbeschreibung Lemurien-Sphäre

Seelensphäre	Lemurien
Begleitender Engel	Seraphim Raphael
Vorsteher	Avatar Zeus
Bekannter Avatar	Lord Saint Germain
Erste Manifestation	vor 6 - 4,5 Milliarden Jahren
Ort der Manifestation	Tibet, Hawaii
Unterste Dimension	6. Dimension 1. Ebene
Letzter Aufstiegsprozess	vor 102.000 Jahren
Jetzt im Aufstiegsprozess	Ja
Lichtwesen	Lemurianer
Andere Seelengruppen	Kristalle und Gesteine
Menschliche Inkarnationen	Lemurianer

Lemurien ist die Seelensphäre der Besonnenheit, des kosmischen Heilwissens und der wundervollen Kristallkraft.

Energieform:
Wirkt unterstützend beim Heilungsverlauf, ausgleichende Besonnenheit, Mitgefühl, Liebe in der Gemeinschaft leben, Wissen um seinen Platz in der Gesellschaft, göttliches Vertrauen, Gesundheit, Heilklänge wie sanftes Trommeln, Klangschalen

Wirkt unterstützend bei:
Allen geistigen und körperlichen Krankheitsbildern, Flatterhaftigkeit, Drang zum Lügen, sich auf der Erde verloren fühlen, alles negativ betrachten, Süchte, Geldsucht, Panikattacken, Zerstörungswut, Rechthaberei, Geltungsbedürfnis

Heilkristalle aus Lemurien sind eine wundervolle Art, unser Sein in Einklang zu bringen. Sie bewältigen dies, ohne Schmerzen in uns auszulösen.

Bevorzugte Berufswahl:

Lehrer, Architekt für Tunnelbau, medizinische Forschung, Sanitäter, Pflegeberufe, Physiotherapeut, Apotheker, Feuerwehr, Priester, Büroangestellter, Verwaltung und Organisation, Streetworker, Verkäufer, Geologe, Heilpraktiker, Steinmetz, Bergführer usw.

Begleitender Seraphim:
Seraphim Raphael ist der begleitende Seraphim für Lemurien. Raphaels Name bedeutet „Heilkraft Gottes". Raphael begleitet die gesamten Wesenheiten aus Lemurien in allen Bereichen ihres Seins. Da Raphael der Heiler in der Engel-Sphäre ist, wird ersichtlich, dass er der vollkommene Begleiter der lemurianischen Seelensphäre ist.

Allgemeines

Lemurien ist für seine kosmischen Kristall-Heiltempel bekannt. Schließen wir eine irdische Inkarnation ab und benötigen sphärische Heilung, dürfen alle Lichtwesen Lemurien zur Heilung nutzen. Viele unserer irdischen Mediziner/Ärzte und medialen Heiler sowie medizinischen Therapeuten kommen aus dieser Seelensphäre.

Lemurien war oder besser gesagt ist noch immer die treibende Kraft beim Erden-Projekt. Die Lemurianer haben im kosmischen Rat der Erde eine führende Rolle. Lemurianische Avatare sprechen ein ausschlaggebendes Wort mit und ohne ihr Einverständnis findet kein Projekt auf Erden statt. Lemurien ist die am häufigsten vertretene Seelensphäre auf Erden.

Auf der Erde sind Lemurianer oft in einer hohen Position oder in Führungsetagen zu finden. Dies kann sowohl in der Regierung, wie auch in der Privatwirtschaft oder auch als spiritueller Lehrer sein. Lemurianer haben gern das Sagen und sind, sofern sie nicht der irdischen Illusion erliegen, wundervolle Führungskräfte.

Auf der Erde ist Lemurien allgegenwärtig vertreten, da es überall Steinwesen gibt. Steinwesen waren die ersten Wesenheiten neben Feuer, die sich im irdischen Matrixfeld niederließen. Das Gestein

bildete eine solide Grundlage, auf der das Projekt Erde wundervoll gedeihen konnte.
Steinwesen sind neben den Lichtwesen die größte Seelengruppe im Universum.

Lemurianische Lichtwesen (Menschwerdung) erschienen wesentlich später auf der Bildfläche. Sie waren die ersten Lichtwesen, die die Erde berührten. Inkarnationen geschahen durch Verdichtung der lemurianischen Energie. Einen menschlich materiellen Körper, wie wir ihn kennen, gab es damals noch nicht.
Bei Interesse an dieser Ära kannst Du jederzeit Deine Erinnerung an die Zeitepoche von Lemurien auf der Erde hervorrufen. Sie gewährt die Informationen, die für Dein jetziges Leben unterstützend wirken könnten.

Lichtwesen betreuten und beobachteten intensiv das Erdenprojekt. Die optimalen Voraussetzungen für eine Lichtwesen Inkarnation waren jedoch erst wesentlich später gegeben.
Vorerst verankerten sich Wesenheiten, die eine lange Zeitepoche auf der Erde verblieben.
Nach den lemurischen Steinwesen kamen in der Anfangszeit:
Die Wasserwesenheit (Wal- & Delphinsphäre)
Die Windwesenheit (Elfen- & Feen-Sphäre)
Die Metallwesenheit (Sirius)
Die Feuerwesenheit (Zamarah)
Die Tonwesenheit (Schöpferkraft - Orion)
Die Baumwesenheit (Regenbogen-Sphäre)

Lemurien manifestierte sich speziell für die Erde vor ca. 6 – 4,5 Milliarden Jahren. Die Bedeutung dessen ist, dass der Energiestrahl ab diesem Zeitpunkt mit der Erde/Gaia verbunden war. Lemurien begann langsam und bedächtig das Bewusstsein Gaias zu umhüllen. Achtsam begann sich die Lemurianische Energie zu verdichten und die Schwingung der dritten Dimension anzunehmen. Materie ist nichts weiter als göttliche Schwingung auf ein tiefes Maß reduziert. Sobald die Schwingung angehoben wird, verändert sich der Zustand von fest in durchlässig. Die in der Einheit existierende Schwingung ist dermaßen hoch, dass sie das Nichts und Alles darstellt.
Bedeutung dessen ist, Alles existiert im Nichts.

Danach nahm alles seinen bekannten Lauf... bis auf die Tatsache, dass Lichtwesen aus Lemurien bereits in frühester Zeit eine Kultur auf Erden schufen, die nicht aus Materie bestand. Die Schwingung war der fünften Dimensionsschwingung angepasst und somit wesentlich hochschwingender als die Erdschwingung. Die lemurianische Frühkultur verbreitete sich über die gesamte Erde. Tibet und Hawaii waren jedoch Ballungszentren.

Lemurien ist als Seelensphäre seit mehreren Millionen Jahren in der fünften Dimension existent. Aktuell ist Lemurien im Begriff, die Sphäre der fünften Dimension zu verlassen und komplett in die sechste Dimension aufzusteigen.

In der Seelensphäre gibt es bis zur zehnten Dimension durchaus Materie. Die unterschiedlichen Wesenheiten geben der Materie je nach Wunsch und Bedürfnis Form. Allerdings sollte vermieden werden, die Seelensphären-Form mit der irdischen Form gleichzusetzen. Ab der zehnten Dimension ist die Materie nur noch in Form hoher Schwingungsfrequenz vorhanden. Bis sie sich letzten Endes ins Nichts auflöst.
Alle Körperformen auf der Erde (Pflanzen, Tiere, Menschen, Kristalle usw.) sind in den Seelensphären existent.
Bitte bedenke, auf der Erde ist ein geringer Anteil der Wesenheiten aus den Seelensphären vorhanden. Die Seelensphären sind millionenfach kreativer, als es auf der Erde den Anschein erweckt. Auf der Erde gibt es nichts, dass nicht bereits im Universum seinen Ursprung findet!
Das gilt sowohl für die Form der Materie, wie ebenso für unsere Gedankenwelt.

Die nächsten Jahrtausende wird die lemurische Sphäre mit ihrem Aufstiegsprozess beschäftigt sein. Demzufolge sind alle lemurischen Wesen in einer tiefen Umbruchsphase.
Die Auswirkungen sind durchaus auf der Erde sicht- und spürbar, vor allem nach der Vollendung des Aufstiegs in der Sphäre.
Lemurien besteht nicht ausschließlich aus Lichtwesen. Steine und Kristalle sind gleichwohl Wesenheiten aus Lemurien. Stein- und Kristallwesen reagieren deutlich träger und bedächtiger als Lichtwesen. Vulkanausbrüche, Erdrutsche und Kristalle, die einfach

auseinanderbrechen, sind konkrete Auswirkungen des Aufstiegsprozesses oder eines bewegenden Ereignisses. Meist liegt der Auslöser Jahrtausende zurück. Heutige Vulkanausbrüche auf Hawaii mit ihrem sehr bewegten Untergrund haben ihren Ursprung in der Atlantischen Zeitepoche.

Jegliche Wesenheit aus Lemurien ist allzeit mit ihrer Sphäre verbunden. Gleich was auf der Erde erlebt und erfahren wird, die Verbindung zur eigenen Seelensphäre wird intensiv wahrgenommen, wenn auch bedauerlicherweise meist nicht bewusst. Energien, die in der Seelensphären herrschen, haben direkten Einfluss auf unsere irdische Gemütslage!
Das gilt für jede Seelensphäre oder Wesenheit.
Hier wird sichtbar, wie überaus vorteilhaft es ist, über die Geschehnisse der einzelnen Seelensphären Kenntnis zu erlangen. Der Nutzen ist immens, da das Verständnis für Handlungs- und Verhaltensweisen erklärbar und nachvollziehbar ist.
Besitzt Du Wissen über die Situationen in den Seelensphären, wird so manche zwischen-menschliche Geschichte ins Unbedeutende relativiert. Vieles, was ein Wesen auf Erden bewegt, hat rein gar nichts mit der Erde zu tun. Wir „Menschen" neigen dazu, alles sehr persönlich zu nehmen.

Der Aufstiegsprozess ist beendet, sobald alle Wesen ihr Bewusstsein angehoben haben. Sollte ein einziges Wesen sein Bewusstsein nicht erheben können, findet keine Erhebung der gesamten Sphäre in die nächste Ebene oder Dimension statt. Sobald alle Wesen ihr Bewusstsein erhoben haben, löst sich die Energie der gesamten Seelensphäre vollständig aus der bisher niedrigsten Bewusstseins-Stufe heraus. Die Seelensphäre existiert ab diesem Zeitpunkt in der erreichten Ebene und zieht sich weiter bis in die zwölfte Dimension.
Beispiel: Lemurien befindet sich momentan in der fünften Dimension zwölfte Ebene bis zwölfte Dimension, zwölfte Ebene. Nach Vollendung des Aufstiegsprozesses beginnt das Lemurianische Energiefeld in der sechsten Dimension erste Ebene und zieht sich wie bisher in die zwölfte Dimension.

Im Gegensatz zur allgemeinen Meinung auf der Erde gibt es keine kollektive Bewusstwerdung! Die Vorstellung, dass eine gewisse

Prozentzahl ausreicht, damit alle Wesen einen plötzlichen Erleuchtungsblitz erhalten, ist schlichtweg falsch. Das gilt für die Erde, wie gleichfalls für das gesamte Universum.
Zweifelsohne lernen wir voneinander. Durch Erfahrungen mit unterschiedlichen Wesen erkunden wir unsere eigene Weisheit und erlangen hierdurch Selbsterkenntnis, die in vielen kleinen und großen Erleuchtungen mündet.
Jedes Wesen MUSS selbständig seinen Erleuchtungsweg gehen. Nichts und niemand kann ein anderes Wesen erleuchten. Erleuchtung findet immer in einem Wesen statt. Der Erleuchtungsweg ist der Weg der inneren Herzensweisheit.

Einige Lemurianer haben den Aufstieg in die zwölfte Dimension zwölfte Ebene bereits vollendet oder behielten ihr Bewusstsein. Die Bedeutung dessen ist, dass in Lemurien Avatar-Wesen ihre Seelensphäre beim Aufstieg in die zwölfte Dimension unterstützen können. Die gesamte Seelensphäre profitiert von der hohen Energieschwingung der Avatar-Wesen. Jedem Avatar ist es möglich, seine Energie bis in die unterste Dimension seiner Seelensphäre auszudehnen. Ihre Hilfestellung unterstützt die Anhebung des Energiepotentials der einzelnen Wesen zur Bewusstseinserweiterung.
Wesenheiten in den unteren Dimensionen können die höheren Dimensionen ihrer Seelensphäre nicht wahrnehmen. Sie haben eine Ahnung, jedoch keine Gewissheit, dass da noch etwas Höheres ist. Je höher die Bewusstwerdung fortgeschritten ist, desto intensiver wird die Ahnung zur Gewissheit. Die Ahnung ist jedoch genauso wie auf der Erde der Motor zur Bewusstseinserhebung. Normalerweise durchlaufen wir alle den Bewusstseinsweg Schritt für Schritt. Das bedeutet, jede Ebene wird erfahren und erlebt. Jedoch gibt es Ausnahmen. Es ist absolut möglich, dass ein Wesen Ebenen oder ein ganze Dimension überspringt.

Inkarnierst Du in die Lemurien-Sphäre kannst Du die Chance nutzen, Deine Bewusstwerdung voranzutreiben. Wesen, die auf der Erde intensiv an sich arbeiten, sind fähig, gewaltige Bewusstseinssprünge zu vollbringen. Jedoch kann es durchaus geschehen, dass ein Wesen den rückwärtigen Weg beschreitet. Verliert ein Wesen auf der Erde, oder bei einer Inkarnation in einer

anderen Sphäre sein Bewusstsein, ist ein Abrutschen in die Negativität möglich.
Ermöglicht wird das durch die Bewusstseinsstufe, die eine Seelensphäre besitzt. Rutscht das Bewusstsein eines Wesens unter die Stufe seiner Seelensphäre, so kann es sich nicht halten und fällt automatisch auf die Negativseite.
Das geschieht allerdings äußerst selten. Zumal nur Wesen auf die Erde inkarnieren dürfen, die zwei bis drei Ebenen über der untersten stehen. Sollten die Wesen auf der Erde ihr Bewusstsein erniedrigen, so fallen sie in ihrer Seelensphäre auf die unterste Stufe zurück.

Wesen, die ausschließlich in der tiefsten Bewusstseinsebene einer Seelensphäre existieren, können ihre gesamte Bewusstseinsstufe nur anheben, sofern alle Seelen das Bewusstsein der nächsten Bewusstseinsstufe erreicht haben. In den höheren Dimensionen darf und kann jedes Wesen seinem ureigenen Rhythmus folgen. Jedes Wesen im Universum erhält ein Team, das bei der individuellen Bewusstwerdung Unterstützung bietet. Die Betonung liegt auf Unterstützung, und nicht darauf, dass die Begleiter die Prozesse für das Wesen vollbringen.

Sphärische Begleiter unterstützen Dich im Hintergrund. Sie sind nicht an Deiner Seite, um Deine Wünsche oder Begierden zu erfüllen. Mitunter können die Meinungen, was Dir hilft, gigantisch voneinander abweichen.
Bitte versuche, auch wenn es manchmal etwas schwer fällt, Dich hinzugeben. Bedenke immer, jedem Deiner Begleiter liegt daran, dass Du Deinen Aufstieg vollbringst, oder Deine Aufgabe erfüllst.

Die Aufstiegsprozedur und das Bewusste Sein, welches ich bis hierher beschrieben habe, gilt für alle Seelensphären. Daher werde ich es in den folgenden Seelensphärenbeschreibungen nicht mehr erwähnen.

Heilungen in Lemurien

Die Heilenergie für unser gesamtes Universum kommt aus Lemurien. Lemurien IST die Heilung! Besonders für die Sphären mit Materie ist die lemurianische Energie von eindringlicher Bedeutung.

Ab der zehnten Dimension gibt es keine feste Materie mehr. Hier besteht allerdings die Energie noch als Licht, das sich nach und nach ebenfalls auflöst. So besteht die oberste Dimension einzig aus Spirit.
Die Lichtreiche sind nicht die höchsten Dimensionsebenen! Natürlich ist es wundervoll in die Lichtreiche einzutauchen, jedoch ist es nicht das Ende. Alle Wesen sind reiner Spirit, und unser Ziel ist es, wieder reiner Spirit zu werden.

Verlassen Wesen das irdische Feld, finden sie in Lemurien Heilung. Alle schmerzhaften Erfahrungen, die wir auf der Erde erleben, müssen harmonisiert werden, bevor wir in unsere eigene Seelensphäre zurückkehren. Das gilt für alle Wesen, außer den Engeln. Sollte ein Wesen keinen Schmerz erfahren haben, wird es von seinen Begleitern direkt in die jeweilige Sphäre eskortiert.
Nicht alle Energien nehmen wir nach unserem irdischen Ableben mit in unsere Sphäre. Viele Energien sind rein irdischer Natur und diese schütteln wir mit unserem irdischen Körper zusammen ab. Sie müssen auf irdische Art überwunden werden.

Die Problematik, die sich mittlerweile auftut, ergibt sich aus dem lemurianischen Aufstiegsprozess. Wesen können zwar in eine untere Dimension herabsteigen, jedoch kann kein Wesen, das nicht das Bewusstsein der entsprechen Dimension hat, in diese eintauchen! Das heißt, ein Wesen aus der dritten Dimension kann nicht IN Lemurien gereinigt werden, weil sich Lemurien bereits in der fünften Dimension befindet. Aus diesem Umstand ergibt sich die Notwendigkeit, dass entweder die lemurianische Energie zu den jeweiligen Projekten geleitet wird, oder eigens besondere Heilenergiezentren im Kosmos aufgebaut werden. Beides hat jedoch nicht die Qualität, wie die direkte lemurische Heilung in der Lemurien-Sphäre zu erfahren.
Natürlich wird diese Praktik bereits heute bei vielen anderen Projekten angewandt. Wir auf der Erde sind noch in der glücklichen Lage, die lemurische Sphäre nutzen zu können, da alle inkarnierten Wesen das Bewusstsein der fünften Dimension besitzen.

Wir alle können wesentlich zur Bewusstwerdung der eigenen Seelensphäre beitragen. Jeder einzelne auf der Erde hat jederzeit vollkommen Verbindung und je mehr Du Dich mit Deiner

Bewusstwerdung auf der Erde beschäftigst, desto intensiver trägst Du persönlich zur Weiterentwicklung in Deiner Sphäre bei.
In Lemurien erhält jedes Lichtwesen, das der Heilung oder Harmonisierung bedarf, seinen eigenen Heiltempel sowie seine eigenen Heilpriester/innen. Die Formen spielen im Universum eine große Rolle. Jeder von uns hat seine bevorzugte Art der Erscheinung.
Bei manchen ist es die Form einer Pyramide, andere stellen sich ein Schloss und andere wieder einen Wald vor.
Die lemurianischen Heilkristalle und Steine können jedwede gewünschte Form annehmen.
Die Stein- und Kristallwelt in Lemurien ist nicht starr, wie es auf Erden scheint. Sie ist fließend und formiert sich unaufhörlich neu. Gleichwohl gibt es eine Art Berge, die jedoch ebenfalls einem stetigen Wandel unterliegen. Des Weiteren gibt es für uns sehr bizarr anmutende Formen.
Stelle Dir die Kristalle und Steine in flüssiger Form vor, eine Art dickflüssiges Gel, das ab und an erstarrt. Hat es genug von seiner Form, wird es wieder flüssig und bildet sich neu.

Erscheint ein Lichtwesen aus einer anderen Sphäre zur Heilung, erschaffen Kristalle und Steine augenblicklich die Form, die der Seele dient. Ist die Heilung vollendet, formieren sich die Heilkristalle neu, und stellen sich auf die nächste Heilung ein. Stein- und Kristallwesen bilden immer wieder neue Teams. Ganz gleich, wie die unterschiedlichen Heilgebäude aussehen, eins ist immer gleich: In der Mitte steht Dein persönliches Heilkristallbett.

In Lemurien erhält jedes Lichtwesen sein eigenes Lemurien-Heilerteam, bestehend aus zwei weiblichen und zwei männlichen Haupt-Heilpriestern. Das gesamte Heilerteam besteht zumeist aus 15 Lichtwesen. Jedoch kann die Zahl unter Umständen massiv variieren. Die Anzahl der Kristall- und Gesteinswesen variieren gleichfalls kolossal. Wie lange ein Heilungsprozess andauert, ist nicht im Voraus festzulegen. Ausschlaggebend sind hier die Art der Verletzung und Dein eigener Wille, Heilung zu finden. Wurde ein Wesen durch Angriffe der Gegenseite massiv geschwächt, ist der Heilungsprozess wesentlich aufwändiger.

Bei Unfällen, die die Gegenseite produziert hat, ist es möglich, dass Du augenblicklich einen neuen Körper erhältst. Einziger Wermutstropfen: Du beginnst von vorne... also als Baby.

Kristall- und Steinklänge, eine Art Musik, unterstützen Dich gleichfalls im Heilungsverlauf.
Auf der Erde können und sollten wir diese unbedingt mehr nutzen.
Ist eine Heilung abgeschlossen, bringen Dich Deine kosmischen Eltern oder Deine geistigen Begleiter in Deine Seelensphäre zurück.
Bist Du wohlbehalten in Deiner Seelensphäre angekommen, verschmelzen Deine Seelenanteile zur Gänze mit Deiner „Urseele".
Ganz gleich wie viele Heilpriester und Heilsteine/Kristalle Dir zur Verfügung stehen, ganz gleich wie wunderschön die Heilklänge sind: Keine Heilung kann ohne Deinen Willen stattfinden!

Lemurianer

Lichtwesen aus Lemurien tragen die Bezeichnung „Lemurianer". Kristalle und Gestein werden gleichfalls als Lemurianer bezeichnet. Ganz und gar alles, was aus dieser Sphäre kommt, wird als Lemurianer betitelt! Der Einfachheit halber nenne ich hier die Lichtwesen „Lemurianer" und alle anderen Wesen bei ihrem irdischen Namen.

Jede Wesenheit bildet einen Teil der Seelensphäre. Wir kommen nicht aus einer Sphäre, wir SIND diese Sphäre. Die Lebensart in den höheren Sphären ist komplett anders und dennoch gleich. Prinzipiell besteht der Bewusstwerdungsprozess darin, die eigene Göttlichkeit zu erkennen. Die unterste Bewusstseinsstufe von Lemurien berührt die sechste Dimension. Somit sind Lemurianer ihrer selbst in ihrer Seelensphäre wesentlich bewusster, als auf der Erde.

Allgemeine Beschreibung der lemurianischen Lichtwesen
(Und Ausnahmen gibt es immer und überall):

- Sie gehen oft sehr erhobenen Hauptes.
- Sie sind eher „stolz" und erhaben.
- Sie bilden sich eine Meinung und sind dann sehr schwer

vom Gegenteil zu überzeugen.
- Sie lieben die Gemeinschaft und leben diese voll und ganz aus.
- Sie sind extrem experimentierfreudig.
- Sie lamentieren nicht gerne, sondern handeln gleich.
- Sie können Sachverhalte gut erklären.
- Sie eigenen sich hervorragend für den Lehrberuf.
- Sie betreuen voller Hingabe ihre zugewiesene Aufgabe.
- Sie sind sehr gewissenhaft.
- Sie können sehr begeisterungsfähig sein.
- Sie verstehen allerdings überhaupt keinen Spaß, wenn es um die Betreuung der Wesenheiten in Lemurien geht.
- Sie können sehr streng sein.
- Sie inkarnieren sehr gerne und oft in andere Sphären.
- Sie sind sehr unternehmungslustig.

Lemurianer haben auf der Erde bedauerlicherweise einen Hang, sich in Angelegenheiten einzumischen, welche sie gar nichts angehen. Das ist auf der Erde ab und an wirklich unangenehm. Durch ihren Hang, alles besser zu wissen, erschweren sie so manch einem anderen Wesen das Leben auf der Erde.
Hast Du einen lemurianischen Freund oder Partner, so stoppe ab einem gewissen Punkt die Diskussion. Glaube mir, machst Du weiter, strapazierst Du Deine Nerven aufs Äußerste und eine Änderung wird nicht vollzogen. Bleib bei Deiner Vorstellung und lasse dem Lemurianer die Seine.

Lemurianer sind göttliche Heiler. Jegliche Heiltätigkeit fällt ihnen leicht. Anders als bei so manchem, müssen sie nicht lernen, ihre Heilfähigkeiten zu nutzen, sie wissen es einfach.
Auf der Erde erinnern sie sich ihrer Heilfähigkeiten wesentlich intensiver und entwickeln schnell ihre eigenen Heiltechniken. Auf der Erde sind viele Lemurianer von ihren Heiltechniken und ihrem Wissen so überzeugt, dass sie für andere Meinungen keinen Raum lassen. Widerspreche nicht. Lass geschehen, was Du für richtig erachtest. Manchmal kommen sie von selbst darauf, dass andere Methoden gleichwertig sind.

Der „Alltag“ der Lemurianer:

Lemurianer leben immer in einer Gemeinschaft, welche aus unterschiedlich bewussten Lemurianern besteht. Die Wohngemeinschaft umfasst 30 bis 40 Lichtwesen, inkarnierte Lichtwesen aus anderen Seelensphären nicht mit einberechnet.

„Erholung“ und das Tanken von Energie findet bei ihnen gänzlich in Meditation statt. Ist eine Meditation nicht möglich, stehen Lemurianern spezielle Kristalltränke zur Verfügung. In Lemurien gibt es keine Nahrung, die unserer gleicht, alles ist eher eine Art flüssige Essenz.
Lemurianer produzieren keine Köperausscheidungen.

Lemurianer achten auf ihre Umgebung in einer beeindruckenden Weise. Jegliches wird vermieden, was ihrer Dimension und den darin lebenden Wesenheiten schadet. Alle Lemurianer sind ausnahmslos fürsorgliche und soziale Wesenheiten. Lemurianer tanzen gerne und absolut ausgiebig. Hierfür gibt es spezielle Tempelanlagen, welche gigantische Ausmaße haben können.

Lemurianer leben in familienähnlichen Wohngemeinschaften. Diese wird jeweils von einem Heilpriester und einer Heilpriesterin begleitet. Alle Belange werden mit ihnen besprochen. Sofern gewünscht, kann ein Wechsel der Gemeinschaft vollzogen werden. Allerdings geschieht ein Wechsel sehr selten. Ist ein Lemurianer zum Gemeinschaftsvorsteher ernannt, wird er darauf vorbereitet, in die nächste Ebene aufzusteigen. In Lemurien herrscht ein strenges Aufstiegsprotokoll, das jeder Lemurianer genau befolgen muss. In allen Dimensionen von Lemurien ist es klar erkenntlich, wer an welchem Platz seine Aufgabe hat. Alle Lemurianer erfüllen ihre Aufgaben mit hingebungsvoller Gewissheit. Sie schreiten zielstrebig ihrem Aufstiegsprozess entgegen. Ist ein Lemurianer bereit, in die nächste Ebene oder Dimension aufzusteigen, erwählt er seinen Nachfolger. Ein Nachfolger wird immer aus der eigenen Gemeinschaftsgruppe erwählt. Nachdem der Nachfolger in seine Aufgaben eingeweiht wurde, kann in einem wundervollen Ritual der Aufstiegsprozess des vorherigen Vorstehers stattfinden.

Die Lemurianische Ausdrucksform ist unserer menschlichen sehr ähnlich, oder besser gesagt: Unsere menschlichen Körperformen wurden danach kreiert. Bis in die zehnte Dimension tragen

Lemurianer eine Art Kleidung. Je tiefer die Dimension, desto dichter die Kleidung.
Die Kleidung besteht aus weiten, wallenden Gewändern. Sie sind üppig gestaltet und haben wundervolle, prächtige Farben. In den unteren Dimensionen bilden die Steine und Kristalle eine Art Wohnkomplex. Je höher die Sphäre schwingt, desto durchlässiger wird die Materie.

Jedem Wesen aus dem Universum, außer der Luzifer Sphäre, ist es erlaubt, in jede Sphäre zu inkarnieren. Eine Schwangerschaft, wie wir es auf der Erde kennen, gibt es allerdings nicht. Das Inkarnationsverfahren gestaltet sich in jeder Sphäre anders. Inkarnierte Wesenheiten aus anderen Seelensphären werden liebevoll in ihren Lernerfahrungen begleitet. Hierfür stehen jedem Wesen Lemurianer zur Verfügung. Diese setzen sich aus verschiedenen Bereichen zusammen. Alles unterliegt hier ebenfalls einer strengen Ordnung.
Die strenge Ordnung ist für Wesen aus der Elfen- & Feen-Sphäre schwer zu ertragen. Es ist äußerst amüsant, wenn ein Lemurianer auf eine Elfe trifft. Sie sind die einzigen Wesen, die einen Lemurianer blitzartig aus seinem Rhythmus und seiner Fassung bringen können.

Die Lernschritte werden in Lemurien in einer Art „Schule“ vollzogen. Einen geregelten Ablauf in den Lehrorten gibt es nicht. Lemurianer und inkarnierte Wesen treffen sich regelmäßig und beraten sich mit ihren Lehrern und Begleitern. Oftmals werden Themen von Gruppen diskutiert und in praktischen Erfahrungen erlernt. Es wird natürlich nicht ausschließlich über die allgemeine Schöpfung doziert, es gibt zudem einiges über die Kristalle und Steine zu erfahren. Und natürlich wird in diesen Schulen auch das Heilwissen weitergereicht.

Fehler zu begehen ist normal. Du darfst Dir wieder erlauben, Fehler zu begehen und aus ihnen zu lernen. Fehler sind wichtige Lernerfahrungen. Ist eine Lernerfahrung erfolgreich, wird der nächste Lernschritt erarbeitet und anschließend vollzogen. Die Art des Lernens unterscheidet sich in Lemurien dahingehend, dass ein Lehrer einen Schüler niemals seine Lernschritte vorschreibt, oder ihn hindert, eine Lernerfahrung zu erleben. Ist für einen Lehrer ersichtlich, dass der Weg des Schülers keinen Sinn hat, wird er ihn

dennoch diesen Weg gehen lassen. Jedes Wesen hat das Recht auf „Fehler". Die Beziehung zwischen Schüler und Lehrer in Lemurien basiert weniger auf „belehren" als vielmehr auf geschützte Selbsterfahrung. Wurde eine Erleuchtung durchlebt, schreitet der Lemurianer in die höhere Bewusstseinssphäre.
Ab der zehnten Dimension gibt es keine „Schule" mehr. Jedes Wesen besitzt ab diesem Stadium die Fähigkeit, selbstständig seine Schritte zu beschreiten. Kosmische Eltern dürfen nicht aktiv in den Bewusstwerdungsprozess eingreifen und sind daher eher als Eckpfeiler zu betrachten. Die Gefahr, dass sich eine Seele verirrt, wird so auf eindrucksvolle Weise eingedämmt. Begleitung durch die kosmischen Eltern findet bis in die zwölfte Dimension statt.
Die Beziehung zwischen Schüler und Lehrer besteht so lange, bis ein Wesen fähig ist, in die nächste Ebene aufzusteigen. Auf der Erde würden wir sagen... ein Leben lang.

In den Seelensphären gibt es keinen Sterbeprozess, wie wir ihn auf der Erde kennen. Die Seelen wissen, dass sie in eine andere Ebene voranschreiten. Einen „Sterbeprozess" erfahren die Wesen dennoch. Allerdings ist es ein froher und tief bewegender Weg. Würden wir auf der Erde verstehen, dass wir schlicht die Ebene wechseln, würden wir uns viel Schmerz ersparen.
Manch spirituell erwachter Mensch auf der Erde erliegt der Illusion, dass es einfacher wird, je bewusster wir werden.
Bedauerlicherweise ist das Gegenteil der Fall. Die sensiblen Schwingungsunterschiede sind nicht offensichtlich. Jede Sekunde unseres SEINS müssen wir achtsam sein. Falls Du dachtest, es sei schwer, Deine Erleuchtung auf Erden zu erreichen, dann wirst Du in der zehnten Dimension eines Besseren belehrt.

Kristalle und Gesteine

In den Seelensphären gibt es hundert bis Millionen verschiedene Wesenheiten. Nur wenige daraus inkarnieren auf die Erde. Kristall- und Steinwesen entschlossen sich von Anfang an am Erdenprojekt aktiv mitzuarbeiten und somit auf die Erde zu inkarnieren.
Kristalle und Steine sind wesentliche Wesenheiten in Lemurien. Ihnen wird ein Großteil des Heilwissens zugeschrieben.

Meine Beschreibung gilt sowohl Kristallen, wie auch Steinen.
Der Unterschied zwischen ihnen besteht darin, dass Kristalle flinkere Wesenheiten sind. Gestein ist von seiner Art her sehr gemütlich und behäbig. Steinwesen sind zudem wesentlich leidenschaftlichere Wesen. Steinwesen sind außerordentlich emotionale Seelen. Steinseelen sind gute Beobachter und warten, bis der Zeitpunkt gekommen ist, ihrer Meinung Ausdruck zu verleihen und da genügt ihnen ein Wort.
Die Ausdrucksweise der Steinwesen ist beeindruckend. Ein Wort von ihnen ergibt die Aussagekraft von drei irdischen Jahren. Vielleicht sollten wir uns an ihnen ein Beispiel nehmen.
Die Kristalle erleuchten und kommunizieren in intensiven Farben, die wir uns nicht einmal ansatzweise vorstellen können. Die Farbkraft gibt Lemurien eine Leuchtintensität, die im Universum einmalig ist. Die Farbintensität enthält eine grandiose Heilschwingung.
Kristalle und Steine berühren das Universum mit ihrer Hingabe. Sie lassen ihre einzigartige Heilschwingung in vollkommener Liebe erblühen. Die Farbheilschwingung wird durch Engel ins gesamte Universum geleitet.
Gemessen an der heilenden Wirkung in Lemurien, entfalten Kristalle und Steine auf der Erde ihre „irdische" Heilschwingung vielleicht gerade mal zu 0,5%. Du kannst ihre Heilschwingung durch liebevolles Berühren wesentlich erhöhen.

Heilschwingung zu erzeugen, ist eine Ausdrucksform der Kristalle. In Lemurien werden die grandiosen kristallinen Schwingungen individuell für jedes Wesen zusammengestellt. Sie durchfluten sanft und in Stille eine Essenz und beheben fast zärtlich Disharmonien. Höher schwingende Kristallwesen erzeugen Heilgesänge von solcher Schönheit, dass ein erfahrener Ton in einem Wesen Heilung bewirkt. Die Heilgesänge der Kristalle und Steine durchdringen jegliches Sein in allen Sphären und Dimensionen.
Jede Seele ist Schwingung! Musik ist eine bezaubernd wertvolle Art der Heilung. Auf der Erde kannst Du Musik jeglicher Art (bis auf wenige Ausnahmen) zur Heilung einsetzen.

Je bewusster ein Kristall oder Stein ist, desto reiner und klarer ist sein kristalliner Heilgesang. Der göttliche Bewusstwerdungsprozess der Kristalle und Steine läuft über das Erlernen der vollkommenen

Heilgesänge. Je reiner ein Kristall auf der Erde ist, desto reiner ist sein Bewusstsein, desto höher die Dimension, aus der er inkarniert ist.

Willst Du einen Kristall auf Erden erwerben, achte auf seine Reinheit. Doch beachte: Kristalle suchen sich ganz bewusst Menschen aus, um bei ihnen zu lernen. Du solltest ihnen dieses Geschenk nicht nehmen. Falls Du jedoch mit Kristallen arbeitest, würde ich Dir empfehlen, das mit relativ reinen Kristallen zu tun. Du kannst natürlich auch immer noch einen nicht ganz so reinen Kristall dazu legen.

Kristalle sind liebevolle Wesenheiten, die in hingebungsvollen Verbänden zusammen leben. Sie erzeugen im Zusammenschluss ein bezauberndes Liebespotential. Seitdem der erste Stein und Kristall in der zwölften Dimension existiert, verläuft der Bewusstwerdungsprozess wesentlich zügiger. Ihre Liebe und Weisheit erleichtert ALLEN Wesenheiten im gesamten Universum ihren Aufstiegsprozess.

In Lemurien hat jeder Kristall und jeder Stein seinen eigenen Namen, genauso wie jedes Lichtwesen. Der Name beschreibt die Seele und ihre Aufgabe.

Die Kristalle werden in gigantischen Höhlen gehütet und umsorgt. Gleichfalls gibt es gigantische freie Kristallfelder, die sich durch die gesamte lemurianische Sphäre ziehen.
Kristalle bewegen sich nur, wenn es sein muss. Sie bleiben lieber an Ort und Stelle.
Steine türmen sich, wie auf der Erde, zu kolossalen Gebirgszügen auf. Die Gebirgszüge verändern sich stetig, da die Steine sehr unternehmungslustig sind und in der gesamten Sphäre herumspazieren.

Trotz ihrer emotionalen Seite sind Steine ruhige und bedächtige Wesen. Kristalle dagegen sind wesentlich dynamischer und aufbrausender.
Steine und Kristalle besitzen einen eindeutigen Lehrauftrag. Ihre Weisheit der Heilkunst ist herausragend. Viele Lichtwesen studieren bei ihnen und wenden ihr Wissen anschließend in den eigenen

Seelensphären an. Steine lehren Dich Deine Weisheit, indem sie Dich begleiten, Kristalle hingegen lehren, indem sie Dir klare Aufträge übermitteln.

Nach einer Inkarnation in anderen Sphären durchlaufen Steine und Kristalle gleichfalls einen Harmonisierungsprozess. Kristalle nehmen, mehr noch als Steine, jegliche negative Schwingung in sich auf.
Auf der Erde sind Erdbeben, Vulkane, Berg-Sprengungen und Stein-Verarbeitung zum Bau von Häusern, Straßen und dergleichen eine immense Belastung für die Steine. Steine und Kristalle sind es gewohnt, sich selbstständig zu formieren. Die rücksichtslose Art und Weise der Menschen schädigt sie und lässt sie in eine Art Koma auf der Erde fallen.
Verwendest Du auf der Erde Steine oder Kristalle als Heilsteine, oder für einen Hausbau, dann bitte sie, Dir zu dienen. Du wirst merken, alles wird sehr viel leichter und erfolgreicher verlaufen.

Der Erleuchtungsprozess der Steine und Kristalle verzaubert den Betrachter. Beim Anheben der Schwingung/dem Bewusstsein lichtet sich der Stein oder Kristall. Er wird immer strahlender, bis er in einem Farbspektakel in die nächste Ebene aufsteigt. Dieser Prozess ist deswegen so spektakulär, da Kristall- und Steinwesen in Gruppen aufsteigen.

In Lemurien formieren sich die Heilkristall-Stein-Tempel nach Wunsch der zu heilenden Seele. Daher unterscheiden sich Form und Größe in gigantischem Ausmaß. Bilden Steine und Kristalle für lemurianische Lichtwesen „Wohngebäude“, so lassen sie durchaus ihre eigene Phantasie mit einfließen. Heraus kommen Gebilde von exquisiter Schönheit.
Eine weitere Art Heilung zu finden, sind die Heilwege der Steine und Kristalle. In den hoch schwingenden Ebenen führt ein Beschreiten dieser Wege zur absoluten Glückseligkeit. Ab der zehnten Dimension erzeugt es sogar einen kosmischen Orgasmus.

Viele Wesen auf der Erde erinnern sich an die Wege, und gehen daher auf der Erde gerne wandern oder spazieren. Gehst Du auf der Erde spazieren oder wandern, stelle Dir vor, Du bist auf einem lemurianischen Heilweg.

Die unendlichen Kristall- und Steinwiesen in Lemurien produzieren Heilsymphonien von unbeschreiblicher Schönheit. Die harmonisierende Wirkung ist in der gesamten Sphäre hör-und spürbar. Lemurianische Heilpriester bringen sich mit der Kraft ihrer Singstimme ein und erzeugen ein fulminantes Musikspektakel. Selbstverständlich erreichen die Symphonien nicht nur die Heiltempel, sondern auch die Wohnstätten und „öffentlichen“ Gebäude der lemurianischen Lichtwesen. In den kristallinen Wohnstätten findet das „alltägliche“ Leben der Lemurianer statt. Alle Gebäude in Lemurien erzeugen eine feine, kaum wahrnehmbare Schwingung und beeinflussen damit das alltägliche Leben der Lemurianer auf subtile Weise.

Bis zur siebten Dimension bemächtigen wir uns noch der Worte. Ab der achten Dimension kommunizieren wir mehrheitlich mit Farben oder Lichtfrequenzen.

Übungen mit der Lemurien-Sphäre

- Verbinde Dich geistig mit dem Namen „Lemurien“ oder meditiere mit der Energie.
- Lege einen Stein Deiner Wahl auf Dein Herzchakra und spreche Worte, die Dir wichtig sind.
- Lege einen Kristall auf Dein drittes Auge und denke an Heilung.
- Kommuniziere mit dem Vorsteher Zeus, oder mit Seraphim Raphael.
- Bilde einen Stein- und/oder Kristallkreis (im Haus oder im Freien) und setze oder stelle Dich hinein.
- Gehe im Freien barfuß auf nicht bearbeiteten Steinen spazieren.
- Setze/lege Dich in der freien Natur auf einen Felsen.
- Arbeitest Du mit einem lemurianischen Team an einem Thema, dann achte genau auf Hinweise. Durch ihr erhöhtes Bewusstsein bieten sie Dir die Möglichkeit, auf der Erde viele Wunden und Verletzungen sanft zu heilen.
- Fühlst Du Dich einmal müde, so stelle Dir einen kraftspendenden Heiltrank aus Lemurien vor. Trinke diesen in Gedanken.
- Bist Du in einer Lehrtätigkeit, verbinde Dich mit einem Lemurianer. Sie werden Dich mit ihrer Weisheit in Deinem Beruf unterstützen. Das gleich gilt, solltest Du auf der Erde eine Heiltätigkeit ausüben.

Die Übungen werden Dich intensiver mit der lemurianischen Energie verbinden. Bei regelmäßiger Anwendung ist eine Verbesserung Deines Lebensgefühls und Wohlbefindens deutlich spürbar. Bei stetigem Ausüben kann es geschehen, dass ein Heilpriester oder Heilpriesterin aus Lemurien persönlichen Kontakt zu Dir aufnimmt.

Regenbogensphäre
SEELENSPHÄRE
Regenbogensphäre
CHAMUEL
World of Spirit
www.chamuel-world-of-spirit.com

Regenbogen-Sphäre

Kurzbeschreibung Regenbogen-Sphäre

Seelensphäre	Regenbogen
Begleitender Engel	Seraphim Gabriel
Erste Manifestation	vor 4 – 3,5 Milliarden Jahren
Bekannter Avatar	Lord Salomon, Lady Harmonia
Vorsteher	Avatar Faithemy
Ort der Manifestation	Amazonas
Unterste Dimension	5. Dimension 4. Ebene
Letzter Aufstiegsprozess	vor 25.000 Jahren
Jetzt im Aufstiegsprozess	in Vorbereitung
Lichtwesen	Elben, Zwerge
Andere Seelengruppen	Bäume, Sträucher, Nebel, Tierwesen, Einhörner
Menschliche Inkarnationen	Elben, Zwerge

Die Regenbogen-Sphäre ist die Sphäre der aktiven Bewusstwerdung, Erhabenheit, des Tierverständnisses und der Naturverbundenheit.
Die Regenbogen-Sphäre verkörpert die Traumwelten. Traum und Wirklichkeit verschmelzen zur göttlichen Realität. Live your dream.

Energieform:
Innige Verbindung zur Natur, zu Tieren und Naturgeistern, eröffnet das Bewusstsein für das Tierreich, die Pflanzenwelt und speziell die Bäume. Bereitschaft, Verantwortung zu übernehmen, sanfte Ausgelassenheit, Liebe in sich erkennen, Akzeptanz gegenüber allen Wesenheiten, umhüllend, Achtsamkeit, Farbenpracht, Geduld, Umweltbewusstsein, Pop/Rock-Musik

Wirkt unterstützend bei:
Trübsal, fehlender Wertschätzung für das Leben, Farblosigkeit, innerer Enge, Abneigung Tieren oder der Natur gegenüber, Lernschwierigkeiten, Hass, Konkurrenzdenken, Lieblosigkeit,

Allergien, aggressivem verbalen Verhalten, psychischer und physischer Überforderung, Geltungssucht, Mangeldenken, Beziehungsproblemen

Bevorzugte Berufswahl:
Tierpfleger, Tierarzt, Tierschützer, Möbeldesigner, Abenteurer, Zoologe, Förster, Bankwesen, Lehrer, Erzieher, Gärtner, Architekt, Naturforscher, Holzfäller, Bauarbeiter für Hochhäuser, Hufschmied, Reisebegleiter, Schreiner. Elben und Zwerge sind auf der Erde besonders oft im unentgeltlichen Tier- und Naturschutz aktiv.

Begleitender Seraphim:
Seraphim Gabriel ist der begleitende Seraphim für die Regenbogen-Sphäre.
Gabriels Name bedeutet: Meine Kraft ist Gott.
Sie ist mit ihrer mütterlichen Art wundervoll mit der Regenbogen-Sphäre verbunden. Die hingebungsvolle Liebe zu Tieren war ausschlaggebend, dass Gabriel die Begleitung der Regenbogen-Sphäre übernahm.

Atlantis

Bevor wir tiefer in die Regenbogen-Sphäre eindringen, will ich kurz über die Zeitepoche Atlantis schreiben. Das Atlantische Zeitalter nimmt bis heute massiven Einfluss auf die Entwicklung der Regenbogen-Wesen.
Atlantis war keine Stadt oder Region und auch kein Königreich. Atlantis wurde die Zeit nach der lemurianischen Zeitepoche genannt. Gebildet wurde die Zeitepoche von Lemurien und der Regenbogen-Sphäre. Beide zusammen erlebten ihre absolute Hochblütezeit. Die gesamte irdische Struktur wurde von der Energie dieser Sphären durchzogen.
Atlantis war eine Zeitepoche! Atlantis war KEIN begrenztes Land. Die Energie war und ist auf der gesamten Erde allgegenwärtig. Dennoch gab es Hochzentren, in denen die Macht und Kraft außerordentlich massiv verankert war. Beispiele hierfür sind Hawaii, Neuseeland und Santorini.

Lemurianische und Regenbogen-Sphären-Lichtwesen waren ca. 1.000.000 Jahre die alleinigen Herrscher auf der Erde. Danach inkarnierten mehr Lichtwesen aus den unterschiedlichsten Seelensphären.
Seelen, die seit der Atlantischen Zeit auf die Erde inkarnieren, werden als „alte Seelen“ auf der Erde betitelt. Allerdings bezieht sich diese Formulierung ausschließlich auf die Erde.
Prinzipiell sind wir im Universum alle gleich „alt“.

Nach diversen und immer wiederkehrenden Ausuferungen der Atlanter wurden durch Seraphim Michael die absoluten Machtzentren der atlantischen Energie zerstört. Der freie Wille und die selbständigen Handlungen der Lichtwesen auf der Erde wurden durch Seraphim Michael empfindlich eingeschränkt. Seraphim Michael verdichtete die materielle Energie der Lichtwesen und blockierte ihren sphärischen Zugang zur Seelensphäre.
In keiner Dimension wird es toleriert, dass Mensch-Tier-Züchtungen erschaffen werden. Die einzige Sphäre, in die Michael nicht eingreifen darf, ist die Luzifer-Sphäre. Dort werden weiterhin fröhlich Experimente auf diesem Gebiet durchgeführt.
Die Zerstörung von Atlantis erzeugte eine gewaltige Energieexplosion. Sie wurde in der gesamten dritten Dimension und darüber hinaus in diversen höher schwingenden Dimensionen wahrgenommen.
Nicht alle Wesenheiten auf der Erde wurden von Michael ausgelöscht. Überlebende Seelen errichteten neue Weltkulturen, beispielsweise Ägypten, die Majas oder Inkas. Maoris können, ebenso wie Indien, auf eine Reihe Atlanter zurückblicken. Allerdings erreichten diese Kulturen niemals das gigantische Ausmaß der Atlanter.

Die Vorkommnisse in Atlantis behindern bis heute einen zügigen Aufstieg der Regenbogen-Sphäre. Extreme Experimente und Ausbeutung der unterschiedlichsten Wesen beeinflussten die Entwicklung der Bewusstwerdung.
Bedenke, bist Du als Mensch auf der Erde inkarniert und wird Deine direkte Verbindung in Deine Seelensphäre gekappt, bewirkt das auf der Erde ein definitives Abrutschen in die dritte Dimension.
Somit begaben sich die damaligen Menschen auf die gleiche Bewusstseinsstufe wie Gaia. Der Zustand hält bis heute an.

Willst Du mit der liebenden Atlantis-Energie arbeiten, verbinde Dich mit Oranideon, einem der größten Heilpriester jener Zeitepoche.

Sowohl in den Seelensphären wie auf der Erde verfolgen uns die Auswirkungen der atlantischen Verfehlungen bis heute. Heilung benötigt Zeit und vollkommenen Willen zur Bewusstwerdung.
Die Einsicht, dass jedes Wesen gleich wertvoll ist, ist bis jetzt noch nicht in jedem menschlichen Wesen auf der Erde erwacht. In unserer aufgeklärten Zeit sollte es möglich sein, dieses Versäumnis schnellstmöglich nachzuholen.
Willst Du dazu beitragen, die Wunden der atlantischen Verfehlungen zu heilen, dann achte jedes Wesen, Tiere wie Pflanzen, Steine wie Kristalle und behandle sie liebe- sowie respektvoll.

Allgemeines

In der Regenbogen-Sphäre ist die Fauna der Säugetiere und Flora der Bäume und Sträucher beheimatet. Die Artenvielfalt ist beeindruckend.
Nur ein Bruchteil der unterschiedlichen Tier-/Baumwesen inkarnieren auf die Erde. Der weit größere Anteil verweilt in der Seelensphäre. Mitunter inkarnieren sie in diverse andere Sphären oder Projekte.
Elben und Zwerge bilden in der Regenbogen-Sphäre die größte Lichtwesen-Spezies.
Zusammengefasst bilden die unterschiedlichen Lichtwesen-Arten den kleinsten Anteil der Wesenheiten in der Regenbogen-Sphäre. Durch den bunten Reichtum an Wesenheiten ist die Regenbogen-Sphäre die zweit-abwechslungsreichste Seelensphäre. Alles entfaltet sich in verschwenderischer Üppigkeit. Sie war die zweite Seelensphäre, die Wesenheiten ins irdische Matrixfeld sandte. Mit der Erde steht die Sphäre in tiefem und innigem Kontakt. Nach wie vor stellen sie die zweitgrößte Lichtwesen-Gruppe auf Erden. Die Fauna und Flora trägt gleichfalls dazu bei, dass die Regenbogen-Sphäre vielfältig auf Erden vertreten ist.
Beeindruckend ist, dass alle Wesen in der Regenbogen-Sphäre gleichwertig sind und überaus geachtet werden! Wir dürfen gerne von ihnen lernen.

Die unterste Bewusstseins-Stufe befindet sich in der fünften Dimension - zweite Ebene. Es wird erwartet, dass durch die Aufstiegsenergie der Erde ein Bewusstseinsschub in der Regenbogen-Sphäre stattfindet. In Anbetracht des lemurianischen Aufstiegs wäre es überaus vorteilhaft, ebenfalls das Bewusstsein zu erheben.

Das erste Zusammentreffen der Energiefelder von der Regenbogen-Sphäre und der Erde fand im heutigen Amazonasgebiet statt. Glücklicherweise inkarnieren weiterhin viele Baum- und Tierwesen im Amazonas Gebiet. Wäre die Energie aus der Regenbogen-Sphäre im Amazonas nicht mehr vorhanden, wäre das Projekt Erde dem Untergang geweiht.
Es ist dringend notwendig, das Amazonas-Gebiet zu schützen. Du kannst mithelfen, indem Du keine Hölzer erwirbst, die in der Region angebaut werden. Die Energie der Regenbogen-Sphäre ist sensibel, zart und diffizil. Es besteht die reelle Gefahr, dass sich die Energie auf ein Minimum reduziert.

Die Regenbogen-Sphäre entfaltet eine filigrane Energie.
Die gesamte Sphäre erscheint luftig und zart - auf den ersten Blick zumindest. Die Elben und Zwerge sind heiter, obwohl sie zu einer gewissen depressiven Stimmung neigen. Zwerge können durchaus ein wenig mürrisch erscheinen. Baumwesen sind friedliebende und bedächtige Seelen. Tierwesen leben schlicht alles, was die Stimmungslage im Universum zu bieten hat. Die Wesen aus der Regenbogen-Sphäre leben Gemeinschaft, und dennoch sind sie gerne für längere Zeit allein. Es fällt ihnen mitunter schwer, sich anderen zuzuwenden.

Lass Dich niemals vom ersten Eindruck blenden! Elben und Zwerge können hervorragende und unerbittliche Krieger sein, gleichfalls die Bäume und Tierwesen. Regenbogen-Wesen sind gerne allein und für sich, jedoch sind sie nicht EINSAM!
Die Seelen sind herzlich und tolerant, obgleich eine gewisse Strenge durchaus vorhanden ist. Elben und Zwerge sind verantwortungsbewusst und absolut zuverlässige Seelen.
Baumwesen sind großzügig und beschützend. Tierwesen zeichnen sich durch große Loyalität aus.

Die Heilenergie für Tiere und Baum-/Strauchwesen befindet sich in der Regenbogen-Sphäre.
In jeder Dimension und Ebene sind hervorragende Heilstätten für alle Arten von Disharmonie vorhanden.
Zahllose Tier- und Baum-Wesenheiten benötigen nach einer irdischen Inkarnation Heilung. Sie werden liebevoll betreut, und sind jederzeit frei zu gehen, wohin sie mögen. Die Heilenergie ist fröhlich und dennoch tief heilig.
Die „Verletzungen" der Baum-/Strauch- und Tierwesen sind erheblich, kehren sie von der Erde in die Regenbogen-Sphäre zurück. Durch einen achtsamen Umgang auf der Erde würden wir diesen wundervollen Wesen viel Schmerz und Pein ersparen.

Dass die Regenbogen-Sphäre weiterhin auf der Erde verweilt, ist der Verdienst von Seraphim Gabriel. Sie leistet vortreffliche Hilfe bei der Heilung der Wesen. Ohne ihre mütterliche Art hätte sich die Regenbogen-Sphäre wahrscheinlich von der Erde zurückgezogen.

Im Kosmos ist die Regenbogen-Sphäre eine hell schimmernde Erscheinung. In keiner anderen Sphäre gibt es solche Charakterunterschiede. Es werden rauschende Feste gefeiert, während nebenan tiefe, heilige Meditationen stattfinden. Es wird viel gelacht und gleichzeitig tragen Seelen tiefste Traurigkeit in sich. Es gibt ungeduldige Baumwesen und Baumwesen, die seit Jahrmillionen in einer Position verharren. Hier ist das Erfahren der differenten Unterschiede in einer Sphäre definitiv möglich.
Es herrscht eine magische, beeindruckende Atmosphäre und während bei anderen Seelensphären eine Klassifizierung der Energie möglich erscheint, ist es hier ausgeschlossen.
Die Weite, die Enge, die Höhe und die Tiefe dieser Seelensphäre erzeugen einen inneren Widerspruch. Alles ist klar und gleichzeitig verschwommen.

Bei Kontakt mit dieser Sphäre konzentriere Dich auf die Herzenergie. Diese ist jederzeit präsent und gut spürbar.

Die Elben

Die Erscheinung der Elben kann sowohl in weiblicher wie ebenso in männlicher Form erfolgen. Sie legen sich selten fest und in den höheren Ebenen wirken sie androgyn.
Elben erzeugen in der Sphäre einen Körper, der auf den ersten Blick dem menschlichen ähnlich ist. Dennoch gibt es unleugbare Unterschiede.
Elben erreichen eine Körpergröße von 3 ½ bis 4 ½ Meter. Ihre Körper sind sehr schlank bis asketisch. Mitunter wirken sie filigran und durchscheinend. Das Erscheinungsbild der Elben ist sehr hell. Sie tragen niemals bunte kräftige Farben, alles an ihnen ist in Pastelltönen. Haare und Kleidung sind meist im gleichen Farbton gewählt. Die Kleidung besteht aus enganliegenden Hosen und einer Tunika. Meist hat die Tunika noch einen wallenden Umhang. Bei Zeremonien tragen sie wallende Gewänder aus einem seidigen Stoff.
Sie berühren niemals den „Boden" ihrer Seelensphäre, sondern schweben ca. 2 - 3 cm darüber. Elben sind betörend schöne Wesen in ihrem Spirit, wie auch in ihrem körperlichen Ausdruck. Sie bewegen sich bedächtig, Hektik ist ihnen unangenehm. Elben sind absolut verträumt und tiefgründig.
Sie erscheinen weich und sanft, während eine immense innere Kraft spürbar ist. Sie verstecken ihre Macht hinter ihrer durchsichtigen Erscheinung. Auf der Erde würden wir sie als nicht fassbar beschreiben. Elben sind hier, dann dort und auf einmal fort.

Sofern Elben kommunizieren, geschieht es mit sanfter, leiser Stimme. Die telepathische Kommunikation wird mit jedwedem Regenbogen-Wesen ausgeübt. Eine verbale Kommunikation findet ausschließlich mit inkarnierenden Wesenheiten statt. Beherrschen inkarnierte Wesen ihre telepathische Kommunikationsart, wird fortan telepathisch kommuniziert. Bei der Kommunikation mit Elben ist es vorteilhaft, eine kurze, erhabene bzw. edle Sprachweise zu wählen. Kommunikation an sich unterliegt einer gewissen Komplexität. Einfache Worte wählen Elben niemals. Kommunizieren ist für sie Kunst. Ihre Art zu kommunizieren gestaltet sich selbst für andere Regenbogen-Wesen schwierig. Für inkarnierte Wesen ist es am

Anfang eine hohe Hürde. Sie zu meistern, ist eine Herausforderung der besonderen Art.
Elben sind ruhige leise Wesen, zumindest in ihrer Seelensphäre.

- Sie sind leise und ruhig.
- Sie sind lustig und grazil.
- Sie lieben die Freiheit.
- Sie lieben das Alleinsein.
- Sie sind loyal.
- Sie brauchen lange, um sich eine Meinung zu bilden.
- Sie übertragen per Telepathie ihr Wissen.
- Sie trösten gerne.
- Sie betreuen die Tiere und Bäume mit unendlicher Geduld.
- Sie sind beständig und sanft.
- Sie sind rücksichtsvoll und oft ein wenig distanziert.
- Sie neigen zu Dramaturgie.
- Sie akzeptieren die Meinung von anderen und bleiben bei der eigenen.
- Sie lieben Feste und gemeinsame Aktivitäten.

Elben gestalten und feiern gerne Feste, denn sie lieben es zu lachen. Ihre Heiterkeit ist leise, fast wie ein inneres Erleuchten. Musik nimmt eine übergeordnete Rolle ein und darf auf keinem Fest fehlen. Jeder Elb ist ein begnadeter Sänger oder Musiker. Ihre Musik ist erhebend.

Bei intensiven Bewusstseinsprozessen sind Elben im besonderen Maße in sich gekehrt. Währenddessen sind sie zu keinerlei Kommunikation fähig. Während der Bewusstwerdungs-phase übernimmt ein anderer Elb die Aufgaben. Bei einem Bewusstwerdungsprozess wird der Elb für Dich nicht ansprechbar sein. Frage daher nach, mit welchem Elb Du Deine Anliegen besprechen darfst.

Elben sind gute Lehrer, die ab und an ihren Schüler stehenlassen. Sie vergessen ihn schlicht. Sie lehren, indem sie vorleben. Erklärungen sind für sie überflüssig, wichtig ist das Erleben. Geschieht es, das Du in Lernphasen anderer Meinung sein solltest, wird nach menschlichem Ermessen eine Kommunikation kompliziert. Sie diskutieren oder erklären nicht.

Was Elben lieben, ist über Gott und seine Schöpfung zu sprechen. Die Gespräche können sich über „Jahrzehnte“ hinziehen. Jedoch finden die Gespräche nie in Gruppen mit mehr als fünf Partnern statt. Sie finden immer an öffentlichen Plätzen statt und niemals in einer privaten Unterkunft.
Elben verschwenden ihre Energie mit keiner Diskussion. Sie akzeptieren die Meinungen und Ansichten jedes Wesens.

Elben beschäftigen sich ausschließlich mit der reinen Natur. „Maschinelle Technik“ ist in der Regenbogen-Sphäre in jeglicher Dimension unbekannt.
Elben greifen nie in Entwicklungsprozesse ein. Sie folgen dem natürlichen göttlichen Rhythmus. Dennoch lieben Elben es, zu lernen. Sie interessieren sich für alle Belange, die im Universum vorgehen, sofern sie mit dem WIR und nicht mit dem ICH zu tun haben.
Sie sind klar in ihrem Sein, und erkennen im Augenblick das Ego in einem Wesen. Für sie ist es ein Spiel, die eigene Wahrhaftigkeit in sich selbst und in der göttlichen Schöpfung zu entdecken.
Arbeitest Du mit Elben, kommuniziere immer in der Wir-Form. Sie sehen nur dann einen Sinn in der Bewusstwerdung, wenn sie allen dient!

Elben bilden eine Gemeinschaft von maximal 25-30. Es gibt jedoch Dorfgemeinschaften, in denen bis zu 3.000 Elben zusammen leben. Dorfgemeinschaften befinden sich innerhalb der Baumkronen. Die grazilen und fragilen Wohnstätten der Elben sind mit den Bäumen auf einzigartige Weise verwoben. Niemals befindet sich eine Wohnstätte auf dem Boden. Elben verbringen ihre gesamte freie Zeit in den schwindelerregenden Höhen der Baumkronen. Ausschließlich für Aufträge verlassen sie die luftigen Höhen.

Hauptaufgabe der Elben ist die Pflege und Betreuung der Tierwesen und Baumwesenheiten.
Eine weitere Aufgabe ist es, Musik ins gesamte Universum zu senden oder weiterzuleiten.
Die sphärischen Heilklänge stehen allen Wesen im Universum zur Verfügung.

Die Zwerge

Zwerge sind ungestümer als Elben. Sie sind zudem aktiver und gestalten ihr gesamtes Sein. Von tiefgehenden Meditationen sind sie nicht überzeugt. Von Stillschweigen gleichfalls nicht. Sie diskutieren und erklären fortwährend, was, wie, wieso, weshalb und warum. Elben reagieren mehr auf erlebte Abenteuer, als dass sie aktiv dieses Abenteuer gestalten.

- Sie sind laut und zäh.
- Sie sind schnell beleidigt, besitzen jedoch einen wundervollen Humor.
- Sie sind sehr nachtragend.
- Sie sind streng und tiefgründig.
- Sie sind voller lebhafter Emotionen.
- Sie brauchen lange, um wahre Freundschaft zu leben.
- Sie sind mürrisch und störrisch.
- Sie sind absolut loyal.
- Sie arbeiten unaufhörlich und stellen sich ausnahmslos in den Dienst von Gott.
- Sie sind extrem pflichtbewusst, pedantisch und beharrlich.
- Sie lieben Diskussionen.
- Sie sind ausgesprochen wissbegierig und dabei sehr ungeduldig.
- Sie sind nicht sehr flexibel und definitiv stur.
- Sie lieben Feste und gemeinsame Aktivitäten.

Selbst in den unteren Dimensionen schlafen Zwerge nicht und können „Tage bis Wochen“ am Stück arbeiten. Das ist einmalig im Universum.
Zwerge besitzen immense Heilungskräfte. Besonders lieben sie es, Bäumen ihre Heilkraft zuzuführen. Jedoch bemühen sie sich ebenfalls um alle Tierseelen. Gleichfalls unterstützen sie Elben in ihren Bewusstseinsprozessen.
Eine besondere Liebe hegen Zwerge zu Kristallen und Steinen aus Lemurien, mit welchen sie eng verbunden sind. Die eindrucksvolle verschmelzende Verbundenheit ist im Universum definitiv einzigartig. Sie geht über das normale Niveau der Verbundenheit zwischen Seelen-Sphären hinaus. Sie nutzen im besonderen Maße

die Heilkraft der Stein- und Kristallwesen zur Heilung im gesamten Kosmos.

Zwerge lieben das Gemeinschaftsleben über alle Maßen und sind durch und durch gesellige Wesenheiten. Sie frönen jeglichem Genuss und bei ihnen ist immer Action angesagt. Sie lieben es, allen Wesen ihre Unterstützung anzubieten.
Zwerge werden oft als der Fels in der Brandung bezeichnet. Durch ihre Konstanz geben sie den Elben Halt in ihren Lernprozessen.
Zwerge halten, gleich wie Elben, nichts von Technologien. Sie sind NICHT gegen Fortschritt, sondern für die eigenen Fähigkeiten.
Zwerge sind sehr zielstrebig und zielorientiert. Es kommt nicht selten vor, dass sie Entwicklungsschritte überspringen. Sie begeben sich lieber gleich ans Ziel. Mit ihrem Humor überspringen Zwerge Stolpersteine und absolvieren Herausforderungen mit Leichtigkeit. Sie sind clever genug, scharfe Klippen zu umsegeln und finden meist einen einfacheren Weg.
Zwerge haben einen natürlichen inneren Kompass, der ihnen den Weg durch gefährliches Gebiet zeigt. Daher ist es aussichtslos, ihrer Art der Bewusstwerdung nachzueifern. Du wirst wohl oder übel einen Schritt nach dem nächsten gehen müssen.

Die Größe der Zwerge beträgt 2 - 2 ½ m. Sie tragen gleichfalls Hosen mit einer Tunika. Bei ihren Zeremonien tragen sie, ebenfalls wie die Elben, wallende Gewänder.
Zwerge leben in „unterirdischen“ Baumwurzeln. Die Wurzeln muten wie Berge an. Zwerge in tieferen Dimensionen leben in kleinen Gemeinschaften mit ca. 10 - 30 Wesenheiten. Dorfgemeinschaften bestehen aus nicht mehr als 100 Zwergen im Verbund. In höheren Dimensionen vergrößert sich die Zahl der Bewohner.
Die Dorfgemeinschaften erfüllen unterschiedliche Aufgaben und so wechseln Zwerge je nach Bedarf in verschiedenen Gemeinschaften.
Gleich in welcher Dimension oder Ebene: Zwerge sind ausnehmend gastfreundlich und bieten Dir alles an, was sie nur können.
Zwerge handeln aus inneren Beweggründen heraus. Niemals handeln sie aus Berechnung.
Von Zwergen kannst Du lernen, auf leichte Weise ohne Absicht zu handeln.

Zwerge formen männliche wie weibliche Körper. Bei ihnen ist es durchaus üblich, einen Partner innerhalb ihrer Gemeinschaft zu wählen. Wechseln sie in eine neue Gemeinschaft, wird die Partnerschaft aufgelöst. Dennoch gibt es Verbindungen, die auf ewig halten. In höheren Sphären fallen irdisch anmutende Gegebenheiten weg.

Bitte verwechsle eine Seelensphären-Partnerschaften nicht mit Deinem göttlichen Seelenpartner. Diese Verbundenheit ist auf ewig und besteht über das Universum hinaus.

Bäume und Sträucher

Ihre Heimat finden Baum- und Strauchwesen in der Regenbogen-Sphäre. Es gibt sie, gleich wie Lichtwesen, in vielfältiger Form. Baum-/Strauchwesen sind in der Regenbogen-Sphäre von der fünften bis zur zwölften Dimension vorhanden. Baumwesen sind bezaubernd, herzerfrischend und edel. Ihre Charaktere reichen von ausgesucht ernst oder streng bis zu absolut kindlich.
Sofern Du mit einem Baum oder Bäumen arbeiten willst, prüfe die Energie des Baumes. Sie ist leicht spürbar. Wähle anschließend den Baum, den Du für Dich als geeignet betrachtest.

Baumwesen sind „einzelne“ Wesen. Jede Baumseele kann ihr Bewusstsein selbstständig entfalten, genauso wie wir. In Form von Wäldern bilden sie Seelengruppen. Auf Wunsch schließen sich Baumseelen zusammen und bilden eine Bewusstseinsgruppe. Gemeinsam gestalten und absolvieren sie den Aufstiegs- oder Bewusstwerdungs-Prozess.
Baumgruppen in der Regenbogen-Sphäre können ein wahrhaft gigantisches Ausmaß annehmen. Jedoch können sie auf Wunsch auch alleine stehen.
Baumwesen an sich sind selbst für sphärische Verhältnisse exorbitant monumental.

Baumseelen strahlen eine königliche Würde aus und ihre Erhabenheit ist überwältigend.
Im Gegensatz zur Erde sind Baumwesen in ihrer Sphäre flinke und sehr bewegliche Wesen.

Sie besitzen eine ausgesuchte und erhabene Schönheit. Sie zeigt sich in ehrwürdiger, prunkvoller Kraft und Größe. Sie lassen exquisite Blüten entstehen, die bis zu acht Meter erreichen können. Durch ihre Größe strahlen sie eine erholsame und ruhevolle Kraft aus. Von ihren Blättern und Blüten strömt die reine Glückseligkeit aus.

Die „Städte“ der Elben befinden sich in den Baumkronen. Durch filigrane Hängebrücken sind sie miteinander verbunden. Eine Befestigung gibt es nicht, der Baum formt aus sich heraus die „Unterkünfte“. Will ein Baumwesen weiterziehen, so verlässt es einfach seinen Platz. Trägt ein Baumwesen eine elbische Unterkunft, wird sie auf ein anderes Baumwesen übertragen.
Die Bäume erstrahlen in perlmuttartigen Farbtönen. Lieblingsfarben sind beispielsweise Lila, Pastellblau und Rosa. Baumwesen sind ausnahmslos fortgeschrittene, beeindruckende und liebende Seelen.

Tau, der sich in den Blüten der Bäume und Sträucher bildet, nutzen die Elben als kraftvolle Energiesubstanz, die sie als Nahrung zu sich nehmen. Die wundervolle Energie kannst Du aufnehmen, indem Du Deine Hand an den Baum hältst und anschließend mit Wasser füllst und trinkst.

Ein fester Untergrund ist der Sphäre fremd. Alles schwebt. Dennoch gibt es eine Art Dichte, in der Bäume und Sträucher ihre Wurzeln verankern. Das Wurzelgeflecht bildet ein flächendeckendes Höhlensystem. Durch die Verwurzelung sind Baum-/Strauchwesen mit allen Bäumen verwoben. Informationen erreichen blitzartig jeden Winkel der Sphäre. Die Kommunikation funktioniert bei Bäumen und Sträuchern hervorragend. Sie kommunizieren intensiv mit jeder Wesenheit in ihrer Sphäre. Jedes Wesen kann mit Bäumen kommunizieren. Hierzu musst Du nur Deine Hand auf die Wurzel des Baumes legen und lauschen.

Baumwesen stehen mit allen Wesen aus der Sphäre in Kontakt. Tierseelen sind ausgesprochen gerne in der Nähe der Baum- und Strauchwesen. Gemeinsam leben sie in vollkommener, harmonischer Symbiose. Tierseelen lieben die ruhige, behutsame und großmütige Art der Bäume.

Lass Dich dennoch nicht täuschen: Ab und an geraten die Baumwesen in Wallung. Durch ihr filigranes Geflecht ist die „Erregung“ in alle Winkel der Sphäre spürbar. Baumwesen SIND emotional und leben Emotionen in einer intensiven Form. Sie leben Gefühle, ohne die Verantwortung auf andere zu übertragen. Ein derartiges Verhalten ist für Baum-/Strauch-wesen ausgeschlossen. Lernen wir Emotionen ohne Schuldzuweisung zu leben, nennen wir das Freiheit.

Baum-/Strauchseelen sind in der Sphäre nicht an einen Platz gebunden. Ist es für sie Zeit, eine neue Sichtweise zu erforschen, lösen sie behutsam ihre Wurzeln und wandern weiter. Sie sind fähig, ein flottes Tempo anzuschlagen. Dennoch ist es möglich, dass die Reise Jahrtausende in Anspruch nimmt. Finden sie ihren neuen Standort, verankern sie ihre Wurzeln und erproben die neue Situation. Wie lange sie an einem Platz verweilen, liegt im alleinigen Ermessen der Seele.

Die Energie des Neubeginns und des Erforschens kannst Du auf Erden nutzen. Sie gibt Dir die Kraft, Neues in allen Bereichen in Leichtigkeit und Vertrauen anzunehmen.

Nebel

Das Nebelwesen ist eine eigene Seins-Form. Es besteht aus einem einzigen Spirit und kann sich in Abermillionen Teile aufspalten. Jedoch darf/sollte die Form nicht mit der irdischen gleichgesetzt werden. Irdisch setzt sich der Nebel aus der Wesenheit Wasser und Nebel zusammen. Gleich, wie wir Materie und Seele verbinden. Viele Wesenheiten bilden auf der Erde eine Symbiose. Unser „Mensch“-Sein vereinigt sogar mehrere Wesenheiten in sich. Nichts ist ohne Spirit.

Das perlmuttfarbige Nebelwesen ist in der gesamten Sphäre existent. Es gleitet leise über Hügel und Wälder. Nebel beteiligt sich an keiner Kommunikation, er ist die göttliche Stille. Will er etwas mitteilen, geschieht es sehr leise und verständnisvoll.
Die Seele des Nebels ist sanftmütig, geduldig und still. Emotionen drückt er in leisen Schwingungsmustern aus. Jedoch ist Nebel

niemals aggressiv oder wütend. Die Seele liebt es, andere zu beschützen und tröstend einzuhüllen.

Tierwesen

In der Regenbogen-Sphäre fanden unterschiedliche Tierseelen ihre Heimat.
Wir nennen diese Tierseelen-Art „Säuge-Tiere“. Amphibien, im Wasser lebende Seelen, Vögel und Insekten fanden in einer anderen Sphäre ihre Heimat.

Bei dem fast unerschöpflichen Reichtum beschreibe ich die Tierseelen als Einheit, obwohl ich ihnen damit nicht gerecht werde. Es inkarnieren ca. 1/5 der Tierarten ins irdische Matrixfeld.

Aus zwei Seelen-Arten zusammengesetzte Wesen, wie zum Beispiel Nixen oder Zentauren, gibt es nur bedingt. Sie sind allesamt im Universum erschaffene Wesen und haben daher keinen Bestand. Die göttliche Schöpfung erschafft Seelen nur in einer Form.
Es gibt in der Schöpfung Formen, die solchen Wesen ähneln. Jedoch inkarnieren sie nicht auf die Erde.

Gleichfalls gibt es keine Wesen, die sich von Gut in Böse wandeln, wie beispielsweise Werwölfe. Auch sie sind eine künstliche Produktion unseres Universums. Allerdings gibt es natürlich Gestaltenwandler. Sie wandeln jedoch ausschließlich ihre Form und nicht ihren Charakter!

Tierseelen existieren in der Sphäre in absoluter Reinheit. In der Sphäre wählen sie eine Form und behalten sie bis in die zehnte Dimension bei.
Auf der Erde können Tierseelen in unterschiedliche Tierkörper inkarnieren. Ein Elefant kann durchaus eine Katze sein und sie ein Nashorn.

Tierseelen sind von differenten Charakteren und Formen. Es gibt anmutige und vertrauensvolle Wesen und wilde Alleingänger. Eins haben sie alle gemeinsam: Sie sind absolut machtvoll und ausgesprochen präsent. Sie sind, wie alle Seelen in der Sphäre,

gleichgestellte Wesen. Ohne ihre Zustimmung finden keine Projekte statt. Gegenseitige Achtung und Respekt sind wichtige Eigenschaften der Regenbogen-Sphäre. Die Bedeutung von MITEINANDER ist spürbar.
Bei mangelnder Präsenz verbinde Dich mit einer Tierseele Deiner Wahl. Die Energie der Präsenz wird augenblicklich auf der Erde spürbar und Deine Handlungen kräftiger.

In der Sphäre bewegen sich alle Tierwesen frei. Sie sind autarke und eigenmächtige Seelen. Sie erfüllen unzählige Aufgaben gewissenhaft und unterstützen liebevoll andere Wesen bei ihrer Bewusstwerdung.
Auf der Erde dienen sie Dir als Krafttiere. Verbinde Dich täglich mit Deinem Krafttier.

Einen festen Aufenthaltspunkt kennen Tierseelen nicht. Sie bilden entweder untereinander
Gruppen, oder leben mit anderen Wesenheiten zusammen. Selten sind sie allein anzutreffen.
Sollte eine Tierseele allein die Regenbogen-Sphäre durchstreifen, geschieht es zum Zweck der Bewusstseinsentfaltung.
Feste Schlafstätten für Tiere gibt es nicht, jede Seele wählt ihren bevorzugten Ort. Allerdings ruhen sie lieber in Gemeinschaft, als allein. Schlaf an sich benötigen wir in den Sphären keinen, es ist mehr ein Ruhen.

Tiere lieben es, ihre Sphäre zu durchstreifen und bieten allzeit ihre Unterstützung an.
Von essentieller Wichtigkeit ist ihre absolute autarke Lebensweise. Sie gehören niemandem außer sich selbst. Besitz oder Ansprüche sind in der Regenbogen-Sphäre unbekannt. Sie sind Elben, Zwergen und Bäumen gleichgestellt und schulden niemandem Rechenschaft über ihren Aufenthaltsort oder ihre Handlungen. Tiere leben ihre autarke Freiheit in vollem Umfang. Sie sind gerne bereit, Dich dabei auf der Erde zu unterstützen.

Einige Tierwesenheiten vollziehen mit der gesamten Gattung ihren Aufstiegsprozess. Die meisten Tierseelen aus der Regenbogen-Sphäre haben sich jedoch entschlossen, einzeln aufzusteigen.

In den unteren Sphären ernähren sich die Tiere durch den Tau der Wälder. Prinzipiell besteht die Nahrung in der Regenbogen-Sphäre aus Baum-/Blütennektar. Desto höher die Sphäre, desto feinstofflicher wird der Tau. Ab der zehnten Dimension werden alle Wesen ausschließlich durch göttliche Energie genährt.

Der Heilungsprozess für Tiere nach einer irdischen Inkarnation findet in der Regenbogen-Sphäre statt. Es werden von allen Regenbogen-Wesen Heilenergiefelder erzeugt. Die Art der Heilung einer Tierseele ist vollkommen offen. Feste Regeln gibt es in diesem Bereich nicht. Sicher ist: Verlässt eine Tierseele das Heilenergiefeld, ist die Heilung vollkommen.
Irdische Schmerzen und Verstrickungen bleiben auf der Erde zurück. Nur die selbständig ausgeführten Handlungen und daraus resultierenden Konsequenzen werden in der Seelensphäre Heilung finden. Ausnahme: Genmanipulation.

Einhörner

Das Einhorn hat in der Regenbogen-Sphäre wie im gesamten Universum eine herausragende Stellung. Sie sind die einzige Wesenheit, bei der bereits alle Seelen den vollkommenen Aufstiegsprozess durchlaufen haben. Sie sind DIE erleuchtete Spezies im Kosmos. Alle Einhörner haben ihren Bewusstwerdungsprozess abgeschlossen und durchlaufen keine Entwicklung mehr.
Einhörner lieben es, neue Sichtweisen zu erforschen und Weisheit und Liebe in alle Erlebnisse einfließen zu lassen. Sie lieben das LEHREN. Nutze ihre Liebe.

Einhörner mischen sich in alle Belange unseres Universums ein. Sie sitzen in fast allen kosmischen Räten und ohne ihr Wissen findet kein neues Projekt im Kosmos statt. Die Entfaltung der göttlichen Weisheit ist dazu gedacht, aktiv und mit aller zu gebietenden Kreativität mitzumischen.
Übernimmt ein Einhorn eine Aufgabe, wird die Mission von vier oder mehr Einhorn-Seelen begleitet. Jedoch besteht nur zu einem Einhorn Kontakt. Einhörner wählen selbständig ihre Aufgabe aus. Sie entscheiden über Handlungen und übernehmen die volle

Verantwortung. Aus diesem Aspekt heraus sind sie im Universum die Botschafter für Selbst- oder Eigenverantwortung!
Arbeitest Du mit einem Einhorn zusammen, wird es Dich lehren, Deine Eigenverantwortung wahrzunehmen.

Das Einhorn repräsentiert die unendliche Weisheit und Sanftheit Gottes. Sie sind voller strenger Hingabe und stellen sich uneingeschränkt unserem Kosmos zur Verfügung.
Einhörner sind bei der Entstehung des Universums, wie alle (außer Engel), bis auf die unterste Stufe gesunken. Dort währten sie jedoch nicht lange. Es war ihnen möglich, das Bewusstsein sofort in die zwölfte Dimension anzuheben. Ausnahmslos!

Einhörner kennen keine Hierarchiestufen, gleichwohl ist Pegasus ihr oberster „Chef".
Pegasus ist eine der zwölf Seelen im übergeordneten kosmischen universellen Rat des Universums. Seine Macht steht, bis auf ein paar kleine Ausnahmen, auf dem gleichen Niveau wie Seraphim Michaels. Pegasus ist liebevoll und absolut streng. Spielchen unterbindet er sofort. Willst Du mit ihm arbeiten, sei Dir dessen immer bewusst.

Einhörner leben in einem immer währenden Verbund. Alle Einhorn-Seelen sind auf das Innigste miteinander verbunden. Sie sind EINS! Eine Trennung durch Sphären gibt es nicht. Einhörner sind fähig, gemeinsam in der zwölften Dimension ihr Herzchakra zu vereinigen. So entsteht die absolut vollkommene Macht der Liebe.

Die fokussierte, liebevolle und starke Macht und Schönheit der Einhörner dringt in alle Winkel unseres Universums ein. Sie überstrahlt lückenlos jegliche Art von Negativität im Kosmos. Die Legenden um die Einhörner zeigen deutlich auf, dass ihre reine Seele auf der Erde erkannt wird. Ihre Ausstrahlung, die unschuldig und makellos ist, steht für ihre vollkommene Liebe. Aussagen, dass nur reine Seelen Einhörner berühren können zeigt, das Einhörner Seelen erkennen, die der kosmischen Illusion erliegen.
Auf der Erde wird allen Wesen ein Einhorn zugeteilt. Setze Dich an einen angenehmen Ort, und frage Dein Einhorn nach seinem Namen.

Einhörner sehen zwischen Tieren, Menschen, Blumen, Luft oder Bäumen keinen Unter-schied. Sie unterstützen, was sie als richtig und wichtig erachten. Einhörner empfinden jede Seele würdig, unterstützt zu werden, sofern sie es ernst meint. Durch ihr Avatar-Bewusstsein können sie sich in vollem Ausmaß der Entfaltung der göttlichen Schöpfung im Universum widmen... also auch UNS Menschen auf der Erde.
Begleitet ein Einhorn ein Wesen auf der Erde, so können wir davon ausgehen, dass sich mindestens drei weitere Einhörner mit dem Erwachen dieser Seele befassen.
Jedes Wesen im Universum darf sein eigenes Tempo der Entfaltung bestimmen. Dennoch helfen Einhörner ab und an ein wenig nach, auch wenn wir sie nicht sehen, oder fühlen.
Anders ist der Sachverhalt bei Kindern. Einhörner erscheinen Kindern, oft in Träumen, mit ihrer Reinheit der zwölften Dimension. Die Erfüllung der Aufgabe gestaltet sich unter diesen Umständen für die Einhörner wesentlich leichter, da sie sich in ihrer wahren Schönheit präsentieren. Von Kindern werden Einhörner immer als solche erkannt, gleich welche Ausdrucksform ein Einhorn wählt. Erzählen Kinder von Einhörnern, sollte es auf keinen Fall als Unsinn dargestellt werden.

In der Regenbogen-Sphäre manifestieren sich Einhörner in jeder Dimension. Sie sind allgegenwärtig. Nach Erfüllung ihrer Aufgabe ziehen sie sich in die zwölfte Dimension zurück. Einige Einhörner wie zum Beispiel Pegasus besitzen Flügel. Jedoch wählt nicht jedes Einhorn die Form mit Flügeln.
Einhörner sind durch ihre reine Sichtweise wundervolle Botschafter der göttlichen Liebe. Falls sich Dir ein Einhorn zeigt, gebe Dich hin und genieße.
Einhörner manifestieren sich auf der Erde ausschließlich in der Form der Pferde.

Übungen mit der Regenbogen-Sphäre

- Verbinde Dich geistig mit dem Namen „Regenbogen-Sphäre“, oder meditiere mit der Energie.
- Lege ein Stück Holz auf Dein Herzchakra und fühle die Kraft.
- Lege ein Bild von einem Einhorn auf Dein drittes Auge.
- Kommuniziere mit dem Vorsteher Faithemy oder mit Seraphim Gabriel.
- Setze Dich an oder auf die Wurzel eines Baumes. Du hast jederzeit die Möglichkeit, Dich mit einer Baumgruppe zu verbinden und von ihrer Weisheit zu lernen. Dehne Deine Gedanken bis in die Regenbogen-Sphäre aus und fühle die Energie der Baumwesen. Baumwesen sind jederzeit bereit, Dir Ruhe und Gelassenheit zu schenken. Berühre sanft einen Baum mit Deinen Händen. Im Gegensatz zur gängigen Art mögen sie eine Umarmung nicht sonderlich gerne.
- Gehe barfuß im Wald spazieren.
- Setze Dich neben ein Tier Deiner Wahl oder umarme es.
- Bei Unruhe und Gereiztheit verbinde Dich mit der Nebelseele.
- Suche Dir eine angenehme Position und lass die vereinte Liebesmacht der Einhörner in Dein Herz fließen.
- Arbeitest Du mit Zwergen, ist es wichtig, für Gespräche oder Diskussionen gut vorbereitet zu sein. Oberflächlichkeit verabscheuen sie. Arbeitet ein Zwerg mit Dir, ist es vorteilhaft, ihm mitzuteilen, wann Du Ruhepausen brauchst.
- Arbeitest Du mit einem Elben zusammen, konzentriere Dich auf wesentliche Dinge. Sie verlieren schnell das Interesse bei allzu langen Formulierungen.

Die Übungen werden Dich intensiver mit der Energie der Regenbogen-Sphäre verbinden. Bei regelmäßiger Anwendung ist eine Verbesserung Deines Lebensgefühls und Wohlbefindens deutlich spürbar. Bei stetigem Ausüben kann es geschehen, dass ein Elb oder ein Zwerg aus der Regenbogen-Sphäre persönlichen Kontakt zu Dir aufnimmt.

SEELENSPHÄRE
Elfen- & Feen Sphäre
CHAMUEL
World of Spirit
www.chamuel-world-of-spirit.com

Elfen- & Feen-Sphäre

Kurzbeschreibung Elfen- & Feen-Sphäre

Seelensphäre	Elfen- & Feen-Sphäre
Begleitender Engel	Seraphim Jophiel
Bekannter Avatar	Lady Kwan Yin, Lord Konfuzius
Vorsteher	Malan Salah
Erste Manifestation	vor 2,5 Milliarden Jahren
Ort der Manifestation	Irland, Island
Unterste Dimension	5. Dimension 12. Ebene
Letzter Aufstiegsprozess	vor 125.000 Jahren
Jetzt im Aufstiegsprozess	Ja
Lichtwesen	Elfen, Feen
Andere Seelengruppen	Elementarwesen, Tierwesen, Nakakalunas, Pflanzen, Wind
Menschliche Inkarnationen	Elfen, Feen, Elementarwesen (selten), Nakakalunas (selten)

Die Elfen- & Feen-Sphäre ist die Sphäre der Ausgelassenheit und des spielerischen Umgangs mit dem eigenen Sein. Hier wird das Chaos in großem Stil hervorgerufen, damit Ordnung entsteht. Es ist die Sphäre der kreativen Idealisten. Die Elfen- & Feen -Sphäre ist die Sphäre der universalen Unabhängigkeit.
Beschwingte Musik und Tanz finden hier ihren Ursprung.

Energieform:
Pure Lebensfreude, Verspieltheit in der Kindlichkeit, Spaß am Sein, Verbindung zu den Elementarwesen, Tanz, Musik, freie Sexualität, Körperbewusstsein, übersprudelnder Schabernack, offenes Lachen, fröhliches Selbstbewusstsein, Verbindung zur Flora wie Blumen, Gräser, Wasserpflanzen usw., Verbindung zu Insekten und Amphibien, Keltische/irische Musik

Wirkt unterstützend bei:
Verschlossenheit, körperlicher Gewaltbereitschaft, Trübsal, Suizidbereitschaft, Heuschnupfen, Neid, jeglichen Verlustängsten,

Verspannungen, Wut, Verzweiflung, Kaltherzigkeit, gehemmter Sexualität

Bevorzugte Berufswahl:
Werbebranche, Landwirt, Landschaftsarchitekt, Gärtner, Modebranche, Filmbranche, Musiker, Schauspieler, Florist, Koch, Sexualtherapeut, Zirkus, Moderator, Künstler, Designer, Pilot

Begleitender Seraphim:
Seraphim Jophiel ist der begleitende Seraphim für die Elfen- & Feen-Sphäre.
Sein Name bedeutet: Weisheit Gottes.
Jophiel ist ein ruhiger und besinnlicher Charakter. Seine Gelassenheit und die quirlige Lebensweise der Sphäre ergänzen sich vorzüglich. Jophiel unterstützt die Elfen- & Feen-Sphäre vorwiegend im Bereich der Weisheitslehren. Jophiels klare, gradlinige und dennoch humorvolle Art unterstützt sie in ihrer Bewusstwerdung.

Allgemeines

In der Elfen- & Feen-Sphäre finden alle Insekten, Amphibien und Vögel ihre Heimat. Als Menschen inkarnieren Elfen & Feen auf die Erde. Zudem arbeiten sie sphärisch mit der Flora des irdischen Matrixfeldes. Hierbei sind sie manchmal für den Mensch sichtbar.

Die Elfen- & Feen-Sphäre beheimatet pure Lebensfreude.
Gleichfalls leben die Elfen eine befreite Körperkultur/Sexualität, in den hohen Sphären als kosmischer Orgasmus bekannt.
Bei Blockaden in der Sexualität können Elfen & Feen auch auf der Erde wahre Wunder bewirken. Bitte sie, ihre fröhliche und dennoch tiefgehende Sexualenergie zu übermitteln.

Humorvolle Lebensfreude durchzieht die Seelensphäre und bereitet den Boden für die kosmische Weisheit. Sie darf in Leichtigkeit und Freude empfangen werden. Sämtliche Wesen dieser Sphäre sind ausgesprochen wissensdurstig. Es ist die lernbegierigste Sphäre im Universum.
Gleich ob Elfe, Fee, Vogel, Pilz, Farn oder Schmetterling, alle lieben

sie Geschichten und Rätsel. Besonders Pilze lieben Rätsel und ihre Kommunikation erscheint wie eine immer-währende Herausforderung, Rätsel zu lösen. Allerdings neigen sie dazu, von einem Thema massiv abzuschweifen.
Die Geschichte „Alice im Wunderland“ erinnert mich kolossal an die Elfen- & Feen-Sphäre.
Ist Dir die Freude am Lernen und/oder an der Magie abhandengekommen, verbinde Dich mit der Energie der Elfen- & Feen-Sphäre.

Der erste Kontakt mit der Erde fand an diversen Plätzen statt. Nach und nach strömte die erblühende Macht der Elfen- & Feen-Sphäre mit unbeschreiblicher Fülle auf die Erde. Die Elfen- & Feen-Sphäre benötigte eine geraume Zeit, bis sie den endgültigen Schritt in die irdische Dichte vollzog.
Das bevorzugte Verankerungsgebiet ist das heutige Irland/Schottland/England und Island. Die Energie der Elfen- & Feen-Sphäre ist zudem auf allen Wiesen und Gärten fühl- und spürbar.

Eine Besonderheit wird der Sphäre zugebilligt. Als einzige Seelensphäre inkarnieren sie sowohl im sphärischen wie auch im irdischen Erd-Aurafeld. Zweifellos sind unzählige geistige Wesen sphärisch mit der Erde und uns in Kontakt, jedoch „nur“ sphärisch ohne Ankerpunkt im Aurafeld von Gaia.

Die Elfen- & Feen-Sphäre ist mit endlos erscheinenden Wasserstraßen durchzogen. Das Wasser in der Sphäre kommt aus der Wal- & Delphin-Sphäre. Zudem gibt es eine geleeartige Wesenheit, die gleichfalls wie Wasser funktioniert. Gleich wie das Wasserwesen durchzieht die Seele die Elfen- & Feen-Sphäre.
Jeder Quadratzentimeter ist mit Gräsern, Farn, Moos und Büschen, Pilzen und Blumen bedeckt, sowohl an Land, wie im Wasser. Bäche und Flüsse weiten sich an vielen Stellen zu stilvollen Seen oder Tümpeln aus. Die Ufer bilden kunstvolle Ornamente. Überall kann man quirlige Wasserspiele bestaunen. Wasserstraßen sind viel genutzte Treffpunkte. An ihnen findet immer eine Festivität statt. Das Wasserstraßensystem verbindet die gesamte Seelensphäre. Die Sphäre lebt zwar die Unabhängigkeit, was aber nicht bedeutet, dass

sie nicht dicht an dicht zusammenleben. Sie besitzen ein sensibles Gespür für die Bedürfnisse des Gegenübers.

Einige der größten kosmischen Sphären-Krieger kommen aus der Elfen- & Feen-Sphäre. Keine weitere Seelensphäre entsendet so viele Lichtkrieger. Sie sind die geborenen Strategen und besitzen ein feines Gespür für Situationen.
Die Elfen- & Feen-Sphäre ist ungemein redselig.
Verschiedene Musikrichtungen finden hier ihren Ursprung. Die ganze Seelensphäre scheint bis in den kleinsten und hintersten Winkel mit Musik durchflutet zu sein.
Das Motto lautet: „let`s have a Party“ und das „all the time“.
Plagt Dich eine depressive Phase, steht Dir jederzeit die Möglichkeit offen, Dich mit der Elfen- & Feen-Sphäre zu verbinden.

Elfen & Feen

Elfen & Feen sind auf der Erde in ätherischer Form bekannt. „Erwachsenen“ fällt es schwer, sie in sphärischer Form wahrzunehmen, während Kinder diese Fähigkeit in sich tragen. Sollte ein Kind ätherische Wesen sehen, bitte behutsam und respektvoll mit ihnen darüber sprechen. Sollte das Kind negativ belastete Wesen erkennen, bitte ein kindgerechtes Ritual zum Wandeln durchführen.

Elfen & Feen sind uns als Elementarwesen bekannt, jedoch zählen sie klar zur Lichtwesen-Gruppe. Elfen und Feen leben unabhängig und losgelöst von zwanghaften Verpflichtungen. Sie leben Freiheit in Perfektion.
Aufgaben, die ihnen in der Seelensphäre zugeordnet werden, erfüllen sie in ihrem Tempo und mit einer speziellen persönlichen Note. Gleiche Abläufe bei gleicher Aufgabe gibt es nicht. Sie handeln aus ungebändigter Begeisterung und tiefer Sinnesfreude. Die Energie der Individualität ist in der gesamten Sphäre vorhanden. Fühlst Du Dich von gesellschaftlichen Zwängen umgeben, verbinde Dich mit der Elfen- & Feen-Sphäre.

Die Sphäre strahlt pure Lebensfreude aus und alles ist für sie ein

faszinierend glanzvolles Spiel. Bei allen Betätigungen wird gesungen, reichlich gelacht und Schabernack betrieben.
„Arbeiten“ ist für sie Freude und Beglückung und wird mit elfisch-magischer Kreativität ausgelebt. Kreative Grenzen gibt es nicht und erlaubt ist, was gefällt.

Regeln sind keine vorhanden, weder im „Tagesablauf“ noch in der Art des Zusammenseins.
Das Einzige an Hierarchie sind ihre Königinnen. Von ihnen gibt es reichlich. Ihre Aufgabe ist es, Bewusstseinsprozesse zu koordinieren und kosmische Weisheit zu lehren.
Die göttliche Weisheit breitet sich über verschlungene Pfade in der gesamten Sphäre aus.
Jedes Wesen wird hiervon durchflutet und die Bedeutung von „learning by doing“ erhält eine völlig neue Dimension.
Fehlt Dir ein wenig der Mut, spontan Sachen auszuprobieren, bitte eine Elfen- & Feen-Königin um Unterstützung.
Den Status „Königin“ erhält ein Wesen in der letzten Phase der Bewusstwerdung zur nächsten Ebene. Sie sind außer für die Weisheit auch noch für die Betreuung inkarnierender Wesen zuständig.
Inkarnierst Du in die Elfen- & Feen-Sphäre, bist Du automatisch ein Prinz oder eine Prinzessin.

Elfen & Feen sind nicht ausschließlich weiblich, der Anteil der männlichen Schwingung beträgt fünfzig Prozent.
Hingegen gibt es keine Könige, sondern sie sind die Liebhaber der Königin. Diese Aufgabe erfüllen sie in Vollkommenheit. Eine Elfen- & Feen-Königin erwählt sich ihre Liebhaber.
Bist Du interessiert, unterschiedliche Liebesspiele zu erlernen, bitte einen königlichen Liebhaber um bereichernde Unterstützung.

Partnerschaften werden frei und offen gelebt. Zweier-Beziehungen sind unbekannt.
Vielmehr leben sie in Gruppen von 250 bis 400 Wesen zusammen.
Sie leben das Motto „jeder mit jedem oder alle miteinander“.
Als „Wohnstätte“ nutzen sie Blumen, Gräser, Moose, Farne oder Büsche. Die Pflanzen lieben es, wahre Pflanzenpaläste zu erschaffen, in denen genug Freiraum für viele Wesen ist. Sie sind

achtsam im Umgang mit ihren Aufenthaltsplätzen. Pflanzen werden niemals verbogen oder beschädigt.

Die Sphäre ist üppig an Energie und so benötigen die Wesen der unteren Dimensionen wenig Kleidung. Dennoch lieben sie es, sich zu bekleiden. Die „Kleidung“ besteht aus Pflanzen, die sich freiwillig um die Seelenessenz schmiegt. Die Pflanzen designen wundervolle Formen und Farben. Pflanzen spüren deutlich die Stimmungslage eines Wesens und kreieren dementsprechend die Kleidung.

Elfen

Elfen besitzen wie Engel Flügel. Ihre Form gleicht perlmuttfarbigen Libellenflügeln. Die Farbe ihrer Seelenessenz erstrahlt in einem hellen bläulichen Ton. Ihr Gesicht ist schmal und fein. Ihre Augen verlaufen schräg nach oben und wirken etwas katzenhaft. Ihre Größe in der Seelensphäre beträgt ca. 50 cm. Ihr sphärischer Körper ist filigran.
Sie unterstützen alle Wesen, die sie unterstützungswürdig finden. Treffen mehrere Elfen oder andere Wesen zusammen, wird eine Party geschmissen. Sie kann Tage dauern und darunter leidet ab und an ihre Arbeitsmoral. Allerdings können Pflanzen und Tiere ausgezeichnet für sich selbst sorgen. Es entsteht definitiv kein Schaden, zumal Gefühle wie Benachteiligung oder Vernachlässigung unbekannt sind.
Unabhängigkeit und Selbständigkeit sind wichtige Bausteine dieser Sphäre.

- Sie sind hibbelig und quirlig.
- Sie sind in ständiger Bewegung.
- Sie lieben die Unabhängigkeit.
- Sie lieben das Reimen von Versen.
- Sie sind äußerst redselig.
- Sie lieben das Lachen, besonders über sich selbst.
- Sie wollen immer akzeptiert und angenommen werden.
- Sie sind sehr respektvoll.
- Sie hegen und pflegen die Pflanzen und Tiere mit großer Ausgelassenheit.
- Sie sind gesellige Wesen.

- Sie sind immer in Gesellschaft.
- Sie können jedoch auch lebhafte Einzelgänger sein.
- Sie lieben Partys und laute Musik.
- Sie sind ausgesprochen musikalisch.

Tipp: Arbeitest Du mit Elfen, stelle Dich auf chaotische Zeiten ein. Habe viel Geduld, am Ende wird auf alle Fälle alles gut.

Feen

Das äußere Antlitz einer Fee schimmert in sanftem Gelbton. Ihre oft schmetterlingsähnlichen Flügel schillern grünblau und sind mit silbernen Ornamenten durchzogen. Sie können eine Größe von bis zu einem Meter annehmen. Aus ihrem Gesicht blicken schrägstehende Katzenaugen und ihre Bewegungen gleichen thailändischen Tänzerinnen. Mit vollendeter Anmut vollziehen sie jede Bewegung. Hohe göttliche Magie liegt in ihrem Bewegungstanz.
Feen sind für die Energie der Elfen- & Feen-Sphäre besinnliche, ruhige Wesen. Ihr sphärischer Körper ist fülliger als ein Elfenkörper. Ihre gesamte Ausstrahlung knistert vor erotischer Sinnlichkeit. Bestehen Probleme bei der Akzeptanz des menschlichen Körpers, ist es vorteilhaft, Dich mit der Energie der Feen zu verbinden.

Feen leben, wie Elfen, in freien Gruppen zusammen. Im Unterschied zu Elfen kann es geschehen, dass sie eine Zeitlang den gleichen Partner dulden. Jedoch wenden sie sich in dieser Zeit durchaus anderen Wesen zu. Einschränken lassen sie sich nicht.

Feen erfüllen ihre Aufgaben in einer Art Meditationstanz. Feen haben einen klaren Lehrauftrag. Sie lehren auf leichte und warmherzige Art die Hingabe an Deine Handlungen.
Sie vermitteln liebevoll jedem in der Sphäre: „Erfülle Deine Handlungen mit ganzer Konzentration und im vollen Bewusstsein“. Kannst Du manche Deiner Handlungen nicht verstehen, verbinde Dich mit einer Fee. Sie lehrt Dich Deine Handlungen zu akzeptieren und in einem weiteren Schritt, Deine Handlungen zu lenken.

Feen bemühen sich intensiv um das Wohlergehen der Tiere und Pflanzen. Neben dieser Aufgabe kümmern sie sich im hohen Maß um Elementarwesen. Alle Wesen ohne Ausnahme pflegen intensiven, innigen Kontakt mit den Feen. Sie sind kraft- und machtvolle Heiler. Ihre Kenntnis über Heiltränke oder Homöopathie ist legendär.
Willst Du auf dem Gebiet der Alternativ-Medizin arbeiten, sind Feen wundervolle Lehrer.

- Sie sind stille Bewunderer der göttlichen Schöpfung.
- Sie sind erlauchte höfliche Wesen.
- Sie neigen ein wenig zur Schwarzseherei.
- Sie sind sanft.
- Sie sind bescheiden.
- Sie lieben die Gerechtigkeit.
- Sie wollen immer akzeptiert und angenommen werden.
- Sie sind Betrachter.
- Sie huldigen allen Pflanzen und Tiere in Freude.
- Sie sind gute Lehrer.
- Sie sind weise.
- Sie arbeiten gerne allein oder zu zweit.
- Sie lieben Kuschelpartys.
- Sie wirken oft im Verborgenen.

Elementarwesen

Die bekanntesten Elementarwesen sind Gnome, Kobolde, Trolle, Naries, Baries und Brownies. Es existieren in der Elfen- & Feen-Sphäre jedoch wesentlich mehr unterschiedliche Arten von Elementarwesen. Sie stellen eine der größten Wesenheitsgruppe in der Elfen- & Feen-Sphäre dar.
Wenige Elementarwesen inkarnieren in die Materie des irdischen Energiefeldes. Sie bevorzugen eine Inkarnation ins Aurafeld der Erde. Sie sind eine eigene Wesensgruppe und zählen weder zu den Lichtwesen noch zu Engelwesen.
Ihre Hauptaufgabe im heutigen Zeitalter ist das Neutralisieren der sphärischen Gifte und intensive Betreuung sowie Versorgung der Fauna und Flora.

Salamander-Wesen sind keine Elementarwesen. Doch fühle Dich frei, Deine eigene Meinung zu leben.
Auf die hier aufgelisteten Wesen gehe ich nur bedingt ein.

- *Sylphen*
  zuständig für die Luft - zugehörig zum Elfen- & Feen-Sphäre

- *Salamander* (eigentlich kein Elementarwesen)
  zuständig für das Feuer - zugehörig zu Zamarah

- *Undinen*
  zuständig für das Wasser - zugehörig zur Wal- & Delphin-Sphäre

- *Gynomu*
  zuständig für die Erde (Grund) - zugehörig zu Lemurien

Elementarwesen empfinden eine tiefe Verbundenheit zu den vier Elementen. Luft, Wasser, Feuer und Erde sind eigenständige Wesenheiten. Sie benötigen keine Beaufsichtigung durch Elementarwesen. Sie sind bereits in die zwölfte Dimension aufgestiegen und besitzen ein dementsprechendes Bewusstsein.
Eine intensive und liebevolle Zusammenarbeit findet statt.
Ihr Wirkungskreis betrifft das gesamte Universum inklusive Seelensphären und Erde.

Die Elementarwesen sind die Wesen mit dem größten Schabernack-Potenzial. Der Klamauk ist ihnen förmlich ins Gesicht gezeichnet.
Elementarwesen verstehen es ausgezeichnet, ein leichtes Durcheinander in ein absolutes Chaos zu wandeln.
Falls Du gewillt bist, mit Elementarwesen zu arbeiten, solltest Du Dich darauf einstellen, dass fortan eine turbulente Zeit auf Dich wartet.
Auch wenn der Schalk sie immer begleitet, Elementarwesen sind hervorragende Beschützer der ihnen anvertrauten Wesen.
Zudem sind sie die Wahrer von Wissen, das noch nicht eröffnet werden darf.
Sie sind die Hüter der Elfen- & Feen-Sphäre.
Von allen Wesenheiten in der Elfen- & Feen-Sphäre nehmen Elementarwesen am meisten Anteil an den Belangen anderer

Wesenheiten. Dennoch besitzen sie einen übergroßen Freiheitsdrang, der selbst vor einer „Körperform“ nicht Halt macht. Sie sind die wahren Gestaltenwandler.

Gnome

Sie sind die bekanntesten Wesenheiten der Elementarwesen.
Ihr Körperumfang variiert zwischen 70 und 150 cm. Sie lieben Haare und lassen sie an allen Stellen üppig und in verschiedener Form sprießen. Sie haben einen fast schon ungesunden Hang zur Farbe Grün. Entsprechend wählen sie zu hundert Prozent grün als ihre „Körperfarbe“ aus.
Gnome sind ausgesprochen einfallsreich und das nicht immer zum Vorteil ihrer Seele. In der Sphäre sind sie unstete Wesen und halten es nie lange an einem Ort aus. Sie leben in engen Partnerschaften. Sie sind ausgemacht neugierig und stecken in alles ihre Nase. Sie mischen überall mit, obwohl sie oft keine Ahnung haben. Sie leben ihre kindliche Art ausgesprochen intensiv aus. Andererseits neigen sie zu intensiven depressiven Verstimmungen oder Stimmungsschwankungen. Ihre Arbeit erledigen sie gewissenhaft, wenn auch nicht immer sofort.
Im Umgang mit Menschen sind Gnome nicht immer vertrauenswürdig. Sie lieben es, sie herauszufordern, indem sie ihnen einen Bären aufbinden.

Kobolde

Kobolde besitzen eine Größe von ca. 50 bis 75 cm.
Die Proportionen des gesamten Körpers werden stark strapaziert. Der Kopf ist gigantisch, die Nase zieht sich in die Länge und die Ohren reichen über den Kopf hinaus und laufen spitz zu. Sie haben einen kurzen, stämmigen Oberkörper mit dünnen Stecken-Beinchen. Im Gegensatz zu ihren Beinen sind ihre Arme ungebührlich lang mit knorpeligen langen Fingern.
Sie führen Zweier-Partnerschaften und Büsche stellen ihnen Behausungen bereit. Sie sind gesellig und lieben es, Feste zu geben. Benötigen sie Ruhe, verlassen sie ohne Verabschiedung ihr eigenes Fest.

Kobolde sind unbeschwerte Elementarwesen. Sie erfüllen ihre Aufgaben hervorragend und selten unterläuft ihnen ein Fehler. Sie besitzen großes Wissen über Heilkräuter. Sie sind hierdurch hervorragende Lehrer. Ihre Art zu lehren ist das Geschichtenerzählen, das sie meisterhaft beherrschen. Ihr herausragendes Wissen über die Pflanzen und deren Anwendung zur Heilung ist legendär. Kobolde sind unverkennbar intelligent und verstehen kosmische Zusammenhänge ausgezeichnet. Sie übernehmen Aufgaben wie die Koordination kosmischer Abläufe und strategische Kriegsführung. Je bewusster ein Kobold ist, desto „ernsthafter" wird er. Unter den Elementarwesen sind sie die durchlauchtesten.

Manchmal werden Kobolde nicht ernst genommen. Das ist ein Fehler! Kobolde tragen ebenso einen Schalk in sich wie Gnome, jedoch sind sie absolut vertrauenswürdig und zuverlässig. Vertraust Du ihnen Geheimnisse oder Ängste an, werden sie gut gehütet.

Trolle

Trolle können zwei bis drei Meter an Körperumfang manifestieren. Sie sind kugelig und es entsteht der Anschein, als wären sie so breit wie hoch. Ihre „Hautfarbe" reicht von braun bis schlamm. Ihre bevorzugte Frisur ist der Igelschnitt.
In der fünften Dimension können sie bereits gut die Materie bündeln und damit spielen.
Sie wechseln je nach Laune ihre Körperform. Dennoch bleibt sie im Grundriss bestehen.

Sie haben ein ruhiges Wesen und sie lieben wundervolle und tiefsinnige Gespräche. Sie wählen eine vornehme Umgangssprache und sprechen langsam und mit Bedacht. Trolle spielen regelrecht mit den Worten und genießen die Energie, Ausdrücke zu formen. Dumm sind sie keineswegs und ungehobelt auch nicht.
Trolle erwählen sich einen Partner (nicht mit dem Seelenpartner verwechseln). Sie bitten Büsche, Höhlen als Behausung zu formen und verweilen darin für einen langen Zeitraum. Große Ansammlungen vermeiden sie und Partys gehen sie meistens aus

dem Weg. Die Zweisamkeit reicht ihnen vollkommen. Sie lieben Wasser, das über Moos gesprudelt ist.

Willst Du ein Elementarwesen für tiefgehende Gespräche, dann bitte einen Troll, Kontakt zu Dir aufzunehmen.

Naries

Naries sind die absoluten Kampfkrieger der Elfen- & Feen-Sphäre. Mit ihren bescheidenen 50 bis 80 cm sind sie der Schrecken unserer Gegner. Sie sind schnell, gigantisch galaktisch schnell.
Sie verstehen es, die Gegner komplett zu verwirren und außer Gefecht zu setzen. Sie beherrschen Taktiken, von denen die Gegenseite (ohne Luzifer) nicht mal zu träumen wagt. Naries sind absolut angstfrei und noch sturer als Zwerge. Zudem sind sie an Halsstarrigkeit nicht zu überbieten.
Als einziges Elementarwesen aus der Elfen- & Feen-Sphäre kümmern sie sich um die Belange der Lichtwesen. In der Seelensphäre geben sich Naries als besonnene Wesen.
Alleinsein ist ihnen fremd, sie leben immer in Gruppen. Eine Gemeinschaft kann bis zu 2.000 Elementarwesen beinhalten. Feste Behausungen haben sie nicht, sie kommen und gehen wie sie wollen.
Sie lieben es, zu meditieren und zu träumen. Kein anderes Elementarwesen versteht es so gut, Träume zur Realität werden zu lassen, wie die Naries.
Sie tragen einen „Lendenschurz" als Bekleidung. Ihre Hautfarbe ist blau bis türkis, ihre Haarfarbe ist shocking rot. Sie besitzen breite Gesichter und überdimensionale, platte Füße.
Ihre Augenfarbe ist immer ein tiefes moosgrün.

Steht Dir eine Konfliktsituation bevor, bitte einen Narie, Dir beizustehen. Seine schnelle Auffassungsgabe unterstützt Dich vielfältig.

Baries

Baries sind die kleinsten Elementarwesen.

Sie sind schnuckelige 5 - 10 cm hoch. Baries sind fragile und zierlich wirkende Elementarwesen. Die äußere Erscheinung trügt, denn sie sind von einer Zähigkeit, die überrascht. Baries sind von sandfarbenem Aussehen. Sie wirken sogar in der fünften Dimension durchscheinend oder transparent.
Sie führen eine spitze Zunge und wissen sie exzellent einzusetzen. Gerätst Du mit ihnen in ein Streitgespräch, gibt es nur einen Gewinner und das sind die Baries. Sie sind die Krieger mit Worten. Man trifft Baries niemals alleine an. Baries leben in Verbänden von 50 - 100 Wesen zusammen. Gruppenzusammenhalt gibt es nicht, es ist ein Kommen und Gehen.
Sie überfallen die Blumen und nehmen sie als Ruheplätze in Beschlag, was die Blume allerdings nicht stört. Wie lange sie an einem Ort bleiben, ist nicht vorhersehbar. Zack sind sie da und zack sind sie weg.
In der Seelensphäre sind sie für ihre dichterischen Künste sehr beliebt. Sie dichten und ersinnen Wortspiele und Reime. Es findet explizit keine Party ohne sie statt.

Mangelt es Dir an Worten und Dynamik, die Baries sind jederzeit für Dich da.

Brownies

Brownies sind bräunlich bis grün und werden circa 25 cm hoch. Sie manifestieren die wildeste, wuscheligste Haarpracht, die es im Universum gibt. Das Haar hat das Aussehen einer Pelzmütze.
Ihre Wohnstätten sehen wie Ameisenhügel aus, und das sind sie auch. Sie bilden mit Ameisen eine Wohngruppe. Farne und Blumen bilden Dächer, auf denen Ameisen leben. Brownies leben darunter. Mindestens 1.000 Brownies leben auf einem Fleck zusammen. Brownies sind die Denker der Elementarwesen und betreiben viel Konversation. Es fehlt indes der Tiefgang, jedoch Smalltalk ist ebenso wichtig.
Elfen & Feen leben in der Seelensphäre mit den Brownies ausnehmend harmonisch zusammen.

Benötigst Du die Energie für Smalltalk, der eine oder andere Brownie ist bestimmt breit, Dich zu beraten.

Tierwesen

Kunterbunt ist in der Elfen- & Feen-Sphäre zweifelsohne die Tierwelt.
Die Farbenpracht ist imposant und überwältigend. Alles erstrahlt in grandioser Schönheit.
Es fliegt, hüpft oder schlängelt sich das Farben-Spektrum durch die Sphäre. Das Tier-Spektakel schillert und glitzert. Die Tierwelt präsentiert sich in unerschöpflichem Formenreichtum. Es erscheint unmöglich, eine detaillierte Beschreibung zu liefern, die ihrer Schönheit und Einzigartigkeit auch nur annähernd gerecht wird.

Weiter gibt es bizarre Lebensformen, die jegliche Vorstellung sprengen. Nichts scheint in dieser Seelensphäre unmöglich. Die Kreativität Gottes tobt sich hier in Vollkommenheit aus.
Wir halten Dinge für unmöglich, weil unser Vorstellungsvermögen die Vielfältigkeit nicht zulässt. Bewahre in Dir die Fantasie der Möglichkeiten.

Mit dem Wort „Tier“ sollten wir in dieser Seelensphäre achtsam umgehen. Die Wesen betrachten sich nicht im Sinne des irdischen Wortes „Tier“. Niemals steht eine Seele aus der Elfen- & Feen-Sphäre unter oder über einer anderen Seele.

Die Tierwelt erscheint auf den ersten Blick als ungestüm, übermütig und feurig, was sie definitiv ist. Die Seelen sind lebendiger und turbulenter, als die Tiere in der Regenbogen-sphäre. Die Lebenslust springt ihnen aus jeder Pore und drückt sich in ungebändigter Begeisterung aus. Ihre Schnelligkeit ist phänomenal. Sie sausen regelrecht durch ihre Sphäre und selbst Jophiel muss sich sputen, will er ihnen folgen. Das gilt für alle Wesen der Sphäre, ja... auch für Schnecken. Tierwesen leben sich und ihre Freiheit in einer Ausgelassenheit, die möglicherweise chaotisch wirkt. Doch ist dem nicht so, sie leben in ihrem Rhythmus.

Die Tierwesen der Elfen- & Feen-Sphäre interessieren sich nicht für die Belange ihrer Sphäre. Sie leben eine Zwanglosigkeit, die an Ignoranz grenzt, was sie natürlich nicht wirklich sind.

Tierseelen sind mit hingebungsvollem Urvertrauen zueinander beseelt. Sie vertrauen sich gegenseitig vollkommen. Sie beschreiten ihren wesenseigenen Weg und fokussieren sich ausschließlich auf sich.
Fällt es Dir in einer Phase schwer, Dich auf Dich selbst zu konzentrieren, verbinde Dich mit der allgemeinen Tier-Energie der Sphäre.

Wer langanhaltende und tiefe Gemeinschaft sucht, wird enttäuscht. Freiheit mit und in sich selbst lautet die Devise. Nirgends ist der unbändige Freiheitsdrang der Seelen dermaßen spürbar. In dieser Seelensphäre leben Wesen beieinander, ohne sich in die Angelegenheiten anderer einzumischen. Die Konsequenz des Verhaltens ist, dass es keine klare Aufteilung des Zusammenlebens gibt.

Von absolutem Alleinsein bis zu riesigen gemischten Gruppen ist alles vorhanden. Insekten leben in Blütenkelchen, Käfer und Schnecken mehr in Pilzen oder unter Blättern.
Amphibien leben an unterschiedlichen Orten, jedoch immer im oder am Wasser. Vögel nutzen alles, was ihnen gerade ins Blickfeld huscht. Adler leben frei auf den Hügeln. Sie nutzen die vorhandenen Ressourcen und sind damit völlig zufrieden. Niemals würden Tiere eine Pflanze in ihrem Wuchs verändern. Eine Symbiose zwischen Tier und Pflanze beruht auf lockerer Freundschaft. Die Tierwelt der Elfen- & Feen-Sphäre besteht aus Individualisten. Jede Tierseele genügt sich selbst

Dennoch gibt es Themen, die sie zusammenführen. Eins davon ist die Musik. Alle Wesen aus der Sphäre lieben es, gemeinsam zu musizieren. Hierbei tritt ihre tiefe Verbundenheit ans Tageslicht. Gleich in welchem Winkel musiziert wird, Insekten schwirren durch die Sphäre und überbringen die Information. Die Pflanzenwesen sind unfähig, sich ungehindert und frei fortzubewegen. Überbringt ein Insekt die Art der Musik, übernehmen die Pflanzen sofort die Melodie. So erschallt in der gesamten Sphäre die gleiche Symphonie.
Insekten sind die Postboten der Sphäre. Sie verbreiten alles, was lohnenswert ist, auch „Klatsch und Tratsch“, wobei sie es mit der

Wahrheit nicht sehr genau nehmen. Sie finden es spaßig, Intrigen zu spinnen und zu beobachten, was geschieht.
Intrigenspiele in der Sphäre dienen der Bewusstwerdung. Bist Du damit konfrontiert, verbinde Dich mit den Insekten. Sie zeigen auf, wie Du lernst, die Wahrheit zu finden.

Libellen und Schmetterlinge bilden bezüglich Intrigen eine Ausnahme. Sie sind daran nicht interessiert. Sie leben lieber die Leichtigkeit der Schönheit der göttlichen Schöpfung.
Libellen sind die „Königinnen" der Insekten und die Boten der Erhabenheit. Die Ausdrucksweise der Insekten unterscheidet sich vom irdischen Erscheinungsbild.
Die Artenvielfalt der Vögel übertrifft alles. Die Größe variiert zwischen 10 Meter Spannweite und 10 - 20 cm. Bunt sind sie jedoch allesamt. Vögel sind insgesamt waghalsige Seelen. Der uneingeschränkt Mächtigste und Erhabenste ist der Adler. Seine intensive Ausstrahlung der Freiheit und Erhabenheit ist berührend.
Kein Wesen aus der Sphäre besitzt Mittel um anderen zu schaden, weder Gift noch Stachel oder Zähne! Absichtliches Zufügen von Schmerz ist unbekannt. Die „Nahrung" besteht aus Licht.

Amphibien koppelten ihre Bewusstwerdung an die von Gaia. Sie lieben Gaia und inkarnieren gerne. Amphibien sind auffallend liebenswürdige Wesen. Sie besitzen einen feinen Humor. Ihre Mimik ist eindrucksvoll und ihr Schalk blitzt durch ihre Augen. Sowohl die Amphibien wie auch die Reptilien lieben das Lachen.
Die Reptilien sind im Gegensatz zu Amphibien etwas ernster oder gesetzter.
Ameisen haben in der Elfen- & Feen-Sphäre eine kleine Sonderposition. Sie leben immer in großen Gemeinschaften zusammen und sind im Vergleich zu anderen Tieren sehr diszipliniert.
Ungeachtet ihrer unsteten Seelen sind Tierwesen in den unterschiedlichen kosmischen Räten vertreten, wenn auch nicht immer in einer aktiven Rolle.

Nakakalunas (Kräuter)

Nakakalunas sind genaugenommen keine Kräuter.

Auf der Erde wird die Seelengruppe als Kräuter bezeichnet, obwohl nur einzelne Pflanzen tatsächlich den Kräuterwesen angehören. Nakakalunas sind eine eigene Seelenfamilie. Die gesamte Wesenheit ist vollzählig in die zwölfte Dimension – zwölfte Ebene aufgestiegen. Nakakalunas wählen unterschiedliche Formen aus. In jeder Form wohnt die heilige Geometrie.

Nakakalunas sind im Kosmos, gleich wie alle Lemurianer, für die Heilung des Universums verantwortlich. In ihnen wohnt die Magie der göttlichen Harmonie. Alle Nakakalunas sind stille, tiefgründige Wesen.
Heilung aus sphärischer Sicht bedeutet nicht zwangsläufig, in einem gesunden Körper weiter auf der Erde wandeln. Heilung bedeutet Bewusstseinsentfaltung.
Erfährst Du gerade Disharmonie, verbinde Dich dreimal täglich mit den Nakakalunas. Benötigst Du Gesundheit, lass Dich von der Energie der Nakakalunas einhüllen.

In der Sphäre wird Nakakalunas große Ehrerbietung dargebracht. Sie unterstützen Wesen, die am Abgrund stehen. Oberflächlichkeit ist ihnen zutiefst zuwider. Unbesonnenheit wird nicht toleriert und ein Durchs-Leben-Schlängeln wird sofort unterbunden. An Strenge und Klarheit sind sie nicht zu toppen. Sie sind erhabene, stolze Wesen. Nakakalunas sind eigensinnige Seelen, die ihr ganzes Dasein auf die Heilung aller Geschöpfe im Universum ausgerichtet haben.

In der Sphäre handeln sie nach eigenem Gutdünken. Wesen schätzen die Nakakalunas hoch und nutzen ihre Heil-Magie ausgiebig, sofern sie ihnen gewährt wird. Das Wesen schmiegt sich an die Energie des Nakakaluna und wird von ihm komplett eingehüllt.
Sofern es Nakakalunas die Zeit erlaubt, beteiligen sie sich gerne an den berauschenden Festen. Sie sind exzellente Musiker. Sie lieben komplizierte Geometrie und setzen sie in komplexe Musik-Muster um. Dabei vergeht den anderen Wesen aus der Seelensphäre des Öfteren einmal die Lust weiterzuspielen, da es zu aufwendig ist, und so werden die Nakakalunas ab und an als Partykiller bezeichnet. Nakakalunas sind die Professoren der Elfen- & Feen-Sphäre.

Fühlst Du Dich berufen mit Nakakalunas zu arbeiten, wirst Du bis ins Innerste durchleuchtet.
Sie fordern Klarheit und Überzeugung in Deinem Willen. Bist Du geeignet, verleihen sie Dir die Magie der Nakakaluna-Heilkraft. Gehe achtsam damit um, ein „Probieren“ dulden sie NICHT. Spüren sie Unsicherheit und Oberflächlichkeit, steht Dir die Heilkraft nicht zur Verfügung. Dessen solltest Du Dir bewusst sein.

Pflanzen

Alle Pflanzenwesen die existieren, finden ihre Heimat in der Elfen- & Feen-Sphäre.
Die Kreativität der Pflanzenwesen ist überwältigend. Farbenprächtige Blumen, vielfältige Büsche, wogende Gräser, stolze Farne, lustige Pilze und sattes Moos und vieles mehr erstrahlen in prunkvoller Schönheit. Das betörende Farbenspiel und die eindringlichen Gerüche erfüllen jeden Winkel der Sphäre. Lieblicher Gesang und die einfühlsamste Musik erschallt aus ihren Seelen. Die prachtvolle göttliche Kreativität hat sich hier selbst übertroffen.
Die Pflanzen sind sich ihrer Schönheit bewusst und wirken manchmal ein wenig überheblich.
Sie sind ausnahmslos von sich und ihrer besonderen Ausstrahlung bis in jede ihrer Zellen überzeugt. Jedoch sind sie liebenswürdig, putzig und charmant. Sie leben ihre Überzeugung mit Würde und Unschuld. Sie sind aufrichtig und durchweg selbstbewusst.
Fühlst Du Dich glanzlos und frei von Selbstvertrauen, bitte die Pflanzen, Dich zu unter-stützen.

Pilze

Pilze sind großartige Wesen. Sie stehen für Stabilität und Schutz. Pilze sind ruhige, beschauliche Wesen. Sie können zweifellos ohne weiteres ungemein nachtragend und schmollend sein. Zugegeben, sie haben ein beträchtliches, allumfassendes Wissen. Ihre Fähigkeit, Zusammenhänge zu erkennen, ist sagenhaft. Sie sind sehr beliebt und können ihren Standort wechseln. Sie wandern umher und platzieren sich, wo sie benötigt werden. Das ist ein enormer Unterschied zu den anderen Pflanzenwesen. Bei Kommunikation mit

Pilzen ist Auffassungsgabe gefordert. Sie stellen Zusammenhänge her, die für andere Wesen nicht fassbar sind. Sie lassen sich zu keiner Erörterung hernieder und beharren auf ihrer Theorie.
Lehren lehnen sie von vornherein ab. Erkenntnisse müssen selbst erfahren werden. Dafür sparen sie nicht mit Belehrungen! Ihre Kommentare können ausgesprochen langatmig sein. Davon wird keiner verschont. Sie hören zwar selbst nicht auf Belehrungen, sind jedoch in der Austeilung solcher wenig sparsam.
Nebst diesem Charakterzug sind Pilze eindrucksvolle Wesen. Sie beschäftigen sich vorwiegend mit dem Thema Schutz und Heilung. Sie sind die Staubsauger für krankhafte Energien. In der Sphäre legen sich die Wesen zwecks Reinigung gerne unter Pilze.
Wanderst Du im Wald und triffst auf eine Ansammlung Pilze, ist es von Vorteil, Dich neben sie zu stellen und sie zu bitten, Dich von Giften zu reinigen.

Agrusas (Nutzpflanzen)

Agrusas leben in der Seelensphäre ein ausgelassenes Dasein. Sie sind prinzipiell gut gelaunt und plaudern unablässig miteinander. Sie sind ausschließlich in Gruppen anzutreffen. Die Gruppengröße variiert von 1.000 bis 50.000.000 Agrusas. Sie leben eng zusammen und mögen es gerne kuschelig.
Falls Dich Menschenansammlungen belasten, bitte Agrusas, Dir ihre Energie zur Verfügung zu stellen.

Die Fortbewegung gestaltet sich als Vorwärtsschieben. Eine offensichtliche ABSICHT, sich zu bewegen, oder zu denken, ist nicht ersichtlich. Alles geschieht aus Zufall. Daraus kann sich ein amüsantes Durcheinander entwickeln.
Was Agrusas mit voller Absicht geschehen lassen, ist die Kommunikation. Sie sind schwatzhafte Wesen. Und das unendlich. Eine weitere Haupttätigkeit von ihnen ist das Singen, oder sonstige musikalische Aktivitäten. Sie lieben und huldigen der Musik. Sie SIND Musik und einige berühmte Opern entsprangen ihrem Sein. Instrumente nutzen sie keine, sie ergießen alle Geräusche aus ihren tiefen Gefühlen. Sie setzen ein Gefühl, eine Wahrnehmung oder eine Erleuchtung in Töne um.
Ansonsten haben sie keine weiteren Aufgaben.

Sie sind eine Wesensgruppe, die ihre Artenvielfalt großzügig lebt. Sie leben Gelassenheit, und lehren, Dinge aus Distanz zu betrachten. Sie reflektieren sich gerne und nehmen sich nicht allzu ernst. Sie leben das Ich im Wir.
Willst Du Dich mehr mit der Energie der Musik verbinden, nutze die Liebe der Agrusas.

Blumen

Blumen… welch erhabene, fürstliche Pracht.
Die abwechslungsreichen Charaktere der Seelen sind unfassbar reichhaltig. Ihre grundverschiedenen Ausdrucksformen reichen von schlicht bis pompös. Bei gleicher Zuordnung trägt jede Blume ihre eigene Farbnuance. Farbe, Größe, Geschmeidigkeit und Ausdrucksweise plus Ausstrahlung der Blumen beeindrucken die Sphäre durch ihre sensationelle Lebendigkeit. Ihr Wille, Gott zu dienen, ist magisch und verleiht ihnen einen immensen Lebenswillen.

Blumen sind freiheitsliebende Seelen und lassen sich nicht in ihrer Kreativität einschränken. Blumen der gleichen Gattung bilden beispielsweise unterschiedliche Blüten. Die größte Aufgabe der Blumen ist Musik. Aus ihren Blättern und Blüten formen sie Musikinstrumente. Hieraus erschallt liebliche oder gewaltige Musik. Formen sie keine Instrumente, „singen" sie. Ihre Stimmen setzen die gesamte Sphäre in Ekstase. Sie spielen, singen und wiegen sich in universellem Einklang.

Blumen sind unfähig zu planen. Alles geschieht spontan. Wie Agrusas sind Blumen hochrangig geschwätzig. Soll eine Botschaft in Sekundenschnelle verbreitet werden, erhalten die Blumen die Information. Ungeachtet dessen sind sie zu tiefgründigen Gesprächen fähig.

Gleich wie alle aus der Sphäre tragen Blumen zur Bewusstwerdung durch Heilung bei. Blumen heilen durch Wissensvermittlung. Sind Wesen verhindert, sie aufzusuchen, packen sie alles zusammen und marschieren an den Ort, an dem sie gebraucht werden.

Ihr Geschenk an uns ist die Spontanität. Sie lehren uns, sich in jedem Augenblick auf alle Gegebenheiten ohne Erwartungen einzulassen.

Farne

Farne sind das Highlight der Sphäre.
Sie sind die coolsten Wesen überhaupt. Sie sind schlicht, witzig, köstlich und dabei urkomisch. Farne sind erstaunliche Seelen. Ihre Ausstrahlung ist eine unglaublich tiefsinnige Präsenz mit einer Portion Fröhlichkeit. Ihr Blick durchdringt jede Seele und offenbart jedes Geheimnis. Sie sind fähig, das Innerste mit Leichtigkeit nach außen zu kehren.

Sie unterstützen alle Seelen der Sphäre bei tiefgründigen Bewusstwerdungsprozessen.
Wesen setzen sich ruhig neben den Farn und warten, bis er beginnt, mit ihnen zu arbeiten.
Durch ihren formvollendeten, harmonischen Blättertanz befördern sie die Wesenheiten in einen Meditationsrausch. Durch die Energieübertragung der Leichtigkeit, können die Seelen die Erleuchtungen in Übermut und Heiterkeit umsetzen.

Farne erreichen eine Höhe von ca. 15 - 20 Meter. Ihre Blätter nutzen sie als Arme und Hände. Es ist unfassbar, was sie mit ihren Blättern alles anstellen können. Die gesamte Wesenheit schwingt und wippt unaufhörlich hin und her. Nie stehen sie still. Ihre Essenz ist in der gesamten Sphäre verteilt. Sie bewegen sich zügig voran und wechseln oft ihren Standort.
Farne sind Energiebündel. Farne sind die Träger der Lebensmagie und versprühen sie an jedes Wesen, das sie berührt.
Willst Du die Lebensmagie erfahren, stelle oder setze Dich neben einen Farn.

Gräser

Gräser leben in Gruppen zusammen und beschäftigen sich am liebsten mit sich selbst. An gemeinsamen Musikprojekten beteiligen sie sich genauso wie an Partys. Ansonsten sehen sie einfach schön aus. Elementarwesen nutzen Gräser vielmals als Spielplatz, was sie mit Humor quittieren. Benötigt ein Wesen einen Rückzugsort, so stehen ihnen die Gräser uneingeschränkt zur Verfügung. Ihre leise Musik besänftigt durch das Hin- und Herschwingen. In der Sphäre holen sich die Seelen bei den Gräsern ihre „Streicheleinheiten“ ab. Willst Du einfach das Sein in Ruhe und Nichtstun erfahren, die Gräser sind Dir gerne behilflich.

Moose

Moose sind die „Jogis“ in der Sphäre.
Still, ohne großen Schnickschnack und klar wie Quellwasser offenbaren sie ihr Wesen.
Ihre sanfte, weiche Art ist allerorts beliebt und alle legen sich gerne in ihre Energie und ruhen sich aus. Es ist ein Regenerations-Heilschlaf. Nach einem Nickerchen auf einem Moosbett sind alle frisch erholt sowie voller Weisheit. Sie sind bereit, zu neuen Taten aufzubrechen.
Leidest Du an Schlafstörungen, stelle des Nachts in eine Schale eingepflanztes Moos unter Dein Bett. Bringe spätestens nach einer Woche das Moos wieder an seinen Ursprungsort zurück.

Büsche

Büsche sind ausgehend von den „Körpermaßen“ die größte Wesenheit. Büsche sind wesentlich vielfältiger in ihrem Erscheinungsbild als auf der Erde. Als kleine Besonderheit schöpfen sie den Ausdruck von Früchten, die nicht verspeist werden.

Büsche leben ein beschauliches Miteinander und beteiligen sich rege an allem, was vorgeht. Sie sind zwar keine Vorbilder, was Bewusstwerdung anbelangt, den Holunderbusch mal ausgenommen, doch dienen sie ihrer Sphäre mit Hingabe. Sie sind schüchtern, außer dem Holunderbusch, der ist rechthaberisch. Unter ihren Ästen finden Wesen Ruhe, was gerne angenommen wird. Büsche sind stille Wesen, weil sie einfach nicht wissen, was sie sagen sollten. Sie sind schnell irritiert von anderen Wesen. Außer...

der Holunderbusch. Sie sind mehr behäbig als schnell. Außer der... ja richtig, der Holunderbusch. Er ist DIE Ausnahmeerscheinung unter den Büschen. Er hat bereits sein volles Bewusstsein entfaltet.

Büsche beteiligen sich hingebungsvoll an fröhlichen, musikalischen Tätigkeiten. Es bereitet ihnen ungemeines Vergnügen, Bassinstrumente und Schlagzeuge zu formen. Sie sind nicht ganz so kreativ, was eigene Kompositionen angeht, dafür geben sie bei einem Schlagzeug-solo alles.
In der Elfen- & Feen-Sphäre dienen sie vorwiegend als behagliche Behausungen für sämtliche Wesen. Sämtliche Elfen und Feen finden dort ihre Unterkunft, weiterhin jegliche Elementarwesen und nicht zu vergessen, die bezaubernden Tierwesen, die sich in Büschen gerne ihre Behausung erschaffen.
Bei der Überwindung von Schüchternheit und Sprachlosigkeit unterstützt Dich der Holunderbusch.

Wind

In der Elfen- & Feen-Sphäre ist die Essenz des Windes beheimatet. Sie ist immer und stetig in Bewegung. Das Erscheinungsbild der Windwesenheit stellt sich als nicht fassbar dar. Sie ist lediglich fühl- oder spürbar und verweigert jegliche Form. Sie äußert Gefühle von einem lauen Wind bis hin zu einem gigantischen Sturm. Gerät das Wesen in Wallung, verfällt die Sphäre in wahrlich chaotische Zustände. Das kommt jedoch selten vor. Viel lieber schäkert die Seele mit Vögeln und Büschen, sowie mit allen Pflanzen. Sie spielen die wildesten Verfolgungsjagden oder schmiegen sich sanft aneinander und tragen sich gegenseitig.
Die Freude des Seins ist mit aller temperamentvollen Lebenslust spürbar.
Die Seele präsentiert sich ungestüm und sehr unternehmungslustig. Der Wind ist sehr verspielt und hat andauernd irgendeinen Schabernack im Sinn. Den Aufstieg erledigte das Wesen mit links, da es eine unbekümmerte und unschuldige Seele besitzt. Der Wind ist eines von den Wesen, die immer mit Hingabe aus ihrem Bewusstsein handeln.
Auf der Erde lehrt Dich der Wind, durchs Leben zu gleiten.

Übungen mit der Elfen- & Feen- Sphäre

- Verbinde Dich geistig mit dem Namen „Elfen- & Feen-Sphäre“ oder meditiere mit der Energie.
- Lege eine Blume auf Dein Herzchakra und fühle die Kraft.
- Lege Heilkräuter auf Dein drittes Auge.
- Kommuniziere mit dem Vorsteher Malan Salah oder mit Seraphim Jophiel.
- Setze Dich in ein Gemüsefeld und berühre sanft die Wesen. Fühle wie der Nährwert in Dich einfließt. Wichtig ist, dass die Pflanzen noch mit der Erde verwurzelt sind.
- Lege Dich unter Obstbäume und lass Dich energetisch aufladen.
- Gehe auf einer Wiese spazieren.
- Beobachte Insekten und Vögel und lass Dich von ihrem Spiel und ihrer Lebenskraft aufladen.
- Bei Problemen im Garten oder sonstiger Fauna, lade Elfen & Feen ein. Jedem Wesen aus der Elfen- & Feen-Sphäre sind machtvolle Heil-Fähigkeiten gegeben.
- Sofern Du das Gefühl hast, Du bist aus Deinem Lebensrhythmus, verbinde Dich mit der „Tierwelt“ der Elfen- & Feen-Sphäre.
- Bei innerer Starre oder Lebensunlust verbinde Dich mit der Windseele.
- Für Kontaktaufnahme mit einem sphärischen Elfen- & Feen-Wesen auf der Erde begebe Dich in einen Garten und singe. Sie lieben Musik und Gesang. Wiederhole das des Öfteren. Wenn sie Dir wohlgesonnen sind, werden sie sich zeigen.

Die Übungen werden Dich intensiver mit der Energie der Elfen- & Feen-Sphäre verbinden. Bei regelmäßiger Anwendung ist eine Verbesserung Deines Lebensgefühls und Wohlbefindens deutlich spürbar. Bei stetigem Ausüben kann es geschehen, dass ein Elfe oder eine Fee oder ein Elementarwesen aus der Elfen- & Feen-Sphäre persönlichen Kontakt zu Dir aufnimmt.

SEELENSPHÄRE
Wal- & Delphin Sphäre
CHAMUEL
World of Spirit
www.chamuel-world-of-spirit.com

Wal- & Delphinsphäre

Kurzbeschreibung Wal- & Delphinsphäre

Seelensphäre	Wal- & Delphin-Sphäre
Begleitender Engel	Seraphim Chamuel
Bekannter Avatar	Avatar Poseidon
Vorsteher	Avatar Poseidon
Erste Manifestation	vor 5,5 Milliarden Jahren
Ort der Manifestation	Ozeane/alle Gewässer
Unterste Dimension	6. Dimension, 3. Ebene
Letzter Aufstiegsprozess	vor 25.000 Jahren
Jetzt im Aufstiegsprozess	Ja
Lichtwesen	Lumianer
Andere Seelengruppen	Wale, Delphine, Korallen, Fische
Menschliche Inkarnationen	Lumianer

Die Wal- & Delphin-Sphäre ist die Heimat aller Wesen der prachtvollen Wasserwelten. Die Sphäre ist gigantisch und strebt gemeinsam der Bewusstwerdung entgegen. Zusammen leben sie in Ehrlichkeit und Zuverlässigkeit miteinander. Sie praktizieren verbindende Freundschaft mit allen Seelen.

Energieform:
Gradlinigkeit, Ehrlichkeit, Hilfsbereitschaft, Zuverlässigkeit, Verbundenheit zu allen im Wasser lebenden Wesen, Gedanken auf ein Ziel richten, inneres Glück, Zufriedenheit, sich treiben lassen, positive Grundeinstellung, ehrliche Freundschaft, Selbsterfahrung, Treue, den eigenen Weg beschreiten, Standhaftigkeit, sanfte Musik

Wirkt unterstützend bei:
Tagträumen, Verlust der Vorstellungskraft, Begrenztheit, Trauma durch und mit Wasser, körperlicher Verwahrlosung, Einsamkeit, Ziellosigkeit, Unehrlichkeit, Egoismus, Ausnutzung, Lustlosigkeit, Manipulation, Verführung jeglicher Art, Computer-/Fernsehsucht

Bevorzugte Berufswahl:
Waffenschmied, Schauspieler, Militär, Lehrer, Streetworker, Psychiater, Meeresbiologe, Pilot, Reporter, Moderator, Journalist, IT-Spezialist, Fluglotse, Kommunikationswissenschaftler

Begleitender Engel:
Seraphim Chamuel ist der begleitende Seraphim für die Wal- & Delphin-Sphäre.
Chamuels Name bedeutet: Gott ist das Ziel.
Mit ihrer kindlichen und vertrauensvollen Energie passt Chamuel hervorragend in die Sphäre. Die Ehrlichkeit und Hilfsbereitschaft verbindet sie mit allen Wesen in der Wal- & Delphin-Sphäre.

Allgemeines

In der Wal- & Delphin-Sphäre sind alle Wesen beheimatet, die uns aus irdischen Wasserwelten bekannt sind. Die beeindruckende Mannigfaltigkeit der Sphäre ist unbeschreiblich reichhaltig.
Circa 3/7 der unterschiedlichen Wesenheiten der Sphäre inkarnieren ins irdische Matrixfeld. Die Sphäre ist auf der Erde vorwiegend durch die Wasserwesen vertreten. Das hat sich nur geringfügig geändert, seit sich das irdische Tor in den achtziger Jahren des letzten Jahrhunderts großflächig für die Wal- & Delphin-Sphären-Lichtwesen öffnete. Bis 1980 inkarnierten Lichtwesen nur vereinzelt. Heute nehmen sie auf der Erde den vierten Platz ein. Sie werden in der Sphäre Lumianer genannt. Lumianer sind verantwortungsbewusste, aufrichtige und ernsthafte Wesen.

Die üppige Fülle an Fischen, Walen, Korallen, Seeigeln, Delphinen, Seesternen, Seegurken, Algen und mehr ist überwältigend.
Zwischen den unterschiedlichen Wesenheiten der Wal- & Delphin-Sphäre herrscht ein ausgeglichenes Verhältnis. Keine Wesensgruppe überwiegt, weder Wale noch Delphine oder sonstige Wesen und auch die Lichtwesen nicht. Die einzige Ausnahme ist das sanfte Wasserwesen selbst. Das Wasserwesen ist EINE Wesenheit. Es ist allgegenwärtig und umhüllt komplett die gesamte Sphäre. Das bedeutet, die Wesen in der Wal- & Delphin-Sphäre leben innerhalb der Wasserseele. Das Wasserwesen umhüllt die

Sphäre vollkommen. Das ist eine absolute Ausnahme in unserem Universum.

Die Wal- & Delphin-Sphäre ist die Sphäre der Verspieltheit gepaart mit tiefgehender Ernsthaftigkeit. Ihre absolut gewaltfreien und gradlinigen Charaktere lassen keinen Spielraum für Manipulationen. Die Kommunikation ist klar und respektvoll, jedoch nicht unbedingt mit vielen „Worten“.
Die Wesen fühlen sich eng miteinander verbunden und Kommunikation findet „wortlos“ statt. Sie wissen, was das Gegenüber benötigt und übermitteln eigene Bedürfnisse ohne Erwartung. Ihre absolute Ehrlichkeit ist beeindruckend.
Ruhige Hilfsbereitschaft ist in jedem Winkel der Sphäre spürbar.

Zu Beginn des Projekts Erde sandte die Sphäre als dritter Hauptakteur Energie auf die Erde.
Die Wal- & Delphin-Sphäre war die erste Sphäre, die versuchte, bewegliche, materielle Körper anzunehmen. Die Entwicklung schritt zügig voran und komplexere Körper wurden bis zu unserem heutigen Stand kreiert. Wale inkarnierten zu einem frühen Zeitpunkt der Erdgeschichte.

Die Wal- & Delphin-Sphäre nimmt bis heute großen Einfluss auf die irdische Entwicklung.
Die intensivste Verbindung zu Gaia unterhält das sanfte Wasserwesen aus der Wal- & Delphin-Sphäre. Lichtwesen und sonstige Wesenheiten fühlen sich intensiver mit dem Wasserwesen als mit Gaia verbunden.
Wale und Delphine sind ein Segen für die Erde und für unseren Kosmos. Sie heben die Energie in höhere Schwingung und ermöglichen dadurch einen Aufwachprozess in Leichtigkeit.

Ein gigantisches Röhrensystem zieht sich durch die Wal- & Delphin-Sphäre. Erschaffen und geformt wird es von allen Wal- & Delphin-Wesen. Im Röhrensystem arbeiten und leben Lichtwesen... allerdings nicht ausschließlich.
Ab der 10. Dimension löst sich das Röhrensystem auf und alle Wesen der Sphäre bilden eine einheitliche Energieebene ohne Abgrenzungen.

Beeindruckend in dieser Sphäre ist die absolute Ehrlichkeit. Keine andere Sphäre lebt sie in solch einem ausgeprägten Ausmaß in den unteren Dimensionen. Willst Du mehr Ehrlichkeit leben, verbinde Dich mit der Wal- & Delphin-Sphäre.

Die unterste Bewusstseinsebene befindet sich in der sechsten Dimension dritte Ebene.
Die Sphäre wird in den nächsten Jahren eine massive Bewusstseinserweiterung erfahren. Ein Grund sind intensive Lernsituationen der Lumianer auf der Erde.
Die Wal- & Delphin-Sphäre kann keine Wesenheits-Gruppe vorweisen, die komplett in die zwölfte Dimension aufgestiegen wäre, außer das Wasserwesen. Als größte Wesenheit der Sphäre ist sie vollkommen in die zwölfte Dimension eingetaucht.

Das erste Zusammentreffen der Energiefelder von Wal- & Delphin-Sphäre und Erde fand am Südpol statt. Rasch dehnte sich das Wasserwesen im gesamten Energiefeld von Gaia aus. Gleich wie in der Sphäre, ist es die Basis für das Sein der Seelen aus der Wal- & Delphin-Sphäre auf der Erde. Außer Lichtwesen, die wesentlich später inkarnierten, war keine Wal- & Delphin-Sphären-Wesenheit bereit, an „Land" zu leben. Sie stellten die Bedingung, innerhalb des Wasserwesens leben zu dürfen.
Sie leben auf der Erde die gleiche Hingabe aneinander, wie in der Sphäre. Das Wasserwesen ist auf der Erde unabdingbar! Ohne das Wasserwesen würden uns alle Seelen der Wal- & Delphin-Sphäre verlassen. Das sollten wir nie außer Acht lassen.

Auf den ersten Blick erscheint die Wal- & Delphin-Sphäre in einer leichten und beschwingten Energie. Auf den zweiten Blick wird ihre Tiefgründigkeit sichtbar. Alle Wesen der Sphäre besitzen einen natürlichen, würdevollen Optimismus.
Die gesamte Sphäre erzeugt ein Energiefeld, dass ein tiefes Vibrieren im Innersten auslöst. Das Vibrieren setzt sich im gesamten Kosmos fort. Es erzeugt ein Gefühl von behütet sein. Die „Tierwelt" der Sphäre bietet die gesamte Bandbreite der Gefühlswelt. Ihre Lichtwesen sind stille, beobachtende Wesen.
Alle besitzen sie einen gemeinsamen Charakterzug: Sie sind dankbare und zufriedene Wesen. Sie stellen keine Ansprüche oder Forderungen.

Bist Du von innerer Unruhe oder Gier getrieben, lass die Sphäre auf Dich wirken.

Alle Geschöpfe sind streng, ohne beherrschend zu sein. Sie sind geduldig und beharrlich. Sie sind absolut hilfsbereit, ohne Ansprüche. Sie leben eine Anspruchslosigkeit, die fast an unnatürliche Selbstlosigkeit grenzt. Konkurrenz, wie auch Gewalt, sind in der Sphäre vollkommen unbekannt. ALLE Wesen der Sphäre leben die Hilfsbereitschaft im hohen Maß. Allerdings sollte das nicht mit Selbstaufgabe oder Aufopferung verwechselt werden.

Die göttliche Heilkraft ist in der Wal- & Delphin-Sphäre überall spürbar. Durch ihre ernste und doch leichte Ausstrahlung wirken sie heilend auf alle Wesen im Universum ein. Die Sphäre bietet große Bewusstseins-Entfaltungsmöglichkeiten, worin die Heilung inkludiert ist.
Lichtwesen finden nach einer irdischen Inkarnation Heilung in Lemurien. Alle anderen Wesen kehren direkt in die Seelensphäre zurück.
Die Wal- & Delphin-Sphäre ist bestrebt, weiterhin auf der Erde ihre Energie zur Verfügung zu stellen. Das Wasserwesen ist unbeschreiblich mächtig und großzügig. Dennoch sollten wir der Wasserseele mit mehr Respekt und Achtsamkeit begegnen. Die großflächige Verunreinigung der Seele hat durchaus Einfluss in ihrer Heimatsphäre.

Im Universum erstrahlt die Sphäre in einer einzigartigen Wellenbewegung. Die tiefgründige Leichtigkeit beleuchtet den gesamten Kosmos. Dunkelheit gibt es in der Sphäre keine. Die gesamte Sphäre leuchtet aus sich heraus. Sowohl in ihrer tiefsten Dimension, wie in den oberen Dimensionen. Das Leuchten erzeugt eine sanfte Wellenbewegung, die wiederum eine leise zarte Musik hervorbringt.
Keine andere Sphäre trägt eine intensivere Zufriedenheit in ihrem Kern.
Die Wesen der Wal- & Delphin-Sphäre benötigen viel Freiraum und nehmen sich für ihren Bewusstwerdungsprozess ausreichend Zeit. Dennoch sind sie unablässig und unermüdlich für Gott im Einsatz. Sie sind fähig, sowohl eine innere Entfaltung zu erfahren, als auch gleichzeitig für das Allgemeinwohl zu arbeiten.

Lumianer

Das Erscheinungsbild der Lumianer entspricht einem „Beachgirl/-boy“ auf Erden.
Sie sind hoch gewachsen, mit langen oder kurzen meist weiß/silbernen oder gold/rosa farbigen Haaren.
Sie manifestieren ihre Seele in weiblicher sowie in männlicher Form. Obgleich hierbei fast kein Unterschied besteht. Einzig durch ein Band um den Brustkorb ist ersichtlich, um welche Form es sich handelt. Sie tragen kurze Hosen mit oder ohne Brustband. Das Band hat keine Funktion und dient ausschließlich der Freude am Design. Ihre Körper sind schlank und muskulös. Ein wenig irritierend könnte das Aussehen ihrer Hautoberfläche sein. Sie ist mit kleinen zarten rosafarbigen Schuppen bedeckt.
Sie sind schnelle und gute Gleiter und halten locker mit Delphinen mit. Eine Atmung wie auf der Erde gibt es nicht! Das ist in den Seelensphären prinzipiell nicht nötig!

Ihr Ausdruck ist klar und freundlich. Sie strahlen eine unbeschreibliche körperliche Präsenz und Kraft aus. Ein „Blick“ reicht, um ihren Standpunk deutlich und unmissverständlich auszudrücken. Sie ruhen selten und wenn, dann um nachzudenken. Sie bleiben, was auch geschieht, immer gelassen. Sie lieben Ästhetik in der Naturform. Künstliches Erschaffenes lehnen sie ab. Ihre Gelassenheit beruhigt die gesamte Sphäre. Sie sind bodenständig und immerfort in Bewegung.
Fehlt Dir auf der Erde ein wenig Bodenständigkeit, so verbinde Dich mit einem Lumianer Deiner Wahl.

Ihre Kommunikation findet im Fühlen statt. „Worte“ gibt es keine. Dennoch ist immer klar ersichtlich, was ein Wesen braucht, oder was es sagen will.
Die Lumianer sind stille Wesen, die nicht leichtfertig mit Kommunikation umgehen. Sie wählen kurze und prägnante „Worte“ oder Gefühle, die eindeutig ihre Sicht darlegen.
Bei ihnen weiß jeder, woran er ist. Von oberflächlicher Konversation halten sie nichts, obwohl sie lockere Freundschaften pflegen. Sie sind die Einzelgänger unter den Lichtwesen. Sie schweigen lieber,

als dass sie „reden“. Es sei denn, sie erwärmen sich für ein spannendes Thema.
Arbeitest Du mit Lumianern zusammen, ist es wichtig, keine Worte zu erwarten.
Viel lieber kommunizieren sie mit Gefühlen oder Blicken.

Lumianer sind die „Arbeiter“ unter den Lichtwesen. Sie beschreiten den Erleuchtungsweg in dem sie Bewusstsein erfahren. Meditieren liegt ihnen nicht.
Sie beteiligen sich bei Projekten im ganzen Universum in allen Dimensionen.

- Sie sind gelassen und heiter.
- Sie sind bodenständig.
- Sie beanspruchen viel Raum für sich.
- Sie sind gerne mit sich allein und benötigen Zeit zum „Denken“.
- Sie sind die „Macher“.
- Sie lassen sich nicht manipulieren.
- Sie kommunizieren mit Emotionen.
- Sie sind ausgesprochen ehrlich.
- Sie sind beharrlich und tiefgründig.
- Sie lieben das Wasserwesen.
- Sie sind streng.
- Sie hinterfragen Regeln und Konzepte.
- Sie sprengen kosmische Gesetze.
- Sie lieben den Frieden.

Lumianer sind zwar Einzelgänger, jedoch werden in jeder Dimension regelmäßig Treffen zur Bewusstwerdung abgehalten. Dabei wird nicht kommuniziert, sondern sie berühren einander.
Willst Du mit Gefühl Erleuchtung erfahren, geselle Dich zu einem Treffen. Du brauchst nichts weiter zu tun, als Deine Handflächen nach oben auf Deine Oberschenkel zu legen und Deinen Wunsch zu äußern.

Feste oder Partys sind in der gesamten Sphäre unbekannt. Singen oder Musizieren ist ihnen fremd, obwohl der eine oder andere sich darin versucht.

Zusammenkünfte gibt es sehr wohl, diese bestehen aus gemeinsamem Schweigen und Genießen der Energien. Musik wird einzig durch die Wellenbewegung des Wasserwesens erzeugt. Lauschen der Stille nennen sie es.

Steht ein Lumianer vor einem Dimensions-Sprung, bildet er eine Kapsel um seinen Seelenkern und treibt abgeschottet im Bewusstsein des Wasserwesens. Kein anderer Lumianer würde die Kapsel berühren oder versuchen, mit der Seele Kontakt aufzunehmen. Er schwebt und schwebt, bis sich die Kapsel inklusive Lumianer in die höhere Dimension verabschiedet. Ist der Lumianer in der höheren Dimension angekommen, platzt die Kapsel auf. Der Lumianer wird augenblicklich in seine neuen Aufgaben eingewiesen und fängt sofort an, seine Aufgabe zu erfüllen.
Lumianer lehren im Geschehen-Lassen. Sie bewerten ein Wesen nie.
Willst Du einen Bewusstwerdungsprozess wie ein Lumianer versuchen, lass Dich vom Wasserwesen einhüllen. Ist es genug, bitte die Wasserseele, ihre Energie von Dir zu nehmen.

Die gesamte Sphäre ist für eine Bewusstwerdung hervorragend geeignet. Allerdings ist jedes Wesen mehr oder weniger auf sich allein gestellt. Einen kosmischen Lehrauftrag, wie beispielsweise in Lemurien, gibt es nicht. Jedes Wesen lernt durch beobachten und fühlen.
Die Sphäre besitzt keine speziellen „Lehrer“, jeder probiert aus, was ihm beliebt.
Zurechtweisungen oder Korrekturen der Handlungen finden nicht statt. Die Bedeutung des Wortes „Selbsterfahrung“ erhält in dieser Sphäre eine neue Gewichtung. Kein Wesen in der Sphäre würde von sich behaupten, ein guter Lehrer zu sein.
Erhält ein Wesen dennoch eine Erklärung, wird sie überdimensionale Ausmaße annehmen.
Sie wählen kein „Worte“ für Erklärungen, jedoch sind sie hervorragende Dozenten und Mentoren.

Alle in der Wal- & Delphin-Sphäre lieben es, sich im Wasserwesen treiben zu lassen. Während sie völlig bewegungslos dahin schweben, durchdringen alle Gefühle und alle Weisheit der Sphäre sie in hohem Maß. Hierdurch erfahren sie ihre Bewusstwerdung und

Erleuchtung. Sie sind fähig, Milliarden Schwingungen gleichzeitig zu bearbeiten und daraus zu lernen.
Ein Lieblingsthema besitzen die Wal- & Delphin-Wesen nicht.
Wesen aus der Wal- & Delphin-Sphäre denken in großen Dimensionen. Bescheidenheit liegt ihnen nicht. Für sie ist alles gleich wichtig und gleich großartig.
Verbinde Dich mit der Sphäre, willst Du im Großen denken.

Lumianer arbeiten vorwiegend an der Wandlung der disharmonischen Energien. Sie streben nach Gleichberechtigung in allen Ebenen. Sie entwickeln Heilmethoden, die für alle Wesen in den unteren Dimensionen selbstständig anwendbar sind. Sie sind hervorragende Tüftler, sofern es darum geht, Zusammenhänge sichtbar zu machen.
Willst Du mit einem Lumianer zusammen arbeiten, setze Dich still hin und achte auf Deine Gefühle.

Lumianer leben in Gemeinschaften zusammen. Die Größe einer Gemeinschaft lässt sich nicht definitiv bestimmen. Sie kann zwischen 1 und 100.000 betragen. Sie bevorzugen langfristige Aufenthaltsorte. Sie lieben das Gewohnte. Gleichzeitig sind sie in ihrer Sphäre unterwegs und das, mehr oder weniger, die ganze Zeit. Sie sind unablässig in Bewegung, für sich oder in kleinen Gruppen. Die Gruppen bestehen nicht ausschließlich aus Lumianern!
Größere Treffen werden abgehalten, sind allerdings selten. Kleinere Treffen finden öfter statt.
Schlaf benötigen die Wesen in der sechsten Dimension nur wenig bis keinen.
Lumianer lassen sich nicht manipulieren. Falls Du das Gefühl in Dir trägst, manipuliert zu werden, verbinde Dich mit der Herzqualität eines Lumianers.

Das Wasserwesen

Das Wasserwesen ist eine EINZIGE Wesenheit. Sie umschließt die Wal- & Delphin-Sphäre komplett, ohne ein Wesen zu durchdringen. Sie ist in unserem Universum vielseitig unterwegs und beteiligt sich an unzähligen Projekten im Kosmos.

Ihr wundervolles Herzzentrum befindet sich in der zwölften Dimension. Sie erstreckt sich von der untersten Dimension bis in die höchste Dimensionsstufe der Wal- & Delphin-Sphäre.

Die Wasserseele umhüllt, ohne zu manipulieren. Das Wasserwesen ist überall vorhanden, ohne überall mitzuwirken. Die Seele liebt es, zu beobachten und je nach Bedürfnis einzuschreiten. Dennoch ist sie kein belehrendes Wesen, sondern ein Lehrendes. Die Seele stellt sich immer und jederzeit zur Verfügung, ohne dass sie die Kontrolle übernimmt.
Hier erhält das Wort „Gemeinsam“ eine vollkommen neue Bedeutung. Nichts geschieht ohne das Wissen des Wasserwesens. Fühlst Du Dich von Deinem Umfeld allein gelassen, so nehme ein Bad, ohne Zusatz, und bitte das Wasserwesen, Dir die Energie der manipulationsfreien Gemeinschaft zu übermitteln.

Alle Seelen der Sphäre wiegen sich in der hingebungsvollen Liebe der Wasserwesenheit.
Das Wasserwesen ist ein überaus friedliches und beschützendes Wesen. Es hat einen sanften und friedlichen Charakter. Das Wasserwesen liebt den rosa Farbstrahl und wählt meistens diese Energie. Es leuchtet bis in die oberen Dimensionen hell und durchdringt mit seiner Liebe alle Wesen.
Oft ist seine Energie kindlich und viel Schelmisches liegt in seinen Handlungen. Fröhlichkeit und Leichtigkeit sind weitere Merkmale dieser großartigen Seele.
Durch die schützende Ummantelung der Sphäre dringen keine unerwünschten Energien in die Sphäre. Es ist vorwiegend dieser Seele zu verdanken, dass keine Art von Gewalt, auch nicht im entferntesten, in der Sphäre vorhanden ist. Die Wal- & Delphin-Sphäre ist zusammen mit Ansara die einzige Sphäre, die keine Art von Gewalt kennt.

Das Wasserwesen trägt maßgeblich zur Bewusstwerdung in der Sphäre bei.

Wale & Delphine

Wale & Delphine sind auf der Erde die bekanntesten Vertreter aus der Wal- & Delphin-Sphäre.
Sie sind beeindruckende Charaktere, die in ihrer Sphäre wesentlich zur Bewusstwerdung beitragen. Sie leiten einige Projekte, sowohl in der Sphäre als auch im Universum. Sie sind mit Abstand die inkarnationsfreudigsten Wesen des Universums. Manche Wesenheit sieht Inkarnation als ein notwendiges Übel, Wale & Delphine sehen es als Spaß.
Auf der Erde wählen Wale & Delphine eine ähnliche Form wie in ihrer Sphäre. In anderen Sphären sind sie Gestaltenwandler. Sie sind fähig, jegliche Form zu erschaffen.

Wale & Delphine sind vorwiegend entfaltete Wesenheiten, wenngleich noch nicht alle Seelen in die zwölfte Dimension aufgestiegen sind. Inkarnieren Wale & Delphine aus ihrer Sphäre ins irdische Matrixfeld, ist ihre unterste Bewusstseinsstufe die siebte Dimension.
Wale & Delphine sind sehr friedliebende Wesen. Gleich wie die Wasserseele ist ihnen jede Art von Gewalt oder Negativität fremd. Gerade Walseelen sind überaus sanfte und feinschwingende Wesen. Delphine sind wesentlich quirliger und übermütiger.
Bei innerer Unruhe ist es vorteilhaft, sich mit der Energie der Wale zu verbinden.
Vorsicht: Bitte nur die Energie aus der Sphäre fließen lassen!
Bei Lethargie unterstützt Dich die Energie der Delphine.
Vorsicht: Delphine sind sehr verspielt, *smile*.

Wale

Wal-Wesen wählen langsam und bedächtig ihre Schritte.
Ihre Form unterscheidet sich nicht wesentlich von der Irdischen. Außer, dass sie dezente bunte Farben wählen und sich bis zu beeindruckende 800 Meter ausdehnen können.
Die Walseelen sind in ihrer Sphäre die „Lehrer“. Obwohl der Ausdruck nicht wirklich passend ist. Keine andere Wesenheit lehrt so geduldig und einfühlsam wie die Wale. Sie beschäftigen sich fast

ausschließlich mit dem kosmischen Bewusstwerdungsprozess. Viele Wale sind bereits in der zwölften Dimension angelangt und manifestieren ihre Energie bewusst in den unteren Dimensionen ihrer Seelensphäre.
Wale, die viele Inkarnationen auf der Erde vollbringen, fällt es schwer, ihr Herz in der Sphäre wieder vollkommen zu öffnen. Durch die Vergiftung der Weltmeere, benötigen sie eine lange Zeit der Regeneration und werden hierbei hingebungsvoll von den Lumianern unterstützt.
Sie leben gerne in kleineren Gruppen zusammen. Sie durchstreifen ihre Sphäre aber auch im Alleingang, sofern sie das Bedürfnis verspüren. Große oder massenreiche Zusammenkünfte meiden sie.
Viele Walseelen widmen sich gleichen Aufgaben/Projekten und arbeiten eng mit unterschiedlichen Wesen zusammen.
Wale sind für die Erde lebensnotwendig. Ihre Energie und ihre Gesänge halten einen großen Teil der Schwingungen des Schutzes aufrecht!

Delphine

Delphine sind Walen gegenüber gegensätzlich. Sie sind temperamentvolle, überschäumende Wesen. Ihre verspielte Daseinsform bringt manchen zur Verzweiflung. Gleich welches Thema erörtert wird, Delphine betrachten es immer mit einer Portion Witz. Existiert in Deinem Leben zu viel an Ernsthaftigkeit, darfst Du Dich getrost von der Energie der Delphine einhüllen lassen.

Bei oberflächlicher Betrachtung könnte der Eindruck entstehen, dass es Delphinen an Tiefgang mangelt, was natürlich nicht der Wahrheit entspricht. Der Charakter der Delphine weist neben ihrer Kindlichkeit, die in der Wal- & Delphin-Sphäre weit verbreitet ist, eine überaus verspielte Natur auf.
Dennoch sind Delphine überaus gradlinige und tiefsinnige Wesen. Als Lehrer würde ich sie nicht unbedingt bezeichnen, obgleich sie viel Weisheit in sich tragen. Ein kleiner Schwachpunkt ist ihre Ungeduld. Durch ihre hohe Schwingung verlieren sie schnell das Interesse an tiefer schwingenden Themen.
Willst Du mit Delphinen arbeiten, so bereite Dich gut vor und erkläre klar und sachlich Dein Anliegen. Sie unterstützen Dich gerne,

besonders wenn Du an Stimmungsschwankungen leidest.

Delphine lieben das gesamte Farbspektrum in den unteren Sphären. Sie wechseln oft ihre eigenen Farbmuster und auch mal die Form. In den unteren dichteren Dimensionen können sie eine Größe von über 100 m annehmen.
Sie leben gerne in größeren Gruppen zusammen. „Familien"-Leben jedoch praktizieren sie nicht. Sie sind absolut freiheitsliebende Wesen. Dennoch sind sie selten alleine anzutreffen. Sie lieben es, überall dabei zu sein, sofern sie nicht in ihrer Freiheit eingeschränkt werden.
Delphine sind, was ihre Arbeitsweise anbelangt, eher Einzelgänger. Sie lieben durchaus das Zusammenarbeiten mit allen Wesen, jedoch muss es in ihrem Rhythmus geschehen. Sich anzupassen fällt ihnen schwer.

Fische

Die Wal- & Delphin-Sphäre beheimatet Milliarden von unterschiedlichen Fischwesen. Die üppige Einzigartigkeit jeder einzelnen Seele übersteigt das menschliche Vorstellungs-vermögen. Neben der Elfen- & Feen-Sphäre ist die Wal- & Delphin-Sphäre die Artenreichste. Die Artenvielfalt explodiert sowohl in Formen wie ebenso in Farben. Die Kontraste der Charaktere sind gleichfalls von immenser Individualität. Und so verwundert es nicht, dass die Wesensgruppe mehr Einzelgänger als Teamplayer hervorbringt.
Fischwesen besitzen kein Verständnis der menschlichen Gemeinschaft, wie wir es auf der Erde kennen. Gemeinschaft hat eine andere Bedeutung bei dieser Seelengruppe.
Sie sind mehr als andere Wesen Einzelgänger, ohne sich aus der Gruppe auszugrenzen.

Korallen

Korallenwesen sind ein wichtiger Bestandteil der Wal- & Delphin-Sphäre.
Sie sind, im Gegensatz zu anderen Wesen, Seelen die ihren inneren Ruhepol gefunden haben.

Sie können durchaus mit den Baumwesen der Regenbogen-Sphäre verglichen werden. Es gibt allerdings einen wesentlichen Unterschied: Korallen bilden gigantische Gebirgszüge, die aus Millionen Seelen bestehen. In einem „Korallenberg“ können Milliarden von Seelen existieren. Die Gebirgszüge sind mit einem „Tunnelsystem“ durchzogen. Sie formierten sich von Anbeginn an und nichts wurde daran je verändert. Eine Neugestaltung ist nur möglich, sofern ein Korallenwesen einen Aufstiegsprozess durchläuft. Verlässt eine Korallenseele ihre Dimension, erfährt die gesamte Sphäre eine Umstrukturierung.
Korallen sind beschützende Wesen, die sehr achtsam mit ihrer Umgebung umgehen. Sie nehmen regen Anteil an allem, was in der Sphäre geschieht. Gleichzeitig sind sie ruhige Wesen, die sich niemals aufdrängen oder bevormunden. Korallen stellen sich jeder Seele zur Verfügung. Sie sind gute und aufmerksame Hinhörer. Korallen handeln ausschließlich im Sinne der Gemeinschaft. Ihren gesamten Fokus richten sie auf das Wohl der Wal- & Delphin-Sphäre. Sie leben Gemeinschaft in Vollkommenheit. Fühlst Du Dich in einer Gemeinschaft bedrängt, so verbinde Dich mit der Energie der Korallen. Sie eröffnen Räume in Dir, von denen Du nicht wusstest, dass sie existieren.

Die Mannigfaltigkeit der Sphäre ist galaktisch gigantisch. Es gäbe noch viele wunderbare und bezaubernde Wesen zu beschreiben. Betrachte unsere Wasserwelten und Du erhältst eine kleine Ahnung dessen, was die Sphäre zu bieten hat. Eine Inkarnation in diese Sphäre erstreckt sich über einen langen Zeitraum.

Übungen mit der Wal- & Delphin-Sphäre

- Verbinde Dich geistig mit dem Namen „Wal- & Delphin-Sphäre " oder meditiere mit der Energie.
- Lege ein Bild oder eine Figur von einem Wal oder Delphin auf Dein Herzchakra.
- Gebe einen Tropfen Wasser auf Dein drittes Auge.
- Kommuniziere mit dem Vorsteher Poseidon oder mit Seraphim Chamuel.
- Bei Unwohlsein im Wasser, verbinde Dich mit Poseidon.
- Beobachte Wale, Delphine oder Fische.
- Bei Traurigkeit und Depression kann ein Bad angefüllt mit Wal- & Delphin-Energie wahre Wunder bewirken.
- Sollte es einmal Dein Bedürfnis sein, Dich von Mitmenschen abzugrenzen ohne Dich auszugrenzen, dann verbinde Dich mit der Energie der Fischseelen.
- Wasser ist ein hervorragendes Heilmittel. Du kannst es trinken, darin baden oder auch als Energie auf Dich einwirken lassen. Allerdings sollte das Wasser immer in reiner Form, also ohne Zusatz, verwendet werden.
- Bei Burn-Out ist es vorteilhaft, sich mit der Wal- & Delphinsphäre zu verbinden. Sie schenkt Kraft und Mut, jeglichen Berg zu erklimmen und dabei noch Spaß und Freude zu empfinden.
- Musst Du einiges an Gewalt in Deiner Umgebung erdulden und fühlst Du die gewaltbereite Ausstrahlung Deiner Mitmenschen, dann bitte die Wasserseele, Dich schützend zu umhüllen.

Die Übungen werden Dich intensiver mit der Energie der Wal- & Delphin-Sphäre verbinden. Bei regelmäßiger Anwendung ist eine Verbesserung Deines Lebensgefühls und Wohlbefindens deutlich spürbar. Bei stetigem Ausüben kann es geschehen, dass ein Lumianer oder ein Wal/Delphin aus der Wal- & Delphin-Sphäre persönlichen Kontakt zu Dir aufnimmt.

SEELENSPHÄRE
Sirius
CHAMUEL
World of Spirit
www.chamuel-world-of-spirit.com

Sirius-Sphäre

Kurzbeschreibung Sirius-Sphäre

Seelensphäre	Sirius
Begleitender Engel	Seraphim Michael
Erste Manifestation	vor 3,5 - 3 Milliarden Jahren
Bekannter Avatar	Avatar Sananda, Avatar Sulis
Vorsteher	Avatar Sharon
Ort der Manifestation	Amerika, Australien, Asien, Europa
Unterste Dimension	5. Dimension 4. Ebene
Letzter Aufstiegsprozess	vor 35.000 Jahren
Jetzt im Aufstiegsprozess	in Vorbereitung
Lichtwesen	Sirianer
Andere Seelengruppen	Silber, Erze, Gold, Metalle
Menschliche Inkarnationen	Sirianer

Sirius ist die Sphäre der aktiven Forschung, der Experimente, des handwerklichen Gestaltens und Fokussierens und der Mathematik. Sirius auf der Erde verkörpert das Neu Erschaffende, neue Ideen in die Realität zu bringen und unerschrocken Neues auszuprobieren, alle Metalle und Erze sowie Gold und Silber.

Energieform:
Technisches Wissen, positive Neugierde, Durchhaltekraft, Freude am Entdecken und Entwickeln, Forschergeist, Kameradschaft, Direktheit, positive Provokation, Selbständigkeit, Mut, positives Machtbewusstsein, Klarheit, mathematisches Denken, klassische Musik.

Wirkt unterstützend bei:
Gelangweilt sein, Hoffnungslosigkeit, eingeschüchtert sein, Labilität, Abkapselung, Lernunlust oder Lernschwierigkeiten, Unsicherheit bei der Berufswahl, Egoismus, zerstörerische Selbstsucht.

Bevorzugte Berufswahl:
Technischer Zeichner, Mathematiker, Architekt für Straßen- und Brückenbau, Schmuck-designer, Uhrmacher, Juwelier, alle Arbeiten mit Stahl oder Erzen, Maschinenbau, Umweltschützer, Autoindustrie, Forscher für neue Technologien, Raumfahrt, Lehrer für alle mathematischen Fächer

Begleitender Engel:
Seraphim Michael ist der begleitende Seraphim für die Sirius-Sphäre.
Michaels Name bedeutet: Wer ist wie Gott? Also eine Frage. Das passt hervorragend zum Forschergeist der Sphäre.
Michael ist mit seiner klaren Art und der Neugierde, Neues zu entdecken, der optimale Begleiter. Seine direkte und kraftvolle vorwärtstreibende Liebe war ausschlaggebend, dass Michael die Begleitung des Sirius übernahm.

Allgemeines

Sämtliche technischen Errungenschaften auf der Erde, oder in den Dimensionen unseres Universums, entströmen dem Sirius.
Alle Sirianer sind Erforscher der göttlichen Materie und für deren Umsetzung in
unterschiedliche Energieformen verantwortlich.
Alle Erze und Edelmetalle sind in dieser sagenhaften Seelensphäre beheimatet.
Der Drang, Energie zu wandeln und neue mathematische Formen zu erschaffen, sprudelt unablässig in der Sphäre. Die famose, freudige Erwartung und die positive Neugierde quellen in dieser Seelensphäre auf besondere Weise.
Du lernst in dieser Seelensphäre, Dich auf spannende Abenteuer einzulassen.
Lebensstrategien und Lernstrategien entwickeln sich im Sirius auf geradezu lächerlich einfache Weise.

Die Artenvielfalt der unterschiedlichen Metalle ist phänomenal. Erze, Gold und Silber sind Wesen, die eine immense kreative mathematische Kraft in sich tragen. Vorwiegend im Bereich der linearen Form. Komplizierte, gradlinige, abstrakte Linien lieben sie. Rundungen kennen sie nicht.

Die Wesen vom Sirius sind sehr vielfältig. Bedauerlicherweise inkarnieren auf die Erde nur ca. 3/8 der unterschiedlichen Wesenheiten.
Hierzu zählen die Lichtwesen und die Erze, Metalle und Edelmetalle.
Dennoch ist der Sirius eine durchaus lebhafte Inkarnations-Sphäre.
Sie sind begierig, alle Sphären des Universums zu erforschen.
Sie gründeten eine eigene Forschersphäre, die auf der Erde als die Planeten Sirius A & B bekannt ist.
Sirianische Wesen inkarnieren vorwiegend auf die Planeten Sirius A & B. Benötigst Du umfangreichere Energie, kannst Du Dich immer mit diesen Planeten verbinden.

Die Lichtwesen vom Sirius werden Sirianer genannt. Obwohl natürlich alle anderen Wesensgruppen ebenfalls Sirianer sind. Damit keine Missverständnisse entstehen, belasse ich es bei dem Namen für die Lichtwesen.
Sirianer sind die einzigen Lichtwesen in der Sirius-Sphäre. Sie gleichen das allerdings durch ihre abwechslungsreichen Charaktere spielend aus.
In keiner anderen Sphäre sind die Charaktere einer Lichtwesen-Art unterschiedlicher.
Sie stellen einen großen Teil der Wesenheiten im Sirius.
Sirius war die erste Sphäre, die sich in der Art, wie sich die Seelensphären präsentieren, gebildet hat.

Im Sirius entfaltet sich die Energie des Forschens und Entdeckens auf gänzlich magische Weise. Die Edelmetalle sind verspielt und bilden stetig neue, gradlinige Formen.
Präsentieren sich die Metalle jeglicher Art auf der Erde fest und statisch, so sind sie in der Sphäre von einzigartiger Beweglichkeit, die jedoch immer eine gerade Linie bildet.
Die Metalle leben, wesentlich mehr als Lichtwesen, eine innig tiefe Verbindung zu Gaia.
Metalle stellen in der Sphäre eine gigantische Wesenheit dar. Sie sind in der Sirius-Sphäre die größte Wesensgruppe.
Neben diesen beiden Wesensgruppen (Lichtwesen und Metalle/Erze) existieren jedoch noch mannigfaltige Wesenheiten.
Einige Wesensgruppen sind in ihrem Bewusstsein einheitlich fortgeschritten und inkarnieren ausschließlich in höhere Dimensionen.

Allen Wesen aus höheren Dimensionen ist es freigestellt, zu inkarnieren. Ein Muss gibt es nicht! Jede Seele im Universum wählt den Weg ihrer Bewusstwerdung selbständig.

Die unterste Bewusstseins-Stufe des Sirius befindet sich in der fünften Dimension, vierte Ebene.
Durch die Forscher-Energie befassen sich die Sirianer mit Vorgängen, welche unser Universum betreffen. Ihre eigene Bewusstseinsentwicklung stellen sie mitunter hinter die Entwicklung diverser Projekte. Dennoch wird in dieser Sphäre demnächst ein Aufstiegsprozess erwartet. Mögliche Verzögerungen könnten die Misshandlungen der Metalle auf Erden darstellen. Jegliche Waffenform, von Pistole bis Kampfjet, fügt den Metallen Verletzungen zu. Betrachte die Metalle gleich wie Dich selbst als liebende Wesen. Sie besitzen auf der Erde gleichfalls Gefühle und leben Emotionen.

Das erste Zusammentreffen der Energiefelder von Sirius und der Erde fand im heutigen Sibirien statt. Allerdings ummantelte die Sirius-Sphäre die Erde allumfassend, so dass viele Erze und Edelmetalle tief im Erdinneren verborgen liegen. Nur ca. 1/3 ist für die Menschheit auffindbar. Würden sich die Metalle und die Forscherenergie von der Erde zurückziehen, hätte das fatale Folgen für das Erden-Projekt. Der Wille etwas zu erkunden, ist für die Erde und besonders für die Menschheit überlebensnotwendig. Verbinde Dich mit der Forscherenergie vom Sirius und erhalte Deine Neugierde auf das Erleben zurück.

Die Energie von Sirius fühlt sich „streng“ und sehr klar an.
Die gesamte Sphäre ist wesentlich dichter, als alle anderen Seelensphären. Die Sphäre strahlt, zumindest bei oberflächlicher Betrachtung, eine gewisse Autorität und Härte aus. Alle Siriuswesen sind ausgesprochen disziplinierte Wesen. Sie strahlen beinahe eine barsche Energie aus, die sich bei genauerem Hinsehen in Klarheit und Entschlossenheit wandelt.
Trotz der vielen unterschiedlichen Charaktere haben alle Wesen der Sphäre eins gemeinsam: Sie sind entschlossen und lassen sich durch nichts vom Weg abbringen. Besonders nicht von Gefühlen oder Emotionen.

Obgleich Sirianer eher kühl erscheinen, sind sie wundervoll warmherzige Wesen. Sie feiern gerne Feste und können durchaus eine kindliche Ader offenbaren.
Da sie in der Sphäre die Energie der Forschung tragen, ist es nicht verwunderlich, dass sie eine gewisse Energie der Abwesenheit ausstrahlen. Sirianer leben ihren Forschergeist in allen Dingen aus. Forschung bewegt sie und erzeugt in ihnen Emotionen.
Die unmenschlichen Tierversuche, oder sonstige abartigen Forschungen beeinflussen die Entwicklung im Sirius stark. Die Energie des Missbrauches nehmen sie aus einer irdischen Inkarnation in ihre Sphäre mit. Bitte vergiss nicht, dass wir nicht von den Seelensphären getrennt sind. Jede Handlung, die wir auf der Erde vollbringen, hat Einfluss auf uns und somit auf die Sphäre, aus der wir kommen.

Die Seelen vom Sirius haben eine klare herzliche und tolerante Lebensweise, obgleich durchaus eine gewisse Kompromisslosigkeit vorhanden ist.
Die Sphäre beteiligt sich an fast allen Projekten im Universum. Hierdurch besitzt sie ein gigantisches Wissen über den Aufbau und die Funktionsweise unseres Kosmos. In den nächsten Jahren werden wieder vermehrt sirianische Lichtwesen auf die Erde inkarnieren. Sie werden für einen weiteren Fortschritt in der Entwicklung erneuerbarer Energien benötigt.
Sirianer sind die technischen Planer des Universums. Fehlt es Dir in diesem Bereich an Innovation, verbinde Dich mit einem Sirianer Deiner Wahl.

Wie alle Lichtwesen, begeben sich Sirianer nach einer irdischen Inkarnation in die lemurianische Heilsphäre. Für alle anderen Wesen findet der Heilprozess in der eigenen sirianischen Sphäre statt. Alle sirianischen Wesen, außer den Lichtwesen, sind befähigt, ihren Heilprozess selbständig zu vollbringen.
Es gibt eigens bereitgestellte Gebäude zur Heilwerdung der unterschiedlichen Wesenheiten.
Die Heilstätten bestehen aus riesigen Gebäuden, die fabrikartig anmuten. Sie werden von Metallen oder anderen Wesen, die niemals die Sphäre verlassen, errichtet.
Lichtwesen beaufsichtigen den Heilverlauf der einzelnen Wesen und bieten Unterstützung an, sofern es erwünscht ist.

Auf der Erde üben einige Sirianer einen Beruf in der Medizin aus. Sei es als Techniker für technische Instrumente, oder als Arzt, beispielsweise für endoskopische Eingriffe. Alle medizintechnischen Instrumente wurden in der Sirius-Sphäre entwickelt.
Bist Du in einem dieser Berufe tätig, oder an der Entwicklung neuer technischer Instrumente interessiert, verbinde Dich mit der Energie vom Sirius.

Seraphim Michael trägt aktuell durch seine irdische Führung einiges dazu bei, dass neue technische Errungenschaften die Erde beflügeln. Sowohl was Energien wie ebenso Lebensstrategien anbelangt, oder auch rein materielle Instrumente.

Prinzipiell gefällt es allen Sirianern gut auf der Erde. Sie lieben das Projekt und sind sehr engagiert bei allem, was hier geschieht. Sirianer sind experimentierfreudig und lieben es, auf der Erde einiges auszuprobieren. Dass sie hierbei manchmal über das Ziel hinausschießen, stellt eine Herausforderung an ihre kosmische Seelensphäre dar.

Im Kosmos fühlt sich die Sphäre kühl und distanziert an. Dennoch inkarnieren hochentwickelte Seelen aller Arten gerne in die Siriussphäre. Alle Wesen in der Sphäre sind wahre Workaholics, wobei sie ihren Fokus auf die Gemeinschaft und nicht auf das Ich richten. Vom Meditieren oder von großartigen Gesprächen halten die Wesen nicht viel. Sie sind eine handelnde Sphäre. Werden Feste gefeiert, so beinhalten sie immer ein Festthema, das es natürlich zu erforschen gilt.
Prinzipiell sind alle Sirianer tiefgründige stille Wesen, die bei passender Gelegenheit ihren Charme und Witz offenbaren. Die Atmosphäre im Sirius ist geprägt vom friedlichen Miteinander. Dennoch entstammen einige der größten Krieger dem Sirius. Nicht nur Lichtwesen sondern unzählige andere Wesenheiten vom Sirius arbeiten im Universum eng mit Seraphim Michael zusammen.
Bei Kontakt mit der Sirius-Sphäre konzentriere Dich auf die Neugierde und die Energie des Erforschens. Sie unterstützt Dich beim Finden Deines Weges.

Die Sirianer

Die Erscheinung der Sirianer ist androgyn. Es ist schwer erkennbar, was sie leben wollen.
Während in anderen Sphären das androgyne Erscheinungsbild erst in den hohen Sphären auftritt, besteht es im Sirius von Anfang an. Sirianer legen sich nicht fest. Sie erforschen alle Varianten mit vollkommener Hingabe.
Sirianer scheinen präsent und gleichzeitig transparent zu sein.
Sie richten ihren Fokus vollständig auf eine Angelegenheit, während sie sich parallel mit anderen Aufgaben beschäftigen. Es ist ein Leichtes für sie, mehrere Dinge gleichzeitig zu handhaben.
In keiner anderen Sphäre wird eine Aufspaltung der Seelenanteile dermaßen ausgiebig gelebt. Eine Aufspaltung der Seelenanteile wird vorwiegend beim Inkarnationsverfahren angewandt. Willst Du auf der Erde für eine kurze Zeitspanne mehrere Anliegen gleichzeitig bearbeiten, verbinde Dich mit einem Sirianer.

Sirianer erreichen eine „Körpergröße" von bis zu fünf Metern. Bitte behalte im Gedächtnis, dass das für die unteren Dimensionen gilt. Ab der zehnten Dimension gibt es keine materiellen Körper mehr. Sirianer wirken ein wenig füllig. Das kommt nicht vom Essen, sondern von ihren vielen Ideen. Sie finden es passend, das im körperlichen Ausdruck aufzuzeigen. Die äußerliche Körperform strahlt in einem sanften, mit goldenen Linien durchzogenen Blauton. Haare tragen sie meist keine. Sie werden als nutzloser Schnickschnack empfunden.

In den unteren Dimensionen gibt es durchaus Kleidung, welche die Sirianer mit Bedacht wählen. Sie bevorzugen schlichte, praktische Umhüllungen. Umhänge oder wallende Gewänder sind für sie nicht praktikabel. Ihre Kleidung muss funktionell sein. Die Farben sind gedeckt und verlaufen in jeglichen Blau-Varianten. Die Kleidung wird so knapp wie irgend möglich gehalten. Dennoch wählen sie immer lange körperbedeckende Energien. Spezielle Kleidung für Zeremonien gibt es nicht. Zumal sie Zeremonien als Zeitverschwendung erachten.

Sirianer strahlen Schonungslosigkeit und einen gewissen Hochmut aus. Sie können unter Umständen arrogant und eingebildet wirken,

was sie nicht sind. Sie sind klar und gewissenhaft.
Falls Dir diese Attribute ebenfalls vorgeworfen werden, setze Dich hin und lass die Energie der sirianischen Entfaltung in Dir wirken.

Sirianer sind präsente Wesen in ihrer Sphäre. Sie wandeln mit festem „Schritt“ voran und ein Anschleichen ist unmöglich. Nähert sich ein Sirianer, dann ist das spür- und hörbar.
Obwohl sie absolute Schönheit ausstrahlen, sind sie für das menschliche Schönheitsbild nicht geeignet. Zumindest nicht, was unser irdisches Weltbild anbelangt. Sie machen sich rein gar nichts aus körperlicher Schönheit. Der Spruch „Innere Schönheit zählt.“ ist absolut zutreffend. Falls Du ebenfalls nicht dem irdischen Schönheitsbild entsprichst und damit Schwierigkeiten hast, verbinde Dich mit der Energie des Sirius.

Sirianer sind stille, tiefgehende Beobachter. Jegliche Art von Hektik lehnen sie ab. Bei ihnen sind sämtliche Handlungen wohldurchdacht. Bevor gehandelt wird, wird die Thematik aus mehreren Blickwinkeln betrachtet. Verträumte Vorstellungen oder Phantasien sind ihnen zuwider und werden nicht gelebt. Sie sind immer und allzeit in der „realistischen Realität“.

Sirianer tragen eine intensive innere Entschlossenheit im Herzen. Mitunter wirken sie hierdurch hart. Erforschen sie Energien, sehen sie weder nach rechts noch nach links. Für sie zählt der Augenblick, vollkommen im Hier und Jetzt.
Auf der Erde würden wir sie als knallharte, jedoch herzliche Geschäftsleute oder zielstrebige Einzelgänger umschreiben.
Arbeitest Du mit Sirianern, behalte im Gedächtnis: Sie sind zielstrebig und fokussiert. Bemerken sie, dass Ausreden Deine Handlungen begleiten, werden sie sich zurückziehen.

Die Kommunikation mit Sirianern ist einfach. Sie drücken sich unmissverständlich aus.
Sie benutzen in den unteren Sphären eine Art Stimme. In den oberen Dimensionen wechselt es, wie überall, in die telepathische Kommunikationsform.
Streitigkeiten gibt es im Sirius nicht. Sie betrachten das, gleich wie vieles andere, als Zeitverschwendung. Sirianer sind Wesen, die

gerne Aufgaben ein- und aufteilen. Sie delegieren, was ihnen nicht gefällt, oder wobei sie sich unwohl fühlen.
Erteilt ein Sirianer Dir Aufgaben, die Deiner Vorstellung widersprechen, sage es. Sirianer zeigen auf, wenn Dein Selbstwertgefühl noch nicht entfaltet ist. Äußere Dich klar und unmissverständlich bei Deinen Anliegen.

Sirianer kommunizieren zwar nicht ausführlich, dafür jedoch mit präzisen Worten.
Kommunikation ist für sie ein Mittel zum Zweck und nicht mehr. Das gilt ebenso in „geschäftlicher" Kommunikation wie ebenso in Beziehungen. Romantik ist bei ihnen Fehlanzeige. Inkarnieren Wesen aus anderen Seelensphären, stellt sie das vor hohe Hürden. Besonders betroffen sind die Regenbogensphäre und die Plejaden.

Sirianer sind stille, fokussierte Wesen, zumindest in ihrer Seelensphäre.

- Sie sind zentriert und grüblerisch.
- Sie sind beobachtend.
- Sie lieben das Ganze oder Gesamte.
- Sie lieben das Erforschen.
- Sie sind neugierig.
- Sie benötigen klare Linien.
- Sie lernen gerne, lehren mögen sie indes nicht.
- Sie besitzen ein klares Beurteilungsvermögen.
- Sie unterstützen Wesen in ihrer Selbständigkeit.
- Sie sind hochkonzentriert.
- Sie sind herzlich auf achtsame Art.
- Sie sind kühle, nüchterne Charaktere.
- Sie sind strukturiert.
- Sie lieben jegliche Art von Experimenten.

Sirianer gestalten ihr Dasein in der Sphäre mit der Erforschung der unterschiedlichen Strategien. Sobald sie eine Strategie gedanklich erarbeitet haben, suchen sie sich eine passende Sphäre aus, auf der sie ihre Strategie auf Durchführbarkeit überprüfen können.
Ihr Fokus fällt dabei oft auf die Erde. Die Problematik besteht im irdischen Vergessen.

Viele Überlebensstrategien wurden von Sirianern ersonnen. Ihre Anwendung findet von allen Wesen im gesamten Universum statt. Bevor eine Strategie die Sphäre verlässt, wird sie im Sirius getestet. Vorwiegend geschieht das mit inkarnierenden Wesen im Sirius. Sie werden für Forschungszwecke genutzt. Allerdings nicht benutzt!

Bewusstseinsprozesse durchlaufen Sirianer immer in einem „Arbeitsprozess". Sie erlangen ihre Erleuchtung während sie forschen und nachdenken. Zurückgezogenheit oder Meditationen sind keine optimalen Wege für die Seelen. Ihre Entfaltung nimmt verschlungene Wege. Durch das Ergründen der Ursachen erhalten sie diverse Informationen, die sie in einem weiteren Schritt zusammenfügen. Auf den ersten Blick erscheint der Weg länger. Bei genauer Betrachtung ist er effizienter. Es eröffnen sich ihnen mehrere Lösungen gleichzeitig.
Sirianer feiern ihre Erleuchtung, in dem sie umso mehr ergründen, erforschen und experimentieren. Anderen fällt die Erleuchtung dadurch auf, dass entweder das Wesen von innen heraus mehr leuchtet oder nicht mehr in der Ebene vorhanden ist.
Die Gefahr bei diesem Weg ist die Verzettelung! Was oft genug geschieht.
Bei einem Bewusstwerdungsprozess wird der Sirianer immer verbissener. Er richtet seine Gedanken vollkommen auf das zu ergründende Thema.
Mangelt es Dir an Durchhaltewillen, dann verbinde Dich mit einem Sirianer.

Wie schon beschrieben, sind Sirianer keine guten Lehrer. Ihr Wissen ist gigantisch, jedoch fällt ihnen indes die Wissensvermittlung schwer. Sie probieren viel lieber ihre Erkenntnisse an diversen Wesen aus. Hier ist es nicht von Belang, welche Wesenheit für ihre Experimente herhalten muss. Dennoch hat auch das Erfahren und Ausprobieren einer Strategie einen Lerneffekt. Somit ist ein Aufenthalt im Sirius durchaus zu empfehlen. Während eines Experimentes ist es nicht möglich, die Sphäre zu verlassen, weder für inkarnierte Wesen noch für Sirianer.

Sirianer sprechen nicht gerne. Über Gefühle zu sprechen, ist für sie eine große Hürde, die sie selten erklimmen. Kommunikation findet ausschließlich zur Wissensvermittlung statt.

Oberflächliche Kommunikation ist nicht erwünscht und wird nicht ausgeführt. Sie lieben es, in Gesellschaft zu fachsimpeln, obwohl wenig gesprochen wird. Stattdessen wird über eine Idee ausführlich nachgedacht. Sirianer lieben es, in Gruppen eine Idee zu erforschen. Sie arbeiten gerne in einer Gemeinschaft und achten jede Idee. Sie würden sich niemals über ein Wesen stellen.
Bist Du Opfer von Mobbing-Attacken, nutze die Energie der Sirianer.

Die Natur besteht bei den Sirianern aus Technik. Sie lieben alles Technische und erschaffen gerade in den unteren Sphären alle technischen Gerätschaften. Das Erscheinungsbild ist demzufolge auch sehr technisch. Pflanzen-Wesen sind wenige anzutreffen und auch Tierseelen verirren sich nicht allzu häufig in die sirianische Sphäre.
Dennoch interessieren sich Sirianer für alle Wesenheiten und inkarnieren vielfach. Sie experimentieren für alle Wesen und erforschen das Universum im Gesamten. Sie freuen sich immer auf befruchtende Zusammenarbeit mit allen Wesen.
Arbeitest Du mit Sirianern zusammen, sei Dir bewusst, dass sie Trödeleien und Ausreden nicht mögen. Sie sind gerne bereit, mit Dir zu arbeiten, sofern Du gewillt bist, Deinen Fokus auf die Bewusstwerdung zu richten.

Sirianer leben in riesigen Gemeinschaften zusammen. Ihre „Wohnstätten“ ähneln Massenlagern. Sie legen wenig bis gar keinen Wert auf Privatsphäre. Geheimnisse kennen sie nicht. Genauso wenig wie Freizeit. Das sind Energien, die auf der Erde wirken, jedoch in den Seelensphären unbekannt und auch unnötig sind.
Partnerschaften leben Sirianer wie es ihnen beliebt. Sie entstehen durch das Zusammenarbeiten. Die Zusammenarbeit gestaltet sich unkompliziert. Interessiert sich ein Sirianer für eine Arbeit, schließt er sich der entsprechenden Gruppe an. Hat er die erforderlichen Zusammenhänge erfasst und das Wissen erreicht, verlässt er die Gruppe wieder.
Verliert ein Sirianer während des Prozesses das Interesse, geht er ebenfalls und wendet sich Neuem zu. Gleichzeitig wechselt er seine Unterkunft. Somit bilden sich stetig neue Gemeinschaftsformationen.
Was Sirianer auf keinen Fall mögen, ist Eintönigkeit. Sie benötigen stetigen Wandel.

Hauptaufgabe der Sirianer ist das Erforschen unseres Universums und der darin existierenden Wesen. Des Weiteren erarbeiten sie immer neue technische Gerätschaften. Sie lieben Raumschiffe und Raumstationen, die unabhängig im Universum funktionieren.
Ihre Errungenschaften stellen sie dem gesamten Kosmos zur Verfügung.

Gold

Das Goldwesen ist eine gigantische Wesenheit. Sie besteht aus einer Seele, die sich milliardenfach aufspalten kann. Sie/es/er lebt weder männliche noch weibliche Aspekte.

Das Wesen bewegt sich schlangenförmig und formt wundervolle „verschlungene“ gradlinige Ornamente in der Sphäre.
Das Goldwesen ist eine außerordentlich friedfertige Seele. Ihr Charakter ist temperamentvoll und gleichzeitig weich und sanft. Von still kann jedoch nicht die Rede sein, das Goldwesen mischt überall mit. Es ist in vielen kosmischen Räten vertreten und hält mit seiner Beurteilung nicht hinterm Berg. Das Goldwesen ist präsent und unmissverständlich. Die Seele liebt gemütliche Zusammenkünfte, in denen es gerne auch die Hauptrolle spielen darf. Alleinsein liegt diesem Wesen nicht und insofern kommt das auch nicht vor.
Es berührt jedes Wesen mit seinem Glanz und seiner wundervollen Erhabenheit.

Das Goldwesen offenbart die göttliche Schönheit in aller Pracht. Es zeigt auf, dass wir uns nicht verstecken sollen, sondern unsere Einzigartigkeit leben. Das Goldwesen präsentiert seine Pracht immer und überall in kindlicher Selbstverständlichkeit.
Die Seele inkarniert in alle Sphären und in alle Dimensionen. Sie ist ausgesprochen aktiv am Geschehen im Universum beteiligt. Das Goldwesen ist bereits in die elfte Dimension achte Ebene aufgestiegen. Durch seine aktiven Handlungen wird das Wesen bald eine höhere Bewusstseinsstufe erklimmen.
Durch das kreative und ästhetische Bewusstsein hätte sich das Goldwesen hervorragend in die Orionsphäre eingefügt. Doch besitzt es eine technische Ader, die sich ausnahmslos gut mit der Energie des Sirius verbindet. Schnörkel liegen dem Goldwesen nicht. Gleich

in welcher Dimension das Goldwesen arbeitet, an Selbstbewusstsein mangelt es ihm nie.

Silber

Das Silberwesen ist, gleich wie das Goldwesen, eine einzige Wesenheit. Auch es lebt weder männliche noch weibliche Aspekte. Sein Glanz ist mehr von nüchterner Schönheit. Anders als das Goldwesen ist das Silberwesen mehr statisch und seine Ornamente gleichen Runen oder keltischen Symbolen.
Das Silberwesen kann ein wenig distanziert wirken, denn es ist im Gegensatz zum Gold mehr introvertiert und schüchtern. Es ist mehr Beobachter als Aktivist. Es ist sanft und geht jeder Konfrontation aus dem Weg. Es liebt Ruhe und Stille. Jedoch kann es bei Bedarf eine stahlharte Energie erzeugen, die jeglichen Widerspruch im Keim erstickt. Das Silberwesen lebt Gerechtigkeit in einem hohen Maß. Ungerechtigkeiten duldet es nicht und weist, ohne Rücksicht auf den Grad des Bewusstseins, jedes Wesen in seine Schranken.
Das Silberwesen hat wichtige Aufgaben im Universum, es ist ein Friedensbotschafter. Das Silberwesen versteht es hervorragend, Wogen zu glätten und Gerechtigkeit für alle zu finden. In kosmischen Räten ist es vertreten, jedoch nur, wo es muss. Das Silberwesen kommuniziert nicht gerne ohne wirkliche Aufgabe. Zudem äußert es seine Meinung ausschließlich auf Aufforderung. Das Wesen ist mehr Diplomat als direkt und versucht, sich so weit es geht aus allen Schwierigkeiten herauszuhalten. Es sei denn, es ist als Friedensbotschafter unterwegs.
In die verschiedenen Sphären zu inkarnieren, findet das Wesen spannend. Es ist bei einigen Projekten einer der Hauptakteure. Das Wesen hat sein Bewusstsein bereits in die elfte Dimension zwölfte Ebene entwickelt.
Das Silberwesen ist zwar introvertiert, bevorzugt jedoch die Gemeinschaft. Keiner im Sirius ist dafür geschaffen, allein zu sein. Es genügt ihm, einfach dabei zu sein.
Die kühle Eleganz dieses Wesens umhüllt es mit einer Energie des Geheimnisvollen. Das macht einen wesentlichen Teil seiner Anziehungskraft aus. Das Wesen wirkt rätselhaft und mystisch. Das Geheimnisvolle lebt das Wesen in jedem Moment, ohne überheblich zu wirken. Das Silberwesen liebt es, seine Kreativität auszuleben.

Es schöpft wundervolle mystische Landschaften und Bilder. Zudem unterstützt es Sirianer beim Erschaffen neuer Technologien.

Metalle allgemein

Die Metalle und Erze spielen in der Sirius-Sphäre eine wichtige Rolle. Sie sind durchgehend friedvolle Wesenheiten. In der Sphäre beteiligen sie sich ausnahmslos an der Erforschung aller neuen Technologien oder Strategien.
Auf der Erde sind Metalle und Erze oft als Verbindungen miteinander bekannt, und so wundert es kaum, dass sie ausgesprochen gesellige Wesen sind. In der Sphäre findet man weder einsame Metalle noch isolierte Erze an. Sie sind immer in Begleitung von mehreren Wesen. Sie leben dementsprechend in großen Verbänden zusammen. Es gibt unzählige Formen von Metallen und Erzen. Jedoch ist eine Art immer eine einzige Seele. Anders wie bei Lichtwesen oder Engeln, oder auch Tierseelen.
Die Charaktere der verschiedenen Metall- und Erzwesen sind von immenser Unterschiedlichkeit. Doch eins haben sie alle gemeinsam: Ihre ausgesprochene Hilfsbereitschaft ist legendär. Überall im Universum unterstützen sie bedingungslos jedes Wesen. Einige Metallwesen sind gute Berater und fungieren in den höheren Sphären in einigen kosmischen Räten. Sie geben unserem Universum Stabilität, da sie nicht schnell aus der Ruhe zu bringen sind. Sie behalten meistens den Überblick.
Metall- und Erzwesen sind neugierige Wesenheiten, die gerne lernen und lehren. Ihnen ist die Funktion eines Lehrers am ehesten zuzuschreiben. Sie kommunizieren gerne und sind immer bereit, gleichfalls Neues zu erlernen.
Durch ihre kühle Art tragen sie zur Besonnenheit in der Sphäre bei.

Übungen mit der Sirius Sphäre

- Verbinde Dich geistig mit dem Namen „Sirius-Sphäre " oder meditiere mit der Energie.
- Lege Gold auf Dein Herzchakra.
- Gebe Silber auf Dein drittes Auge.
- Kommuniziere mit dem Vorsteher Sharon oder mit Seraphim Michael.
- Benötigst Du neue Ideen für Dein Leben, verbinde Dich mit Avatar Sharon. Er ist der Meister für alle Lebensstrategien.
- Fühlst Du Dich in Deiner Familie als Außenseiter, verbinde Dich mit der gesamten Energie der sirianischen Lichtwesen.
- Fehlt Dir auf der Erde eine Lebensstrategie oder verzettelst Du Dich leicht, verbinde Dich mit der Energie vom Sirius.
- Musst Du einmal Entscheidungen treffen, die andere verletzen, oder auf den ersten Blick unverständlich erscheinen, verbinde Dich mit dem Sirius. Manchmal muss man Schmerz zufügen, damit Raum für Heilung entsteht.
- Das Goldwesen lehrt in der Sphäre seinen eigenen Wert zu akzeptieren und zum Wohle aller einzusetzen. Fehlt Dir Glanz, verbinde Dich mit dem Goldwesen.
- Fühlst Du Dich zu extrovertiert, oder willst Du einmal mehr geheimnisvoll erscheinen, verbinde Dich mit dem Silberwesen.
- Benötigst Du in Deinem Leben Stabilität, so verbinde Dich mit einem Metall oder Erz Deiner Wahl.

Die Übungen werden Dich intensiver mit der Energie der Sirius-Sphäre verbinden. Bei regelmäßiger Anwendung ist eine Verbesserung Deines Lebensgefühls und Wohlbefindens deutlich spürbar. Bei stetigem Ausüben kann es geschehen, dass ein Sirianer oder das Gold- oder das Silberwesen aus der Sirius-Sphäre persönlichen Kontakt zu Dir aufnimmt.

SEELENSPHÄRE
Orion
CHAMUEL
World of Spirit
www.chamuel-world-of-spirit.com

Orion-Sphäre

Kurzbeschreibung Orion-Sphäre

Seelensphäre	Orion
Begleitender Engel	Seraphim Uriel
Erste Manifestation	vor 3,5 – 3 Milliarden Jahren
Bekannter Avatar	Avatar Buddha, Avatar Grace
Vorsteher	Avatar Oronape
Ort der Manifestation	Indien, Asien
Unterste Dimension	5. Dimension 8. Ebene
Letzter Aufstiegsprozess	vor 15.000 Jahren
Jetzt im Aufstiegsprozess	in Vorbereitung
Lichtwesen	Orianer
Andere Seelengruppen	Gomyth, sphärischer Oberton
Menschliche Inkarnationen	Orianer

Orion ist die Sphäre der Kreativität und des Obertones. Ihre unendliche Schöpferkreativität gestaltet unablässig neue Formen. Die göttliche Ästhetik in allen Formen und Klängen zu erkennen, ist ein göttliches Schöpfungsprinzip.
Orion auf der Erde verkörpert das kreativ Schaffende, neue Formen in die Realität zu bringen und Unmögliches möglich machen. Orion lehrt uns, unseren eigenen Körper-Ton zu erfahren und zu nutzen.

Energieform:
Schöpferkraft der Kreativität, Struktur, Zufriedenheit, Gelassenheit, Strenge, Zielstrebigkeit, heitere Ruhe, Kraft für Neuanfänge, innere Stärke, gemeinsames Erschaffen, Gedankenkraft, Meditation, Vorstellungsvermögen, Großzügigkeit, Genügsamkeit, Reichtum, Romantik, Ästhetik, Künstler, bombastische Musik

Wirkt unterstützend bei:
Verwirrtheit, Teilnahmslosigkeit, psychischem Stress, nicht gelebter Charakterstärke, Rechthaberei, innere Unruhe, Angst, mangelnder Phantasie, Verschwendungssucht, Geiz, Aggressivität

Bevorzugte Berufswahl:
Architekt, Musiker, Tontechniker, Fernsehtechniker, Instrumentenbauer, Sänger, Designer, Lehrer für bildende Künste, Maler, Immobilien-Fachmann, Künstler, Sportlehrer, Yoga-Lehrer, Autor, Konditor, Koch, Werbe-Designer, Dekorateur

Begleitender Seraphim:
Seraphim Uriel ist der begleitende Seraphim für die Orion-Sphäre. Uriels Name bedeutet: das Feuer Gottes. Uriel ist der Kreativste unter den Seraphim. Sein Feuer lodert hell und er liebt es, alles neu zu erschaffen, altes Erfahrenes in Neues zu wandeln. Uriel ist mit seiner vorwärtsdrängenden Art wie geschaffen für diese Sphäre. Die Phantasie in aller ästhetischen, göttlichen Schönheit auszuleben, lehrt Uriel im Orion.
Uriel ist der optimale Begleiter, da er seine innere Kraft in schöpferischer Entfaltung auslebt.

Allgemeines

Auf dem Orion finden die kreativen Künste ihre Heimat, sowohl was die bauliche Ausdrucks-Form anbelangt, wie ebenso jede andere Form der Kunst.
Der phantastische Schaffenswille ist in der Orionsphäre in allen Dimensionen vorhanden. Bei eingehender Betrachtung der zarten oder monumentalen Formen überwältigt einen die wundervolle Anmut. Selbst in der zwölften Dimension formen Liebeswellen ergreifende Schönheit.
Das Erschaffen von immer neuem Ausdruck ist überwältigend in der Sphäre. Die Kreativität der Phantasie ist unendlich. Die Orionsphäre ist in stetigem Wandel. Keine Sekunde steht die Energie still. Bilder entstehen, wachsen und verfallen, entstehen neu und verlaufen in eine neue Form.
Die orianische Sphäre unterstützt Dich bei der Überwindung von Antriebslosigkeit.

Jeder Augenblick erzeugt einen anderen Ausdruck. Daher ist die gesamte Sphäre sehr flexibel. Nichts wird festgehalten oder verewigt!

Die göttliche Schaffenskraft zeigt sich in der Sphäre im wahren kosmischen Ausmaß. Keine andere Sphäre ist solchermaßen kreativ tätig.
Auf der Erde wurden alle Bauwerke von Orianern ersonnen. Gleich ob der Kölner Dom, Schloss Neuschwanstein, eine Burg in Schottland, das Taj Mahal, das Potala Kloster in Nepal oder ein ganz normales Ein-Familien-Heim. Das Wissen, Statik und Schönheit zu verbinden, kommt aus der orianischen Sphäre.

Die orianische Sphäre ist gigantisch. Aus diesem bezaubernden Energiefeld inkarnieren indessen nur wenige Wesen in die irdische Matrix. Viele Orianer verlassen nicht oder nur selten ihre Sphäre, um in die dritte Dimension herabzusteigen. Gleich wie der Sirius haben sie ein eigenes Projekt in der dritten Dimension gegründet. Sofern sie ihre Sphäre verlassen, inkarnieren sie bevorzugt in ihr eigenes Projekt. Es ist uns als das Sternbild Orion bekannt.

Die Hochblütezeit der Orianer liegt auf der Erde in der Vergangenheit. Ob die göttlich liebende Kreativsphäre hier nochmals ein großes Ausmaß annehmen wird, bleibt abzuwarten. Bis vor kurzem noch wollten sich die Orianer komplett von der Erde zurückziehen.
Seraphim Uriel, der ab dem Jahr 2029 die irdische Führung übernimmt, verdeutlichte ihnen, dass ihre Schöpferkraft mehr denn je auf der Erde benötigt wird. Deswegen werden in den nächsten Jahren vermehrt Orianer auf die Erde inkarnieren. Ebenso wird die Wesenheit Gomyth auf der Erde ihr Wirken ausdehnen. Dennoch bleibt abzuwarten, wie die irdische Entwicklung mit allen Hürden verläuft. Nicht jeder inkarnierte Orianer entfaltet auf der Erde sein kreatives Potenzial.
Bist Du Orianer, stelle Deine Energie der Erde uneingeschränkt zur Verfügung. Du wirst hierfür millionenfach belohnt. Deine Energie wird sehnlichst erwartet.
Stelle Dich bequem hin und spüre, wie die Energie aus Deiner Seelensphäre durch Deinen Körper in den Körper Gaias fließt.

Die orianischen Lichtwesen und die Wesenheit Gomyth stellen die größte Seelen-Spezies im Orion dar. Gleich wie bei allen Sphären existieren unzählige Wesensgruppen im Orion.
Die Artenvielfalt ist jedoch wesentlich geringer, als in der Elfen- & Feen- oder der Wal- & Delphin-Sphäre. Die Üppigkeit des Orion

entfaltet sich durch die Kreativität der einzelnen Wesen. Jeder Orianer besitzt in sich Kreativität, die ihresgleichen sucht.
Mit der Erde fühlt sich der Orianer nicht allzu tief verbunden. Sie sind gerne hier und erfüllen ausgesprochen pflichtbewusst ihre Aufgaben, im Einklang mit der Erde indessen leben sie nicht. Sie fühlen sich intensiver zum Orion Sternengürtel hingezogen und sind dort äußerst aktiv.

Die unterste Bewusstseins-Stufe des Orion befindet sich in der fünften Dimension achte Ebene. Die Sphäre bereitet sich aktiv auf einen Aufstiegsprozess vor. Die Entwicklung der Erde hat, durch die verringerte Zahl der Orianer, keinen Einfluss im Orion. Das könnte sich jedoch bei vermehrten Inkarnationen ändern.

Das erste Zusammentreffen der Energiefelder von Orion und der Erde fand im heutigen Indien statt. Weiter verbreitete sich die Energie über Asien nach Europa. Die Energie der kreativen Schöpfung ist weiterhin auf der Erde vertreten. In heutiger Zeit geben wir unserer Kreativität einen nüchtern wirkenden Ausdruck. Einzig durch die verspielte Art der Elfen & Feen wird der Ausdruck etwas gemildert und kann durchaus verspielte und träumende Züge annehmen. Inkarnieren künftig mehr Orianer, wird die vielfältige Kreativität mit voller Macht auf die Erde zurückkehren.
Jedes Wesen im Universum trägt seine ureigene Kreativität in sich. Orianer können der göttlichen Gesamtkreativität allumfassenden Ausdruck verleihen.

Der Orion entfaltet eine Energie des stetigen Wandels. Die Sphäre ist im Vergleich zu anderen Sphäre von dichterer Energie. Sie fühlt sich „schwerer“ an. Alle Orianer sind ruhige und gelassene Wesen. Sie sind humorvoll und lachen gerne. Sie sind durchweg musikalisch und tönen gerne. Die Musik spielt eine beachtliche Rolle. Ihre Art der Musik ist ausnehmend ausdrucksstark. Die Orianer sind Meister im gedanklichen Erschaffen. In den unteren Dimensionen erschaffen sie mit Tönen ihr materielles Umfeld.
Durch ihre innere Gelassenheit gibt es in dieser Seelensphäre keine Form von Stress-situationen. Sie betrachten alles aus Distanz und fühlen sich nicht „persönlich“ betroffen.
Orianer sind bescheidene Wesen. Sie präsentieren sich außerordentlich genügsam und überaus großzügig. An materiellen

Dingen liegt ihnen nichts. Sie lieben es, Gott mit ihrer Schöpfung zu erfreuen.

Die orianische Grundstimmung ist gelassene Heiterkeit. Es dauert eine geraume Zeit, bis die Sphäre aus der Ruhe oder dem Rhythmus kommt. Orianer sind Genießer, Hektik verabscheuen sie. Es sei denn, sie sind am Kreativ-Schöpfen. Dann muss alles rasend schnell gehen.
Orianer sind gesellige Wesen, die sehr auf ihren Freiraum achten. Sie hüten und achten ihre Gedankenwelt.
Verletzt ein Wesen ihre Liebe zu Gott, können sie wie ein Vulkan explodieren. Besonders bei der Wesenheit Gomyth sieht das spektakulär aus. Bis es soweit ist, vergeht einige Zeit.
Orianer sprechen nicht gerne über Gefühle, sie drücken sie meist in ihrer Kreativität aus. Daher kann ein Vulkanausbruch ohne vorherige Warnung geschehen und dementsprechend eindrücklich sein.
Alle Wesen der Sphäre leben gemeinschaftlich, wo immer sie es hinzieht. Sie meditieren gerne und sind durchaus bereit, dafür eine Schaffenspause einzulegen. Anschließend schöpfen sie mit doppeltem Einsatz. Bei Schwierigkeiten, Gefühlen Ausdruck zu verleihen, verbinde Dich mit der Orion-Sphäre.

Die Seelen in der Orion-Sphäre sind großzügig und sanft. Allerdings können sie bei Bedarf eine Brutalität an den Tag legen, die überrascht. Sie sind überragende Krieger und zeigen dabei ihre unerschöpfliche Kreativität. Sie sind niemals ohne guten Grund gewaltbereit. Leben sie Kriegerenergie, dann immer zum Schutz der eigenen Sphäre oder des Universums, mehr verteidigend, niemals angreifend!
Orianer sind gradlinige Wesen, die meinen, was sie sagen. Oberflächlichkeit gibt es nicht. Auf einen Orianer kann man sich verlassen. Sie sind integre Wesen. Zudem sind sie hingebungsvolle und loyale Seelen.

Die Heilenergie für alle Orianer, außer den Lichtwesen, besteht in der Sphäre. Es gibt, anders als in den meisten anderen Seelensphären, keine Heilgebäude oder sonstige besondere Plätze. Jeder Orianer versteht es, sich selbst zu heilen. Sofern Hilfe benötigt wird, steht jedes Wesen zur Verfügung. Orianer kehren mit wenig irdischen Verletzungen in ihre Sphäre zurück. Das schon allein darum, da kein weiteres Wesen außer Gomyth und die Lichtwesen ins irdische Matrixfeld inkarnieren.

Die orianische Sphäre bleibt uns dank Uriel weiterhin auf der Erde erhalten. Sowohl Lichtwesen wie ebenso Gomyth, das bis anhin nur als sphärische Energie zur Verfügung stand, werden besondere irdische Lebensaufgaben erhalten. Speziell der Umstand, dass Seraphim Uriel die Leitung der Erde übernimmt, hat die Wesen umgestimmt. Uriel und die Orianer pflegen eine intensive, herzliche Beziehung. Unter den Seraphim ist es Uriel, der am engsten mit einer Seelensphäre verbunden ist.
Im Kosmos ist die Orionsphäre ein nicht festzulegendes Energiefeld. Obwohl die Grundschwingung der Wesenheiten sich gleichen, ändert die Sphäre ihren Ausdruck im Sekundentakt. Die unterschiedlichen Charaktere der Orianer sind sich ähnlich. Alle sind ruhige, besonne Wesen, die explosionsartigen Stimmungsschwankungen unterliegen. Das ist selten, jedoch geschieht es, und das ohne Vorwarnung. Das Feuer lodert explosionsartig auf und erlischt wieder. Sie sind nicht nachtragend. Nach einem Gewitter ist die „Luft“ wieder rein.
Sie lieben es, bei geselligen Zusammenkünften zu tönen.
Tönen an sich ist in der Sphäre wichtig. Es wird immer überall und zu jeder Gelegenheit getönt. Das Tönen beherrscht jedes Wesen in der Orion-Sphäre und wird von allen angewandt.
Die überwiegende Gelassenheit offenbart sich in allen Dimensionen des Orion und ist in jeder Ebene spürbar.
Die Atmosphäre präsentiert sich schlicht, ohne Überheblichkeit und in vollkommenem Einklang mit dem Universalen Ton.
In der Orion-Sphäre ist es erlaubt, jegliches Abenteuer zu erfahren.
Es fällt leicht, die schöpferische Kreativität auszuprobieren.
Fehler werden gelassen registriert und bereinigt. Niemals wird ein Wesen dafür bestraft, seine Kreativität zu erforschen.
Hast Du Angst Fehler zu begehen, verbinde Dich mit der Orion-Sphäre

Die Orianer (Lichtwesen)

Die Orianer lieben es, ihr Erscheinungsbild zu verändern. Sie formen mal einen weiblichen, mal einen männlichen Körper. Die

Körper sind immer klar und deutlich zu unterscheiden. Sie geben ihrer Einzigartigkeit in beiden Energien Raum. Sie sind fähig, jederzeit blitzschnell ihren Ausdruck zu wechseln. Gleich welchen körperlichen Ausdruck sie annehmen, ihre Seelenqualität ist immer und allzeit spürbar. Sie behalten die Vorliebe bis in die zehnte Dimension.
Du bist gleichfalls fähig, Deiner Seele einen weiblichen oder männlichen Aspekt zu geben. Dein Körper ist „nur“ Dein Haus, in dem Du wohnst. Wie Du Dein Haus präsentierst, liegt allein an Dir.

Orianern kann keine bestimmte Ausdrucksform zugeschrieben werden. Sie gestalten, wie es ihnen beliebt. Sie erschaffen sich in jeglicher Form. Groß, klein, mollig, schlank, dünn und manchmal bunt oder mit mehr Körperteilen als wir es kennen. In der Orion-Sphäre ist erlaubt, was gefällt. Es gibt keine Regeln oder Vorlieben, außer zu gestalten und zu schöpfen. Sie lieben es, die Form ihres Gegenübers anzunehmen, was verwirrend sein kann. Mit der „Kleidung“ oder den Haaren halten sie es, wie mit allem: Ausprobieren und experimentieren.
Für inkarnierte Wesen ist es mitunter problematisch, ihren Begleiter zu finden. Ihre Lernaufgabe liegt darin, die Seelen an ihrer Ausstrahlung/Energie zu erkennen und nicht nach dem Aussehen zu urteilen.
Versuche auf der Erde ebenfalls die Seele Deines Gegenübers zu ergründen. Der Schein trügt oft, gerade auf der Erde.

Orianer sind „handfeste“ Wesen. Sie sind deutlich erkenn- und spürbar. Ihnen haftet nichts Geheimnisvolles an. Sie lieben die klare Linie und verhalten sich dementsprechend. Sie scheuen sich nicht, Körperformen zu erschaffen, denen wir Menschen wenig abgewinnen. Ihr Sinn für Schönheit und Ästhetik erstreckt sich in alle Richtungen.
Ihre Liebe zur Schöpfung ist herzerwärmend. Sie formen zur Freude Gottes und finden darin ihre vollkommen Hingabe an sich selbst und an das Universum. Befinden sie sich in einem Prozess des Erschaffens, konzentrieren sie sich ausnahmslos auf den Vorgang. Sie wirken präsent und gleichzeitig entrückt.
Fällt es Dir schwer, Dich auf eine Aufgabe zu konzentrieren, dann verbinde Dich mit einem Orianer.

Orianer offenbaren eine starke fühlbare Kraft. Es ist nicht die gewalttätige Energie des Krieges, sondern die klare kreative Energie, die immer Wege sucht, Schaden zu vermeiden. Sie führen einen tiefen klaren Schnitt aus, anstatt zu zerfetzen. Sie verstecken ihre Macht und Kraft niemals. In ihnen lodert das kosmische Feuer und sie nutzen es.
Orianer besitzen einen ausgeprägten Beschützerinstinkt. Ihre feinen Sensoren empfangen jegliche Signale, die Gefahr andeuten, besonders in seelischen Angelegenheiten. Bei sich selbst versagen die Sensoren allerdings ab und an.
Arbeitest Du mit Orianern zusammen, sei ehrlich. Selbstbetrug mögen sie nicht, genauso wenig wie Selbstmitleid.

Die Kommunikation der Orianer ist schlicht, auf extrem hohem Niveau. Das gilt ebenso für untere wie für obere Dimensionen. Sie sind in ihren Ansichten nicht zimperlich, jedoch fair. Schöne-Gute-Laune-Konversation betreiben sie keine. Kommunizieren sie, beinhaltet das tiefgehende Lernsituationen. Sie sind zwar nicht die optimalen Lehrer, jedoch entsteht der Lerneffekt durch die Nähe zu ihnen. Sie nutzen alle Kommunikationswege, die es gibt, von Sprechen über Telepathie bis nonverbal.
Ob ihr Gegenüber auf ihrem hohen Niveau mithalten kann, ist für sie nicht relevant. Sie sind der Meinung, irgendwann wird es erfasst. Spricht der Orianer in Rätseln zu Dir, scheue Dich nicht nachzufragen. Von allein wird er keine Erklärung abgeben.

Kommunikation ist im Orion nicht erste Priorität. Sie ist nur ein Mittel, zügiger mit inkarnierten Wesen zu arbeiten. Priorität ist das Schöpfen. Dennoch lieben sie Worte und gehen schöpferisch mit ihnen um. „Worte“ können aus Gesten, Farben oder auch Formen bestehen. Die intensivste Art der Kommunikation ergibt sich aus ihrem Erschaffen.
Orianer sind gemütliche und unbekümmerte Wesen. Sie lieben das schweigende Miteinander gleichermaßen, wie das Lebhafte.

- Sie sind feurig.
- Sie sind beharrlich.
- Sie lieben es zu kreieren.
- Sie lieben die Gemeinschaft.
- Sie sind gemütlich und beschützend.

- Sie sind kreativ und ästhetisch.
- Sie schöpfen die Form im Universum.
- Sie sind phantasievoll.
- Sie sind hervorragende Krieger.
- Sie sind explosiv und dennoch gelassen.
- Sie sind humorvoll.
- Sie neigen zu Übertreibungen.
- Sie neigen zur Uneinsichtigkeit.
- Sie sind unparteiisch und objektiv.

Orianer versammeln sich gerne zum gemeinsamen Schöpfen. Ihre Zusammenkünfte sind immer kreativ. Orianer sind humorvoll, jedoch auf eine tiefgründige „ernste“ Weise. Durch die Musik des Tönens wird der Aspekt vertieft. Sie lieben bombastische Musik, die sie aus sich heraus produzieren. Tönen tausende Orianer zusammen, entsteht eine wahrlich fulminante Symphonie.
Das Tönen erzeugt eine kraftvolle innere Schwingung, die durch das Öffnen des Bewusstseins in die Sphäre strömt. Gomyth empfängt und setzt die Schwingung in Formen um.

In der Orion-Sphäre finden gigantische Events statt, die einzig der Freude dienen. Es wird viel gelacht und vor allen Dingen werden Geschichten erzählt. Orianer sind hervorragende und vor allen Dingen kreative Geschichtenerzähler. Sie verweben Unterhaltung und Lerneffekt vollkommen.
Bei mangelnder Fantasie verbinde Dich mit dem Orion. Hilft ebenfalls, wenn Du mal eine kleine Ausrede benötigst, *smile*.

Der orianische Humor eröffnet sich nicht allen inkarnierten Wesen. Er ist nicht frei von ironischen Untertönen oder feinem Spott. Meistens nehmen die Orianer sich und ihren Bewusstwerdungs-Prozess kritisch UND humorvoll auf die Schippe. Dass es dabei etwas rauer zugeht, ist üblich.
Wirst Du mit scharfzüngigem oder sarkastischem Humor konfrontiert und fühlst Dich verletzt, verbinde Dich mit einem Orianer.

Die Kommunikation mit einem Orianer kann anstrengend sein. Sie betrachten alles aus der Sicht der Selbstreflektion und lachen über sich selbst am meisten. Allerdings erst, nachdem sie einen Prozess

durchlaufen haben. Bis dahin gibt es ihren Humor in dezenten Portionen.
Orianer scheuen sich nicht, ihren Humor bei anderen Wesen auszuprobieren. Es kann durchaus sein, dass der Spaß auf Kosten inkarnierter Wesen oder anderer Orianer geht.
Sie sind dabei niemals verletzend oder herabwürdigend. Alle Beteiligten bewahren allzeit ihre Würde.
Ihr Umgang mit dem Humor stellt eine Weise dar, wie sie ihre Entfaltung vorantreiben.
Der kreative, humorvolle Umgang mit Situationen und der Kommunikation löst tiefgehende Prozesse aus.
Verstrickst Du Dich bei einem Entfaltungs-Prozess in wiederkehrende Gedankengänge, verbinde Dich mit einem Orianer.

Orianer sind nicht DIE Lehrer im Universum. Ihre Kommunikationsart ist gegebenenfalls kompliziert und unverständlich. Sie sind klar, jedoch muss man ihre Art der Klarheit verstehen.
Sie sind geduldig, doch hat diese Geduld Grenzen. Ist die Grenze erreicht, explodieren sie. Mitunter kann das einschüchternd auf inkarnierte Wesen wirken. Je bewusster ein Orianer ist, desto geduldiger ist er.
Orianer besitzen keine „Schulen“. Inkarnierte Wesen und Orianer werden einem orianischen Begleiter zugeteilt. Ein Begleiter kann bis zu 200 „Schüler“ betreuen. Übernimmt ein Orianer die Begleitung, bemüht er sich, das Lernen für seine Schüler angenehm zu gestalten.
Sollte ein inkarniertes Wesen andere Meinungen vertreten, stellt das für einen Orianer kein Problem dar. Allerdings ist damit zu rechnen, dass die Meinung von allen Seiten mit Humor beleuchtet wird.

Orianer beschäftigen sich vorwiegend mit der Energiewandlung und Gestaltung. Sie schöpfen Formen und erschaffen gigantische Realitätswelten im Universum.
Ihre Kreativität ist grenzenlos. Sie sind fähig, aus ihrer Sphäre heraus im Universum zu agieren. Zum Schöpfen versammeln sich viele tausend Seelen und erzeugen gemeinsam die nötigen Töne.
Die Architektur auf der Erde wurde ausschließlich durch die orianische Schöpferkraft irdische Realität. Inkarnierte Wesen dürfen ab der siebten Dimension am Schöpfungsprozess teilnehmen.

Orianer arbeiten an vielen universellen Projekten. Sie lieben es, das Universum mit ihrer kreativen Schöpferkraft zu gestalten. Dabei achten sie jeweils auf die Vorstellungen aller Wesen im Kosmos. Du darfst das orianische Wissen über Schöpfungsvorgänge gerne nutzen. Bleibe gelassen und lass Dich nicht provozieren. Sie lehren Dich, Deiner eigenen Meinung und Schöpferkraft zu vertrauen.

Orianer leben frei in ihrer Sphäre. Wünschen sie ein „Dach über ihrem Haupt", erschaffen sie es an Ort und Stelle, was selten geschieht. Sie sind freiheitsliebend und benötigen Raum für ihre kreativen Gedanken.
Sie bilden keine festen Gemeinschaften. Sie schließen sich nach Bedarf einer Gruppe an. Eine feste Zahl ist nicht messbar. Alles ist im stetigen Wandel.
In der Orion-Sphäre gibt es keine konstanten Versammlungsplätze. Wird eine Form benötigt, wird sie durch alle Anwesenden erschaffen.

Hauptaufgabe der Orianer ist das Schöpfen durch Tönen. Sie geben unserem Universum Form. Eine weitere Aufgabe ist das Erschaffen von kraftvoller Körperschwingung. Sie erzeugt ein Feld der Manifestationsenergie, wo immer wir uns befinden. Durch diesen Vorgang kann alles Erdenkliche überall manifestiert werden, sofern es im Plan der Wesen vorgesehen ist.

Gomyth

Die Wesenheit Gomyth ist EINE Wesenheit. Gleich wie die Wasser- oder Windseele ist sie in der gesamten Sphäre vorhanden. Sie füllt die Orion-Sphäre gleichmäßig in allen Dimensionen und Ebenen aus. Gomyth ist ein fließendes Wesen, welches jeden Ausdruck annehmen kann. Gomyth kann sich verdichten, oder vollkommen in Energie wandeln. Es schimmert perlmuttfarben in den höheren Dimensionen und elfenbeinfarben in den unteren Sphären. Es kann sich zu unbeschreiblich verschlungenen Ornamenten verfestigen, oder absolute gerade Linien bilden. Es ist die Energie, aus welcher im Orion alle Gebäude in den tieferen Dimensionen entstehen. Orianer und Gomyth bilden zusammen eine göttliche Einheit. Tönen Orianer, setzt Gomyth die Energie in Ausdruck und Form um. Das

können orianische Lichtwesen nicht. Sie formen die Wesenheit Gomyth nach ihrer göttlich kreativen Vorstellungskraft. Somit gibt sich Gomyth den Orianern in Vollkommenheit hin. Das Vertrauen und die Liebe zwischen ihnen sind in der Sphäre lückenlos wahrnehmbar.
Gomyth ist ein weiches, kindliches Wesen. Sein unschuldiger und vertrauensvoller Ausdruck der Göttlichkeit nimmt der Orion-Sphäre einiges an Unnachgiebigkeit und Kompromiss-losigkeit. Obwohl Gomyth gleichfalls kompromisslos in seiner Hingabe ist, bewirkt seine kindliche Art einen spielerischen Umgang mit der Kompromisslosigkeit. Gleichzeitig bewirkt seine liebevolle Akzeptanz der kosmischen Gesetze, dass jedes Wesen die Gesetze gleichfalls hingebungsvoll annehmen kann. Gomyth folgt dem Rhythmus der orianischen Sphäre vertrauensvoll. Den schöpferischen Akt der Orianer stellt Gomyth vor alle eigenen Bedürfnisse. Niemals denkt dieses Wesen in egoistischer Weise an seinen eigenen Willen. Niemals verweigert es sich der kreativ schöpferischen Energie der orianischen Lichtwesen. Gomyth stellt sich allen Wesen im Universum liebevoll zur Verfügung. Gomyth offenbart die Gefühle und Emotionen aller Wesen. Der göttlichen Schöpfung verleiht es vollkommenen Ausdruck und Form. Gomyth ist verführungsresistent. Es lässt sich weder manipulieren noch umschmeicheln. Gomyth sieht direkt in die tiefgründige Seele eines Wesens und offenbart augenblicklich die Absichten.

Tönen

Tönen ist zwar keine eigene Wesenheit, jedoch eine wichtige Handlungsweise im Kosmos. Auf der Erde wurde das Tönen noch nicht als wichtiges Instrument zur Bewusstwerdung entdeckt. Orianer erzeugen in sich einen Seelenton. Der Vorgang wird auf der Erde Tönen genannt. Es geht dabei nicht um das Singen, sondern lediglich dem eigenen Körper seine persönliche Schwingung zurückzugeben.
Orianer gehen einen Schritt weiter und öffnen ihr Bewusstsein. Der elektrisierende Ton strömt in die Sphäre, worauf er von Gomyth aufgenommen wird. Gomyth „übersetzt" die Energie/Emotionen/Gefühle in Ausdruck oder Form.

Übungen mit der Orion Sphäre

- Verbinde Dich geistig mit dem Namen „Orion-Sphäre " oder meditiere mit der Energie.
- Lege Deine linke Hand auf Dein Herzchakra und singe.
- Gebe Deinen Zeigefinger auf Dein drittes Auge und Töne.
- Kommuniziere mit dem Vorsteher Oronape oder mit Seraphim Uriel.
- Falls es Dir einmal an Kreativität mangelt, verbinde Dich mit dem Orion. Doch bitte sei achtsam. Lass die Energie langsam wirken. Zu hitzige Kreativität lähmt.
- Benötigst Du neue Ideen für Dein Leben, verbinde Dich mit Avatar Sharon. Er ist der Meister für alle Lebensstrategien.
- Leidest Du unter Mangeldenken, verbinde Dich mit der Orion-Sphäre.
- Willst Du Deine Selbstheilungskräfte aktivieren oder verbessern, verbinde Dich mit der Orion-Sphäre.
- Willst Du eine kosmische Energie auf der Erde manifestieren, produziere ein Bild in Dir und töne dazu. Durch den Ton wird Dein Gedanke ins irdische Matrixfeld übertragen.

Die Übungen werden Dich intensiver mit der Energie der Orion-Sphäre verbinden. Bei regelmäßiger Anwendung ist eine Verbesserung Deines Lebensgefühls und Wohlbefindens deutlich spürbar. Bei stetigem Ausüben kann es geschehen, dass ein Orianer oder das Gomythwesen aus der Orion-Sphäre persönlichen Kontakt zu Dir aufnimmt.

SEELENSPHÄRE
Plejaden
CHAMUEL
World of Spirit
www.chamuel-world-of-spirit.com

Plejaden-Sphäre

Kurzbeschreibung Plejaden-Sphäre

Seelensphäre	Plejaden
Begleitender Engel	Seraphim Zadkiel
Erste Manifestation	vor 2,5 – 2 Milliarden Jahren
Bekannter Avatar	Avatar Sanat Kumara
Vorsteher	Avatar Aaron Shiro
Ort der Manifestation	China
Unterste Dimension	6. Dimension 8. Ebene
Letzter Aufstiegsprozess	Aktuell
Jetzt im Aufstiegsprozess	Ja
Lichtwesen	Plejader
Andere Seelengruppen	Kwajojin
Menschliche Inkarnationen	Plejader

Plejaden ist die Sphäre der Philosophie und Worte. Die unerschöpflichen Möglichkeiten, Buchstaben, Farben und Bewegungen in Sprache zu wandeln, sind phantastisch. Eine Möglichkeit, Gefühle und Schwingung in eine gemeinsame Sprache zu vereinen, bringt ungeahnte Erleichterung. Die Plejaden lehren uns, eine gemeinsame „göttliche Sprache" zu erlernen und sie überall anzuwenden.

Energieform:
Kosmisches Denken/Fühlen, Philosophieren, Ruhe, Stille, Wissen um die Unendlichkeit, Offenheit, inneres Gleichgewicht, positive Kommunikation, Dichtkunst, Leidenschaft

Wirkt unterstützend bei:
Sprachstörungen, Unkonzentriertheit, eingeschränktes Denkvermögen, Gefühllosigkeit, Gelenkschmerzen, negative Kommunikation, Zeitdruck, Schreibblockaden, Unternehmungsunlust, Stottern, Oberflächlichkeit, Angst, die eigene Meinung auszusprechen

Bevorzugte Berufswahl:
Schriftsteller, Lektor, Buchverleger, Philosoph, Geschichtenerzähler, Literatur-Professor, Dichter, Psychiater, Psychologe, Mediator, Sekretär, Diplomat, Politiker, Lehrer, Journalist, Radio-/Fernsehmoderator

Begleitender Seraphim:
Seraphim Zadkiel ist der begleitende Seraphim für die Plejaden-Sphäre.
Zadkiels Name bedeutet: Gottes Gerechtigkeit. Zadkiel ist der Leidenschaftlichste unter den Seraphim. Seine Leidenschaft, die Göttliche Gerechtigkeit in allen Ebenen zu offenbaren, ist überdeutlich spürbar. Altes Verständnis durch seine violette Flamme in neue Sichtweisen zu wandeln, ist seine Stärke.
Zadkiel ist mit seiner leidenschaftlichen Art wie geschaffen für die Sphäre. Im Umgang mit „Worten“ göttliche Erleuchtung zu erfahren, lehrt Zadkiel in der Plejaden-Sphäre.
Zadkiel ist der optimale Begleiter, da er seine innere Kraft der Wandlung von „erlebt“ zu „neu erfahren“ bereitstellt. Alte Verletzungen dürfen durch seine Energie Heilung erfahren.

Allgemein

Die Energie der Plejader ist besonders leise und tiefgründig. Alle Arten kosmischen Fühlens und Denkens über den Sinn des göttlichen Seins kommt aus dieser Seelensphäre. Wer, wie, was, wo, warum bin ich? Was lasse ich geschehen, welche Energieströme dienen der göttlichen, harmonischen Liebe? Wie diene ich mir selbst und hierdurch der Gemeinschaft? Was geschieht im kosmischen Schöpfungsakt? Plejader diskutieren in unendlicher Freude und Gedankenfreiheit über jedes Thema. Sie begegnen sich in Gruppen, lösen sich wieder auf und begegnen sich mit dem gleichen Thema neu. Alle Milliarden Sichtweisen eines Buchstabens und seiner Energie, eines Gefühls, werden von ihnen mit unglaublich sagenhafter Geduld und Zähigkeit betrachtet. Plejader fallen niemals einem anderen Wesen ins Wort oder in die Gedanken und sie sind hervorragende Hinhörer.
Gefühle in Worte zu fassen, oder einem Gefühl Ausdruck zu geben, ist die Energie, die die plejadischen Lichtwesen aus ihrer Sphäre mit auf die Erde bringen. Die Energie des denkenden Ausdrucks, gleich

in welcher Form, stammt von den Plejaden.
Ausdruck in Form von Sprache, Handlungen, Mimik, Krankheit, Kreativität... die Liste ließe sich unendlich fortsetzen. Fällt es Dir schwer, Deine Gefühle in der Materie auszudrücken, verbinde Dich mit der Plejaden-Sphäre.

Die Artenvielfalt von Wesenheiten ist in der Plejaden-Sphäre spärlich gesät. Die plejadischen Lichtwesen bleiben lieber unter sich. Dennoch gibt es unterschiedliche Wesensgruppen in der Sphäre. Eine Inkarnation auf Erden vermeiden die meisten Seelen. Die plejadischen Seelen inkarnieren vorwiegend in die Plejaden-Planeten-Sphäre, die sich ebenfalls in der dritten Dimension befindet. Für das Plejaden-Sternen-Projekt schlossen sich mehrere Sternen-/Planeten- Wesen mit der Plejaden-Sphäre zusammen. Somit sind die plejadischen Lichtwesen die einzige Seelenform auf der Erde.
Wäre da nicht eine Art Mikroorganismus, die Kwajojin. Einige dieser nur mit einem Seelenanteil inkarnierenden Wesen entstammen der plejadischen Sphäre.

Plejader sind freudige Seelen. Sie gönnen sich kaum Pausen und sind unablässig im Kosmos unterwegs. Besonders die Kwajojin. Durch ihr Können, einen einzelnen Seelenanteil aus ihrer Seele abzuspalten, stehen ihnen viele Universale Tore zu vielen Ebenen und Energiefeldern offen.

Die Lichtwesen der plejadischen Sphäre werden Plejader genannt. Wie erwähnt, sind alle Wesenheiten einer Sphäre Plejader oder Orianer oder Sirianer. Gleichwohl behalte ich die übliche Vorgehensweise in diesem Buch bei, und nenne die Lichtwesen Plejader und alle anderen Seelen bei ihrem irdischen Namen oder ihrem Eigennamen in der Sphäre.
Plejader stellen die alleinige Lichtwesen-Art in der Sphäre dar. Im Gegensatz zu manch anderer Sphäre sind sich alle Plejader sehr ähnlich, von GLEICH ist jedoch nicht die Rede.
Ihre Grundschwingung ist vom Ausdruck des „Sich-Offenbaren“ geprägt. Sie sind unfähig, leidenschaftslos einer Diskussion beizuwohnen, sie müssen mitmischen.
Ins Geschehen des Erden-Projekts mischten sich die Plejader früh ein, jedoch inkarnierten die Lichtwesen erst zur Atlantischen

Zeitepoche, Kwajojin dagegen von der ersten Sekunde an, als die Inkarnations-Tore geöffnet wurden.

In der Plejaden-Sphäre entfaltet sich die Energie der „Sprache“ in allen Variationen. In der Sphäre ist es spielend leicht, die richtigen Worte zu finden. Die passende Beschreibung fliegt ihnen regelrecht zu. Bevor ein plejadisches Wesen überhaupt zum Nachdenken käme, sind die entsprechenden Ausdrücke bereits übermittelt.
Die Kwajojin lieben es, den Ausdruck in jegliche Form zu bringen. Ihre Mimik in der Sphäre ist unbeschreiblich vielfältig und ausgesprochen witzig. Plejadische Lichtwesen hingegen tragen einen eher angestrengten „Gesichtsausdruck“ zur Schau. In ihren „Gesichtern“ spiegelt sich keine Regung.
Die Kwajojin sind für das Erden-Projekt unabkömmlich und stehen Gaia sehr nahe. Prinzipiell lieben Plejader Gaia und bieten ihr in allen Belangen ihre Hilfe an.
Plejadische Lichtwesen und Kwajojin stellen die größten Wesenheitsgruppen in der Sphäre dar.
Kwajojin bilden Bewusstwerdungs-Gruppen, welche gemeinsam ihre Entfaltung vorantreiben. Lichtwesen begehen ihre Erleuchtung immer einzeln.
Die gesamte Sphäre ist unternehmungslustig und inkarniert in alle Bereiche des Universums.
Eine Inkarnation ist immer eine Möglichkeit und kein MUSS. Das gilt für alle Wesen.

Die unterste Bewusstseins-Stufe der Plejaden befindet sich in der sechsten Dimension –dritte Ebene.
Die Energie des „denkenden“ Ausdrucks wird im gesamten Universum benötigt. Die Plejader stellen die Energie jedem Wesen im Kosmos zur Verfügung. In welcher Form das geschieht, ist genauso vielfältig, wie es Wesen im Universum gibt.
Plejader sind, gleich wie Sirianer, an fast allen Projekten im Kosmos beteiligt. Der Missbrauch von Sprache oder allgemein denkendem Ausdruck hat ernste Konsequenzen für die Seelensphäre. Alle negativ gesprochenen Worte oder Gesten wirken im plejadischen Energiefeld.
Worte und Gedanken besitzen große Macht. Sei Dir dessen immer bewusst.

Das erste Zusammentreffen der Energiefelder von den Plejaden und der Erde fand im heutigen China statt.
Kwajojin war die Wesenheit, die als erste aus der Plejaden Sphäre „materiellen“ Kontakt aufnahm. Sie verteilten sich großflächig über das gesamte Matrixfeld der Erde.
Sie leben auf der Erde ihre Vielfalt im gleichen Ausmaß, wie in der Sphäre.
Sie sind die zufriedensten Wesen im irdischen Matrixfeld und leben glücklich ihr materielles Dasein.
Die plejadischen Lichtwesen zogen sich die letzten Jahre von der Erde zurück, werden in der kommenden Zeit aber wieder vermehrt inkarnieren. Die Schönheit, den göttlich denkenden Ausdruck zu leben, berührt die Menschheit.

Die Energie der Plejaden ist nicht greifbar. Alles schwingt sacht hin und her. Die Sphäre ist durchscheinend und wirkt unwirklich. Sie strahlt Wärme und gleichzeitig Distanz aus, wirkt herzlich und auf der anderen Seite abweisend.
Alle Plejader sind ein wenig überheblich und es kann der Eindruck entstehen, dass sie sich über allen anderen Wesen stehend betrachten, im Sinne von „Du musst das noch lernen“.
Plejader sind Wesen, die gerne arbeiten, sich hierbei allerdings Zeit lassen. Bis sie sich aufraffen, eine Arbeit zu erledigen, vergeht ebenfalls ein gewisser Zeitraum. Schließlich gilt es, das Perfekte zu erlangen. Dabei verzetteln sie sich ab und an.
Emotionen leben sie mehr gedämpft, als offensichtlich.
Willst Du eine Arbeit ruhig und vollkommen erledigen (Buch, Brief, Rede...), dann kannst Du Dich gerne mit der Plejaden-Sphäre verbinden.

Obgleich Plejader ein wenig herablassend wirken, sind sie hingebungsvolle Wesen. Sie nehmen ihre Aufgaben für Gott überernst und schießen manchmal über das Ziel hinaus.
Sie feiern ausgiebig Feste und können vollkommen ausflippen und alles um sich herum vergessen.
Sie besitzen einen durchweg spitzbübischen Charme und lachen überaus gerne und viel.
Dennoch ist ihre übliche Energie mehr gedämpft. Sie sprechen leise und laute Energien werden sofort gewandelt.
Sie lieben das Diskutieren in allen Lebenslagen und mit allen

Wesen. Irdische Streit-gespräche allerdings verabscheuen sie. Die Energie hat in der Sphäre Einfluss auf die Bewusstwerdung. Benötigst Du auf der Erde friedliche Energie für Gespräche, nehme vor einem Gespräch mit der Plejaden-Sphäre Kontakt auf.

Die Seelen der Plejaden-Sphäre sind mit viel Hingabe ausgestattet. Sie ergeben sich vollkommen in eine Diskussionsrunde. Sie sind warme Wesen, die, wenn auch manchmal überheblich, doch ausgesprochen hilfsbereit sind.
Mitunter können sie stur sein und halten an Vorgängen oder Meinungen fest, auch wenn das Gegenteil schon lange erwiesen ist. Plejader besitzen eine hohe denkende Intelligenz.
Womit sie bisweilen ein wenig angeben und andere Wesen überfordern. Plejader können in den kosmischen Räten nicht warten, bis sie zu sprechen an der Reihe sind und wurden daher gelegentlich ausgeschlossen.
Plejader sind die DENKER und werden gerade in den unteren Dimensionen gebraucht. Fällt Dir das Denken schwer, verbinde Dich mit einem Plejader Deiner Wahl.

Ebenso wie alle Lichtwesen, begeben sich plejadische Lichtwesen nach einer irdischen Inkarnation in die Hände der lemurischen Heiler.
Alle anderen Wesenheiten kehren nach einer Inkarnation unverzüglich in ihre eigene Sphäre zurück. Eigens für Heilungen geeignete Plätze gibt es nicht. Benötigt ein Wesen Unterstützung, erhält es sie von unterschiedlichen Plejadern.
Plejader sind freie Wesen, auch was ihre Heilung betrifft. Selten wünschen oder verlangen sie in der eigenen Sphäre Hilfe. Ihre Selbstständigkeit ist ihnen überaus wichtig.
Willst Du zu Deiner Heilung beitragen, in dem Du Deine Eigenverantwortung wahrnimmst, verbinde Dich mit der plejadischen Sphäre.

Plejader inkarnieren gerne auf die Erde. Durch die neue Kommunikationstechnik fühlen sie sich wieder wohler und inkarnieren häufiger als vor 150 Jahren. Am meisten jedoch betreuen sie das Erden-Projekt von der Sphäre aus. Es gibt einen irdischen-kosmischen Rat, in dem sie unablässig neue Ideen für die Erde entwickeln.

Das überfordert andere Seelensphären mitunter über alle Maßen. Plejadern fällt es leicht, die Geduld anderer Wesen überzustrapazieren. Ihr Ideenreichtum ist unerschöpflich und sie lieben es, Verschwörungen anzuzetteln. Sie bilden gerne Grüppchen, in denen sie die Ideen platzieren. Anschließend muss ein anderer die Ideen im kosmischen Rat vorstellen. Je nach Entschluss offenbaren sie sich. Langweilt sie der kosmische Rat, nehmen sie sich das Recht, diesen ohne Erlaubnis zu verlassen. Überarbeiten kommt bei ihnen jedoch nicht vor. Sie erkennen eindeutig ihre Grenzen.
Plejader sind mehr als andere Wesenheiten darauf bedacht, ihre Eigenheiten zu leben. Man könnte sie fast als egozentrisch betiteln. Sie sehen in erster Linie sich selbst und dann kommt der andere. Sie können unablässig reden, ohne ihr Gegenüber auch nur einmal zu Wort kommen zu lassen. Jedoch ist das Gebaren in der Sphäre ein natürlicher göttlicher Aspekt.
Plejader sind gedankenvolle und empfindsame Wesen. Sie lieben es, zu diskutieren und akzeptieren andere Wesen, sofern sie gute Argumente liefern.
Die Sphäre ist gelassen und harmonisch. Jede gewaltsame Konfrontation oder Diskussion ersticken sie im Keim.
Inkarnierte Wesen aus anderen Sphären werden angehalten, friedvoll zu sprechen und zu handeln.
Eine Hauptaufgabe der Plejader ist es, den „Denken“-Ausdruck in der Sphäre zu lehren.

Die Plejader

Die Erscheinung der Plejader ist witzig und vor allen Dingen groß. Obwohl sie tiefgründige, ernsthafte Wesen sind, besitzen sie eine Ader für ausgefallenen Humor.
Sie lieben alles, was blinkt. Sie sind ruhige Wesen, auffallen und beachtet werden wollen sie dennoch. Sie wählten unter den Lichtwesen aller Seelensphären die gigantischste im Sinne von höchste „Körperform“.
Sie lieben den Ausdruck von weiblicher und männlicher Schwingung. In allen materiellen Dimensionen frönen sie ausgiebig diesen zwei körperlichen Formen.
Plejader erscheinen transparent in der Form und allzeit tief in

Gedanken versunken.
Sie besitzen den Hang, sich nicht endgültig festzulegen.
Oft sind sie hin- und hergerissen während sie, ihrer Umgebung entrückt, über Vor- oder Nachteil der Sprache nachdenken.
Es fällt ihnen schwer, sich mehreren Dingen gleichzeitig zu widmen.
Sie geben sich kontinuierlich einer Sache hin.
Nach Vollendung einer Überlegung sind sie frei, sich Neuem zu widmen.

Plejader lieben den körperlichen Ausdruck und lassen sich einige Besonderheiten dazu einfallen. Beispielsweise formen sie ihre „Ohren“ nach Art der Schmetterlingsflügel, die in allen Farben leuchten. Zudem manifestieren sie des Öfteren eine bodenlange Haarpracht. Die ähnelt nicht unbedingt unserer irdischen Vorstellung von Haaren. Das können durchaus Federn oder auch mal eine Art Äste von einem Baum sein. Sie nehmen sich die Freiheit, sich ganz nach Belieben ihren Vorlieben hinzugeben. Weibliche und männliche Ausdrucksformen werden von allen Wesen gleichermaßen angenommen. Je nach Empfinden fühlen sie sich mehr zu der einen oder anderen Schwingung hingezogen. Hier gilt jedoch das Gleiche wie bei den „Haaren“: Plejadisch weiblicher oder männlicher Ausdruck entspricht nicht zwingend dem irdischen Bild.

Kleidung tragen Plejader gerne, sie ist für sie ein Ausdruck für ihre Stimmung. Sie wählen meist einen Farbton im dezenten Spektrum. Allerdings gibt es durchaus Momente, in denen sie schrille und leuchtende Farben wählen. Oder optimaler ausgedrückt: Gerät ein Plejader in Wallung, wechselt er seine Farbe wie ein Chamäleon. Sie wählen vorwiegend wallende, üppige, bodenlange Gewänder. Darüber tragen sie je nach Bedürfnis einen Umhang, der sie komplett verhüllt. Hierdurch wirken sie geheimnisvoll und ein wenig abweisend.
Sie lieben es, sich von anderen Lichtwesen zu unterscheiden und legen Wert darauf, dass dies auch sichtbar ist.
Bei mangelnden Ideen für besondere Outfits, verbinde Dich mit der plejadischen Energie.

Farblich lieben Plejader das Farbspektrum aller Lila-Töne. In der Sphäre gibt es Millionen Schattierungen dieses Farbtones. Selbst ihre Seele erstrahlt in einem sanften mit silbernen Mustern durchzogenen Lila-Ton. Sie strahlen nicht aufdringlich hell, vielmehr leuchten sie in einem sanften, satten Ton. Plejader lieben alles Ausgefallene. Sie manifestieren „Schmuck“ oder andere Utensilien, die nur der Freude am Betrachten dienen. Sie lieben es, eine Kleinigkeit über Jahre hinweg zu betrachten, darüber zu sinnieren und zu diskutieren.

Plejader lieben Versammlungen. Prinzipiell findet immer eine Versammlung statt. Auf diesen wird ausführlich und unendlich diskutiert und debattiert. Ganz gleich, welches Thema zur Debatte steht, alles wird wie eine „Staatsaffäre“ behandelt. Plejader diskutieren sanft und unaufdringlich. Sie hören sich die Meinung anderer bis zum Schluss an und warten geduldig bis sie an der Reihe sind. Betrachtet man ihre Zusammenkünfte, erscheinen sie wie ein Kornfeld an einem lauen Sommertag.
Doch wie bei allen Wesen, sind Plejader gleichfalls fähig, in Wallung zu geraten. Sie werden aber niemals laut, egal wie heftig ihre Wallung auch sein mag. Es ist mehr ein innerer Sturm, der sich in Ungeduld äußert.

Plejader erscheinen in der Sphäre diffus und nicht fassbar. Sie wandeln langsam und behutsam durch ihre Sphäre.
Durch ihre gedeckten Farben sind sie fast durchscheinend. Selbst bei engem Kontakt sind sie vage. Sie manifestieren ihre Form nicht gerne in handgreiflicher Materie. Das ist sicher Folge ihres erhöhten Bewusstseins, jedoch nicht ausschließlich.
Ihre Schönheit zeigt sich in ihrer Unaufdringlichkeit. Für menschliches Verständnis besitzen sie zu lange Arme und Beine. In der Sphäre sind die Proportionen vollkommen auf ihre Wesen abgestimmt. Durch die langen Körper wiegen sie sanft hin und her.

Plejader sind in sich gekehrte Wesen, die bei Bedarf von ausgesprochen introvertiert auf absolut extrovertiert wechseln können. “Eile mit Weile“ ist eine ihrer Lebenseinstellungen. Das gilt für alle Bereiche ihres Daseins. Sie denken viel bevor sie handeln, und so kann es geschehen, dass eine Handlung erst Jahrhunderte später erfolgt. Unüberlegte Schritte sind ihnen ein Gräuel und werden tunlichst vermieden.

Plejader lieben die Herausforderung und das Besondere. Jedoch muss es in Ruhe und Zurückhaltung geschehen. Hektik mögen sie nicht.
Neigst Du zu vorschnellen Handlungen, hilft Dir die plejadische Energie, überlegt zu handeln.

Plejader lieben das „Große Ganze“. Im Kleinen zu denken und zu handeln liegt ihnen nicht.
Sie besitzen einen Hang zum Dramatisieren, sofern es um Verschwörungen geht. Überall vermuten sie ein Komplott gegen Gott. Sie selbst schmieden selbstverständlich gerne Pläne, und zwar ohne andere Licht- oder Engelwesen mit einzubeziehen.
Plejader stellen ihre Mitmenschen gerne vor vollendete Tatsachen. Sie gehen davon aus, dass jede Seele ihren Gedankengängen folgen kann, was bedauerlicherweise nicht der Realität entspricht und einen Plejader ratlos zurücklässt. Daher offenbaren Plejader immer wieder einmal einen erstaunten Gesichtsausdruck. Was ihnen ein überaus amüsantes Aussehen verleiht. Sie bleiben aus diesem Grund oftmals unter sich und öffnen sich nur, sofern sie das Gefühl haben, verstanden zu werden.
Plejader sind großzügige Wesen. Werden Sie jedoch ausgenutzt, reagieren sie darauf noch empfindlicher als andere Seelen.
Besonders großzügig sind sie mit Belehrungen und der unermesslichen Wortauswahl.
Arbeitest Du mit Plejadern zusammen, bedenke, dass sie erst ein solides Fundament erschaffen, auf dem sie anschließend aufbauen. Hier benötigst Du viel Geduld.

Die Kommunikation mit Plejadern gestaltet sich... aufwendig.
Für Nicht-Plejader ist es mehr ein Rätselraten, was exakt ihre Aussagen bedeuten. Plejader lieben Rätsel und Wortspiele. Diese bauen sie ausgiebig in ihre Kommunikation mit ein.
Plejader kommunizieren meist telepathisch. Das Farbenspektrum wird ebenso zur Verständigung genutzt wie unterschiedliche Lautbildungen. Manchmal ist ihr Kommunikationsspektrum für Außenstehende schwer zu entziffern. Sie sind indessen immer bemüht, sich klar und unmissverständlich auszudrücken. Leider ist die Erfolgsquote wenig vertrauenserweckend.

Dass diese Situationen ein wenig Unmut bei Nicht-Plejadern hervorrufen, dürfte auf der Hand liegen. Streiten ist allerdings zwecklos. Plejader streiten nicht. Sie haben sowieso Recht, und sofern sie das Gefühl beschleicht, ein anderer könnte gleichfalls Recht haben, verlassen sie die Situation. Ein weiteres Ansprechen ist zwecklos.
Sagt ein Plejader nein, meint er nein.
Plejader kommunizieren langatmig, dennoch wählen sie als Schlusspunkte verständliche Worte.
Der Lebensinhalt besteht bei den Plejadern aus Kommunikation. Für sie ist Kommunikation das „Ein und Alles“. Alles in der Sphäre bewegt sich um die Kommunikation herum. Keine Handlung geschieht, ohne dass vorher ausführlich darüber debattiert wurde. Plejader sind die Diplomaten im Kosmos.
Für kosmische „Kriege“ sind sie nicht zu gewinnen. Sie verabscheuen rohe Gewalt.

Plejader sind in sich gekehrte Wesen, die bei Bedarf ihr Innerstes nach außen kehren.

- Sie sind nachdenklich.
- Sie sind introvertiert.
- Sie lieben das Gespräch.
- Sie lieben das Nachdenken.
- Sie sind intelligent.
- Sie benötigen immer Gesprächspartner.
- Sie belehren gerne andere Wesen.
- Sie sind von sich selbst überzeugt.
- Sie unterstützen die Zusammenarbeit aller Wesen.
- Sie sind langatmig.
- Sie sind ein wenig schwatzhaft.
- Sie sind zerstreute und besinnliche Charaktere.
- Sie sind hilfsbereite Seelen.
- Sie lieben jegliche Art von Kommunikation.

Plejader gestalten ihr Dasein in der Sphäre mit der Erforschung der Kommunikation. Sie sind göttliche Kommunikationswissenschaftler. Die Erforschung eines einzigen Ausdrucks oder von Wörtern kann Jahrtausende andauern. Ist der Prozess in der Sphäre

abgeschlossen, erweitern sie ihn auf das gesamte Universum. Sie finden es spannend, wie andere Wesen auf Ausdrücke/Wörter reagieren und was ein Ausdruck in einem Wesen auslösen kann. Die Erde bietet hierzu umfassende Beobachtungsmöglichkeiten. Die „Menschen" reagieren je nach Erfahrung durchaus unterschiedlich. Jedoch gilt das nicht ausschließlich für Menschen, das Gleiche kann bei allen Tieren und auch bei Pflanzen beobachtet werden.
Das Phänomen der differenten Reaktionen fasziniert die Plejader ungemein.
Willst Du eigene automatisierte Reaktionen auf Wörter oder Gesten wandeln, verbinde Dich mit einem Plejader.

Bewusstseinsprozesse durchlaufen Plejader in gemächlichem Tempo. Sie streben nicht bewusst und zielstrebig nach Erleuchtung, sondern erlangen sie per Zufallsprinzip.
Meditationen liegen ihnen nicht sonderlich, sie benötigen den Austausch mit anderen Seelen. Die Kommunikation ist wichtiger Bestandteil in allen Ebenen. Sie lieben es, ihrem Gegenüber hingebungsvoll zu lauschen und neue Sichtweisen in ihre Eigenen einzubauen. Hierdurch ergänzen sie ihr Wissen und erweitern ihre Weisheit.
Der Entfaltungsprozess nimmt einen gewaltigen Zeitraum in Anspruch. In der plejadischen Sphäre geht alles einen gemächlichen Gang.
Zuerst muss mit vielen Wesen über das Wissen diskutiert und debattiert werden, bis ein Plejader sich entschließt, die Erfahrung in seinem Bewusstsein aufzunehmen. Das Nachdenken beansprucht annähernd die gesamte „Zeit" in der Sphäre. Plejader können nicht einfach einen Entschluss fassen, nein, zuerst denken sie darüber in sich selbst nach, anschließend erörtern sie ihre Gedanken mit anderen Seelen. Ist der Vorgang beendet, werden sie ihre Gedanken bei einer großen Zusammenkunft vorstellen und alles beginnt von vorne.
Bei näherer Betrachtung erscheint der Bewusstwerdungsprozess ein nimmer endendes Verfahren zu sein. Jedoch ist das nur aus der Betrachtungsweise eines menschlichen Gehirns der Fall. Kosmisch gesehen fügen Plejader ihrem Bewusstsein feinere Frequenzen hinzu. Sie steigen in die nächste Dimension und aus der neuen Perspektive erscheint das „Wort" in einem neuen Kleid.
Bei einem Bewusstwerdungsprozess wird ein Plejader still. Er zieht

sich in sich selbst zurück und konfrontiert sich mit sich selbst. Fällt es Dir schwer, Dich zu reflektieren, verbinde Dich mit einem Plejader.

Plejader sind geruhsame und bedächtige Wesen. Partys lieben sie dennoch. Das gesellige Zusammensein aus Freude am Sein nimmt gleichviel Raum und Zeit in Anspruch wie das Nachdenken. Was sie indessen nicht sonderlich schätzen, sind laute und vulgäre Partys. Plejader lieben scharfsinnigen Witz und geistreichen Humor. Sie können eine Party, wie alles, über einen langen Zeitraum ausdehnen. Inkarnierte Wesen haben keine Chance, eine solche Party von Anfang bis zum Ende zu erleben. Sie müssen sich zwischendurch ausruhen. Manchmal ist die Inkarnationszeit abgelaufen und die Seelen kehren in ihre eigene Sphäre zurück, noch bevor eine Party zu Ende geht.

Plejader sind hervorragende Lehrer. Sie können ausgesprochen gut Dinge erklären. Ihre Geschichten sind spannend und immer an der Praxis orientiert. Manchmal ist ihr Atem etwas lang, was ihre Begeisterung fürs Lehren nur unterstreicht. Sie können sich schlichtweg in einer Erklärung verlieren oder mitunter in einer Phantasie-Geschichte enden.
Werden sie gebeten, zum eigentlichen Thema zurückzukehren, erfüllen sie den Wunsch augenblicklich.
Plejader sind im Universum als kosmische Lehrer gern gesehen und anerkannt. Sie fungieren oftmals als Botschafter unter den einzelnen Seelensphären und erhalten dabei immer einen Lehrauftrag.
Ist es Deine Aufgabe unangenehme Botschaft zu überbringen, bitte einen Plejader, Dir passende Worte zu übermitteln.

Plejader kommunizieren zwar gerne, allerdings nicht über tiefe Gefühle. Alles, was ein Plejader tief in seiner Essenz berührt und bewegt, bleibt dort. Erst bei ersichtlicher Lösung öffnet er sich gegenüber anderen Wesen. Ist der Zeitpunkt gekommen, bricht ein regelrechter Staudamm. Was anschließend folgt, ist ein sintflutartiger Schwall von Worten und Gefühlen.
Die Wahrscheinlichkeit ist hoch, dass der Zustand über Jahre anhält und von keinem Wesen unterbrochen werden kann.

Fällt es Dir schwer, über Gefühle zu sprechen oder hast Du Schwierigkeiten, die richtigen Worte zu finden, verbinde Dich mit einem Plejader Deiner Wahl.

Eine Natur wie auf der Erde oder in der Elfen- & Feen-Sphäre gibt es auf den Plejaden nicht. Daher lieben Plejader besonders die Natur auf der Erde. Sie lieben es, ins irdische Energiefeld zu inkarnieren. Das Gleiche gilt für die Regenbogen-Sphäre und ebenfalls für die Elfen- & Feen-Sphäre. Plejadische Lichtwesen lieben Tierwesen in allen Formen. Sie laden jede Tierseele ein, in ihre Sphäre zu inkarnieren. In der Plejaden-Sphäre übernehmen Plejader gerne Patenschaften für inkarnierte Tiere. Sie leben eng zusammen.
Ansonsten ist das Erscheinungsbild der Sphäre eher schmucklos und rational. Es gibt Plätze, die zum Verweilen einladen. Zudem erschaffen Plejader phantastische Energiefelder, geformt wie Kuppeln, in denen Diskussionen stattfinden.
Das Windwesen ist in der Sphäre ebenfalls ein willkommener Gast. Der stetige, laue Wind fördert das Denkvermögen der Plejader. Arbeitest Du mit Plejadern zusammen, sei Dir bewusst, dass sie Ungeduld und überhastetes Handeln nicht mögen. Sie unterstützen Dich jedoch, solltest Du bereit sein, alle Aspekte zu betrachten. Sie sind nicht gewillt, eine Sichtweise als gegeben anzunehmen.

Plejader leben in Gemeinschaften zusammen, die ein inniges Verhältnis zueinander pflegen.
Plejader wandeln immerfort in ihrer Sphäre. Im gemächlichen Tempo bewegen sie sich wie ein wogendes Kornfeld hin und her. Dabei werden die Ideen zu einem Wort von Plejader zu Plejader getragen.
Wohnstätten benötigen sie nicht. Sie lieben es, frei zu wandeln, zumal es Schlaf in der Sphäre nicht wirklich gibt. Sie erholen sich bei einer angenehm geführten Diskussion.
Dennoch bewahren sie sich eine Privatsphäre, in die einzelnen Plejadern Zutritt gewährt wird, niemals jedoch inkarnierten Wesen. Zweierpartnerschaften sind in der Sphäre üblich, obgleich nicht sonderlich weit verbreitet. Plejader lieben die Erfahrung und die darin enthaltene Abwechslung. Sie empfinden sich nicht als monogam, sondern als polygam.
Plejader lieben Geheimnisse und sind immer bestrebt, solche

aufzudecken.
Sie arbeiten nicht, sondern sie denken, und das ihr gesamtes universales Dasein lang.
Hauptaufgabe der Plejader ist das Denken. Sie geben unserem Dasein einen Namen und somit eine Aufgabe.

Kwajojin

Kwajojin sind die zweitgrößte Wesensgruppe der plejadischen Sphäre. Auf der Erde kennen wir sie als Bakterien. Sie leben eine überaus friedliche, hingebungsvolle Energie im Universum. Kwajojin sind neugierig auf eine sensible, achtsame Weise. Sie bemühen sich, ihre dienende Essenz allen Wesen im Universum zur Verfügung zu stellen. Auf der Erde wird ihre Hingabe sichtbar, betrachten wir ihre Funktion. Als Einzeller dienen sie auf vielfältige Arten allen inkarnierenden Wesen.
Kwajojin nehmen in der Sphäre keine bestimmte Form an. Sie manifestieren nach Bedarf einen Körper. Das kann sowohl ein schwammartiges Wesen darstellen, wie auch einen menschlichen Körper. Sie sind im Kosmos nährende Wesen und lehren das absolute Vertrauen in Gott.

Übungen mit der Plejaden Sphäre

- Verbinde Dich geistig mit dem Namen „Plejaden-Sphäre " oder meditiere mit der Energie.
- Lege Deine linke Hand auf Dein Herzchakra und spreche Worte, die Dir wichtig sind.
- Gebe Deinen Zeigefinger auf Dein drittes Auge und denke an das, was Du manifestieren willst.
- Kommuniziere mit dem Vorsteher Aaron Shiro oder mit Seraphim Zadkiel.
- Bei Kontakt mit dieser Sphäre, konzentriere Dich auf die friedvolle Kommunikation.
- Viele Kwajojin sind für unsere irdischen Körper wichtig. Falls Du körperlich in Disharmonie geraten bist, durch zu wenig oder zu viel Kwajojin, verbinde Dich mit den Plejaden.
- Hast Du das Gefühl, Du bist immer der/die „Letzte" gleich in welcher Weise, verbinde Dich mit der Plejaden-Sphäre.
- Genieße die plejadische Sphäre, in dem Du Gedichte liest oder Musik hörst. Erkenne die Kraft, die in Dir entsteht, sobald Du die Worte laut aussprichst.
- Plejader sind Meister darin, Streitsituationen ohne negative Gefühle zu beenden. Willst Du aus belastenden Situationen aussteigen, verbinde Dich mit einem Plejader.
- Hast Du Probleme, die richtigen Worte zu finden, verbinde Dich mit den Plejaden.
  Manchmal ist der richtige Zeitpunkt für ein Gespräch noch nicht gekommen. Hier kannst Du ebenso einen Plejader bitten, Dich zu unterstützen.

Die Übungen werden Dich intensiver mit der Energie der Plejaden-Sphäre verbinden. Bei regelmäßiger Anwendung ist eine Verbesserung Deines Lebensgefühls und Wohlbefindens deutlich spürbar. Bei stetigem Ausüben kann es geschehen, dass ein Plejader oder das Kwajojinwesen aus der Plejaden-Sphäre persönlichen Kontakt zu Dir aufnimmt.

SEELENSPHÄRE
Larimar
CHAMUEL
World of Spirit
www.chamuel-world-of-spirit.com

Larimar-Sphäre

Kurzbeschreibung Larimar-Sphäre

Seelensphäre	Larimar
Begleitender Engel	Seraphim Metatron
Bekannter Avatar	Avatar Siry
Vorsteher	Avatar Alewar
Erste Manifestation	vor 2,5 Milliarden Jahren
Ort der Manifestation	Indien
Unterste Dimension	7. Dimension 5. Ebene
Letzter Aufstiegsprozess	vor 1000 Jahren
Jetzt im Aufstiegsprozess	Nein
Lichtwesen	Narays
Andere Seelengruppen	Ponom
Menschliche Inkarnationen	Narays

Larimar ist die Sphäre der Meditation.
Alle Wesen der Sphäre sind kindlich und unschuldig. Sie geben sich hin und verlangen nichts. Es ist eine Sphäre, in der Gemeinsamkeit in der Individualität gelebt wird. Narays und Ponom leben eine bedingungslose Gemeinschaft oder Symbiose. Sie konzentrieren sich auf die Hinwendung zu Gott und vergessen dabei voll-kommen ihre Umgebung.

Energieform:
Tiefe Meditation, Hingabe zur Schöpfung, Geborgenheit, Zentrierung, Wissen um das „Ich Bin", gedankliche Freiheit, Führungsqualität, göttliches Verständnis, Erinnerung an die liebende Einheit, sanfter Mut, Entdecken der Spiritualität, Lichtkörper

Wirkt unterstützend bei:
Sterbebegleitung, Vergessen, wer wir sind, Zerstreutheit, Angst vor der eigenen Spiritualität, psychische Trauma, Verlust der eigenen spirituellen Identität

Bevorzugte Berufswahl:
Sie sind erst seit ca. 2005 auf der Erde und erfahren ihre Menschlichkeit in allen Bereichen.

Begleitender Seraphim:
Seraphim Metatron ist der begleitende Seraphim der Larimar-Sphäre.
Metatrons Name bedeutet: Gottes Nähe.
Mit seiner strengen und klaren Energie passt Metatron hervorragend in die Sphäre. Seine präsente Struktur und Geradlinigkeit unterstützt die liebenden Wesen von Larimar, den Weg aus dem Universum in die Einheit zu finden.

Allgemeines

Die Seelensphäre Larimar präsentiert eine unbeschreibliche Hingabe an die eigene Essenz in Gott. Sie ist voller Hingabe an alles, was ihr begegnet. Sie stellt nichts in Frage und nimmt alle Gegebenheiten als unausweichliche Folge des Universums und seiner Polarität hin. Die Narays (Lichtwesen) tragen in sich die Schwingung des „Ich Bin“, obwohl es das in Gott nicht gibt. „Ich Bin“ wäre genaugenommen eine Abtrennung von Gott, eine Begrenzung unseres Seins. Narays begrenzen sich jedoch nicht. Sie sind allumfassende Wesen, die kein „Mein“ und „Dein“ erkennen. Sie leben Gemeinschaft in einer uns unbekannten Dimension. Sie sind achtsam allem gegenüber, besonders in Bezug auf die kosmische Schöpfung. Alle Wesen in Larimar lieben ohne Vorbehalte und geben sich allem hin. Sie sind die Sphäre, die keine Bewertung kennt. Sie sind die Meister der göttlichen Meditation und der Sphärenwanderungen. Und sie sind die Meister der Sphärenwandlung. Sie verweben Universen und halten durch ihre Gedankenkraft Kontakt zu ihnen. So verliert unser Universum niemals den Bezug zur Einheit und zu anderen Wesen, die außerhalb unseres Kosmos leben. Unser Universum ist ein abgeschlossenes System. Dennoch sind wir fähig, durch Astralreisen Kontakt zu anderen Universen aufzunehmen. Willst Du Astralreisen unternehmen, verbinde Dich mit der Larimar-Sphäre.

Larimar ist nicht mit der Üppigkeit einer Elfen- & Feen-Sphäre gesegnet, jedoch ist sie wesentlich vielfältiger als beispielsweise die Plejaden-Sphäre.
Die Sphäre war bis vor ein paar Jahren nur zur Unterstützung des Erdenprojekts angedacht. Sie sandten die Energie der Seelensphärenwandlung und der Aufhebung des Ich-Bewusst-seins und den damit verbundenen Aufstieg in höhere Sphären. Zudem stellten sie die Energie der tiefen verbindenden Freundschaft und der Meditationskraft zur Verfügung.

Circa 1/8 der Wesenheiten aus Larimar inkarnieren auf die Erde. Das sieht nicht viel aus, jedoch darf nicht vergessen werden, ihre Hauptaufgabe besteht im Bereitstellen der Energien zur Bewusstwerdung.
Einen Körper nehmen ausschließlich die Lichtwesen der Sphäre an. Sie werden Narays genannt. Ansonsten ist keine Wesensform aus Larimar bereit, einen materiellen Körper anzunehmen.
Sie sind bereits in der siebten Dimension und je höher eine Sphäre schwingt, desto schwerer wiegt ein Transformationsprozess in die dritte Dimension.
Narays inkarnieren seit dem Jahr 2005 und werden weiterhin Seelen auf die Erde senden. Ihre Anzahl wird sich leicht erhöhen, jedoch nicht um das Tausendfache.
Narays sind kindlich unschuldige Wesen.
Verantwortungsbewusstsein kennen sie nicht, zumindest nicht nach irdischen Maßstäben.

Die Sphäre beinhaltet einige unterschiedliche Wesen. Jedoch konzentriere ich mich auf Wesenheiten, die einen Bezug zur Erde besitzen.
Hier wären die Ponom zu nennen. Sie sind auf das Engste mit den Narays verbunden.
Niemals trennen sie sich in der Sphäre. Jeder Naray ist mit einem Ponom verwoben. Das hat nichts mit Seelenpartner oder Zwillingsflamme zu tun. Es ist eine eigene Ebene der tiefen Freundschaft. Narays und Ponom sind mit einem göttlichen Band miteinander verbunden. Das Band kann nicht gelöst werden und besteht, bis wir wieder in die Einheit eintauchen.
Ponom sind keine Lichtwesen. Sie sind auch keine Tier- oder Pflanzenwesen. Sie sind Ponom.

Das Verhältnis unter den Larimar-Wesen ist ausgeglichen. Das entspricht ihren Charakter-eigenschaften. Larimar ist eine harmonische Ebene.
Avatar Alewar gilt zwar als „Oberster“ Naray, dennoch gibt es keine Führung im irdischen Sinn. Er dient mehr als Ansprechpartner für andere Wesenheiten, die Kontakt zur Larimar-Sphäre suchen.
Larimar ist eine zurückhaltende Sphäre. Inkarnationen in die Sphäre unterliegen einem strengen Programm. Ein Wesen muss einige Anforderungen erfüllen, bevor es inkarnieren darf. Wäre eine Larimar-Inkarnation Dein Wunsch, muss Dein Bewusstsein mindestens auf der siebten Dimension fünfte Ebene schwingen. Allerdings kannst Du ihnen immer einen Sphärenbesuch durch Meditation abstatten.

Die Larimar-Sphäre ist die Sphäre der Kindlichkeit. Alle Seelen besitzen dennoch einen ernsten und tiefsinnigen Charakter. Alles zusammen ergibt das Sinnbild eines vollkommen göttlich erwachten Wesens.
Sie lassen sich nur von ihren Gefühlen leiten. Gedankengänge sind ihnen fremd. Daher sind sie überaus manipulierbar, wenn sie auf der Erde inkarniert sind. Sie selbst kämen niemals auf den Gedanken, andere Wesen zu manipulieren, weder in ihrer Sphäre noch im Universum.
Verfällst Du der Illusion, in Situationen einschreiten zu müssen, verbinde Dich mit Larimar. Du wirst handeln, jedoch ohne die Energie der Manipulation.

Die Kommunikation mit den Wesen aus Larimar ist mühsam und ermüdend. Sie „denken“ einfach komplett anders. Daher ist die Verständigung mit vielen Missverständnissen auf Seiten der inkarnierten Wesen oder auch auf der Erde behaftet.
Hinzu kommt, dass sie prinzipiell nicht gerne Worte oder andere Kommunikationswege nutzen. Sie geben sich hin - ohne Erwartung, ohne Vorstellung und ohne Verlangen.
Untereinander verstehen sich Larimar-Wesen ohne Worte, Gesten oder sonstiges.
Sie sind, das ist alles.

Larimar Wesen sind keine aktiven sphärischen Gestalter. Sie meditieren. Und sollten sie nicht meditieren, spielen oder „kuscheln“

sie mit allen Wesen in der Sphäre. Sie benötigen nichts. Sie sind einfach glücklich, sein zu dürfen.
Larimar-Wesen geben wenig bis keine Unterstützung. Sie stellen ihre Energie zur Verfügung. Wie Du damit umgehst oder was Du damit anfängst, ist allein in Deiner Verantwortung.

Die Larimar-Sphäre war zwar von Anfang an ins Erden Projekt mit eingebunden, eine aktive Rolle war zuerst nicht vorgesehen.
Die Vorteile einer Inkarnation der Larimar-Wesen wurden in der Sphäre spät erkannt. Es ist weiterhin ein Risiko, die Wesen inkarnieren zu lassen. Ihre absolute Hingabe an Gott ohne zu verlangen oder zu wollen, steht der Selbstständigkeit auf Erden im Weg. Erhalten sie Zuwendung von einem anderen Wesen, ist es gut, wenn nicht, auch gut.
Sie sind auf der Erde vielmals nicht fähig, ihren irdischen Weg allein zu beschreiten, was im Angesicht ihrer Charaktere der Selbstverantwortung heikel ist.
Auf die Erde nehmen sie nur insofern Einfluss, dass sie aufzeigen, wie wir wahrhaft leben sollten: ohne Gier und ohne Manipulation.
Eine intensive Verbindung zu Gaia ist nicht gegeben. Sie verbinden sich außerhalb ihrer Sphäre selten mit Wesen. Daher vermissen sie ihre Sphäre und ihre Verbundenheit zu Ponom kolossal. Die Folge dessen ist: Sie leben auf der Erde in zwei Sphären.
Willst Du näheren Kontakt zu anderen Sphären oder der geistigen Ebene, nutze die Energie von Larimar.

Das Erscheinungsbild von Larimar mutet wie ein riesiger kosmischer Spielplatz an.
Überall spielen oder meditieren Wesen. Ihr immerwährendes herzliches Lachen, ihre Glückseligkeit ist in allen Ebenen spürbar.
Die gesamte Sphäre beschäftigt sich mit dem Glücklich- oder Glückselig-Sein. Sie beteiligen sich nicht an irgendwelchen „Arbeiten“.
Beeindruckend in dieser Sphäre ist die Hingabe an das „Leben“. Ihre Aktivitäten wirken spielerisch. Willst Du Deine Arbeit gleichfalls als ein Spiel erleben, verbinde Dich mit Larimar.

Die unterste Bewusstseinsebene befindet sich in der siebten Dimension fünfte Ebene.

Einen Aufstiegsprozess haben sie gerade erst hinter sich. Somit wird in der nächsten Zeit keine weitere Erhöhung erwartet.
Hinzu kommt, dass die Sphäre die seit kurzem stattfindenden irdischen Inkarnationen verarbeiten muss. Im Gegensatz zu der Wal- & Delphin-Sphäre sandte die Larimar-Sphäre keine Wesen auf die Erde. Folglich sind keine weiteren irdischen Erfahrungen vorhanden. Die neuen Erkenntnisse und Erfahrungen dürften in Larimar einige Verwirrung stiften. Allerdings nicht so viel, dass die Sphäre wieder abrutschen könnte.
Des Weiteren verhält es sich so, dass einige Wesensgruppen in Larimar bereits die zwölfte Dimension, zwölfte Ebene erreicht haben. Unter anderem sind etliche Narays auf die Avatar-Ebene aufgestiegen.

Das erste Zusammentreffen der Energiefelder von Larimar und der Erde fand nicht wie üblich auf direktem Wege statt. Vielmehr verhält es sich so, dass Seraphim Michael die Energien empfängt und weiter auf die Erde leitet. Somit ist ein direkter Kontakt von Larimar zur Erde nicht gegeben.
Das ist ein weiterer Grund, weshalb sich Narays auf der Erde verloren vorkommen. Ihnen fehlt der Bezug zu ihrer eigenen Seelensphäre.
Fühlst Du Dich auf der Erde verloren, verbinde Dich mit DEINER Seelensphäre. Am Besten in einer Meditation.

Auf den ersten Blick erscheint Larimar kindlich und unbeschwert. Der Schein trügt. Die Sphäre trägt in sich eine gewisse Schwere. Die Wesen sind kindlich, jedoch ist es mehr die Kindlichkeit, die absoluten Tiefgang besitzt. Sie denken nicht, jedoch fühlen sie. Und sie fühlen das Universum. Das Universum von der ersten bis zur zwölften Dimension.
Sie fühlen den Schmerz, die Verletzung, die Illusion, die Verführung und ebenso das Glück, die Freude, den Spaß und die Liebe.
Das Energiefeld ist somit „Alles und Nichts“. Eine Energie der erhabenen Stille breitet sich durch die Meditation aus. Die erhabene Stille gepaart mit ihrem kindlichen Lachen ergibt eine faszinierende Schwingung. Die Schwingung strömt ins Universum und berührt alle Wesen und Sphären.

Der gemeinsame Nenner aller Wesen in Larimar, ist ihre göttliche Hingabe und ihr Vertrauen. Ihre uneingeschränkte Zufriedenheit berührt.

Die Wesen in Larimar sind mit sich selbst zufrieden. Nach außen könnte das abweisend und desinteressiert wirken. Dabei sind die Wesen schlicht mit sich selbst zufrieden und verspüren keinen Drang, sich ins universale Geschehen einzumischen. Sie sind weder an Kämpfen, Verstrickungen oder Macht interessiert, noch sind sie gegenüber Manipulation aufgeschlossen. Am liebsten sind Larimar-Wesen für sich.
Geduld zählt nicht unbedingt zu den Stärken eines Larimar-Wesens und daher ist es wenig verwunderlich, dass sie kein Durchhaltevermögen in universellen Dingen aufweisen.
In der Hingabe zu Gott sind sie unendlich.
In der Sphäre ist Gewalt nicht bekannt. Sie stellen im Universum keine Krieger oder sonstige diplomatische Botschafter.

Larimar ist eine Sphäre, die alle Seelen akzeptiert, wie sie sind. Sie will niemanden verändern oder formen. Die enorme Kraft sein zu dürfen, wie es seinem Seelenzustand entspricht, ist unendlich befreiend und birgt in sich eine gigantische Heilkraft. Sich nicht biegen zu müssen, zu wissen, dass, gleich wie man sich verhält, vorbehaltslos akzeptiert wird, erlöst.
In diesem Zustand sind alle Seelen fähig, eine Selbstreflektion durchzuführen und ehrlich und ohne Beschönigung sowie ohne Selbstvorwürfe die eigenen Handlungen zu betrachten. Der Lerneffekt ist gigantisch.
Larimar lehrt uns: Egal was ist, Gott liebt uns. Und das ohne Forderungen!
Die friedliche Bewusstwerdung dient dem gesamten Universum und gilt als Vorbild.
Wie alle Lichtwesen finden Narays Heilung in Lemurien. Alle anderen Wesen kehren auf dem direkten Weg nach Larimar zurück, sofern sie überhaupt ihre Sphäre verlassen.

Für Larimar ist es nicht vorgesehen, dass weitere Wesen auf der Erde Körper annehmen.
Die Energie für friedliche Bewusstwerdung oder Meditation bleibt uns auf alle Fälle weiterhin erhalten.

Inwieweit Narays ihre Inkarnationen auf der Erde ausdehnen, ist noch nicht endgültig geklärt.
Ihre Kraft wird auf der Erde verkannt und inwiefern das Schaden in ihrer Sphäre anrichtet, bleibt abzuwarten. Bis jetzt werden sie aus kosmischer Sicht mehr als Besucher, denn als fester Bestandteil des Erden-Projekts betrachtet.

Im Universum erstrahlt die Sphäre in einem kindlich ruhigen Energiefeld. Ihre Hingabe zu allem, was existiert, erstrahlt überall im Kosmos. Larimar ist bestrebt, seine Einzigartigkeit zu bewahren, indem sie für sich allein Bewusstseinsprojekte starten.
Larimar ist bei allen Wesen im Universum für seine Toleranz bekannt. Dennoch lehnt es die Sphäre ab, Nicht-Larimaner als Begleiter zu akzeptieren. Einzig Seraphim Metatron wird in der Sphäre als Begleiter geduldet.
Die Sphäre ist mit sich selbst vollkommen ausgefüllt und zufrieden. Larimaner lassen sich nicht beirren und beschreiten ihren Weg ausschließlich auf ihre ureigene Weise. Sie gewähren dieses Recht natürlich auch allen anderen Wesen.
Zwar sind Narays als Lehrer nicht geeignet und übernehmen keine Aufgaben, die in diese Richtung zielen, dennoch unterstützen sie Dich, willst Du Deinen ureigenen Weg beschreiten.

Narays

Narays materialisieren einen Körper, der einem 10jährigen irdischen Kind entspricht.
Jedoch bedenke bitte, Larimar befindet sich bereits in der siebenten Dimension. Je höher eine Seelensphäre schwingt, desto durchscheinender und lichter wird sie. Narays schweben in der Sphäre. Materialisieren Narays Körper, fehlen ihm Funktionen, die wir auf der Erde als selbstverständlich betrachten. Bei ihnen geht es ausschließlich um die Körperform, nicht um die Funktion eines Körpers. Die benötigen sie nicht mehr. In der Sphäre gibt es keine Nahrung, außer die der göttlichen Liebe/Energie.

Wie erwähnt, wenn Körper materialisiert werden, wählen sie die Form eines Kindes. Das repräsentiert ihre unschuldige, hingebungsvolle Liebe in sich und zu Gott gut.

Weibliche oder männliche Schwingungen sind in der Sphäre unbekannt. Sie sind grundsätzlich androgyn. Ihre Charaktere spiegeln ebenfalls die androgynen Seelen.
Kleider gibt es keine. Sie hüllen sich in glänzendes Licht oder erscheinen annähernd durchsichtig.
Sie bewegen sich frei ohne Scheu oder Scham. Kosmische Sexualität wird gelebt, wenngleich auf eine vollkommen andere Art und Weise. Das Endergebnis ist das Gleiche: der Orgasmus. Narays gehen mit Körpern am natürlichsten von allen Lichtwesen um.

Narays sind von Natur aus einfach liebenswürdig. Die heitere und gleichzeitig tiefsinnige Lebensfreude ist allzeit spürbar.
Sie wirken auf Außenstehende verträumt, was sie durchaus sind.
Sie wirken wenig präsent.
Oftmals bemerkt man einen Naray erst, wenn er anfängt zu lachen.
Sie sind wie kleine unsichtbare Schatten.
Schlaf ist ihnen unbekannt. Zusammen mit ihrem Ponom können sie sich über Tage hinweg zurückziehen und die Zweisamkeit leben.
Ihre Kommunikation findet auf einer Ebene statt, die keine Worte oder Gesten benötigt.
Sie sind stille, nicht an der Außenwelt interessierte Wesen.
Das Aussehen eines Wesens ist für sie nicht von Belang, sie finden alles schön. Gefällt ihnen etwas besonders gut, formen sie es sofort nach.
Durch ihre verträumte Art wirken sie nicht bodenständig. Obwohl das nur die halbe Wahrheit ist. Sie besitzen Bodenständigkeit, leider hat sie nichts mit der Irdischen zu tun.
Fehlt Dir auf der Erde das Träumen, dann verbinde Dich mit einem Naray.

Ihre Kommunikation findet in der Nicht-Kommunikation statt. Die Universale Sprache ist ihnen suspekt. Sie verstehen sie nicht und sind nicht gewillt, sie zu erlernen. Kein Plejader war bei ihnen erfolgreich. Sie sprechen die Sprache der göttlichen Liebe. Darin ist alles enthalten.

Narays sind kindlich. Daher sind sie zwar stille, jedoch nicht leise Wesen. Sie toben und tollen in allen Dimension und Ebenen ihrer Sphäre. Ungehindert leben sie ihre Kindlichkeit.
Sie nehmen keine Rücksicht auf irgendwelche Gegebenheiten. Sie

sind vollkommen im Vertrauen.
Bei ihnen ist nicht ersichtlich, was als nächstes geschieht. Sie sind allzeit unberechenbar.
Es ist leider unmöglich, mit ihnen über einen längeren Zeitraum zu „kommunizieren“, da sie von einer Sekunde auf die andere in tiefste Meditation fallen und sich vollkommen Gott hingeben.
Sie vermeiden es, allein zu sein, und leben jederzeit in Gruppen. Eine Trennung von ihren Ponom ist ausgeschlossen.

Narays meditieren so oft wie irgend möglich. Sie werden bei allen aktiven Handlungen und Projekten im Universum außen vor gelassen.
Nicht weil sie unbegabt sind, sondern weil sie keine Unterschiede zwischen Wesen sehen. Ihr Blick richtet sich auf die Göttlichkeit in jedem Wesen. Und die ist auch unter dem dicksten Mantel zu finden.

- Sie sind kindlich.
- Sie sind verträumt.
- Sie sind anspruchslos.
- Sie sind gerne mit anderen zusammen.
- Sie vermeiden allzu intensiven Kontakt zum Universum.
- Sie sind leicht manipulierbar.
- Sie sind die Meister der Nicht-Kommunikation.
- Sie sind bezaubernd naiv.
- Sie sind anhänglich.
- Sie setzen Gott ins Zentrum.
- Sie sind am Universum desinteressiert.
- Sie beschäftigen sich vorwiegend mit ihrer eigenen Sphäre.
- Sie nehmen keinen Anteil an den Erfahrungen anderer Wesen.
- Sie sind fähig, ein Wesen komplett zu ignorieren.

Zusammenkünfte gibt es in der Sphäre keine, zumindest nicht zur Bewusstwerdung. Zum Spielen oder Meditieren hingegen vereinen sie sich in großen Gruppen.
Ihr Dasein in der Sphäre und im Universum besteht hauptsächlich aus Meditation und Spielen. Meditation nimmt für die Narays eine herausragende Rolle ein. Jegliche Handlungen werden zuerst in der Meditation erlebt, bevor sie anschließend in Aktion gebracht werden.

Sie betrachten ernste oder bedrohliche Situationen immer mit spielerischer Leichtigkeit. Lösungen werden spielerisch erarbeitet und umgesetzt. Ihren Bewusstwerdungsweg beschreiten sie in gleicher Manier. Spielerisch, leicht und im vollkommenen Vertrauen auf Gott und seine Schöpfung.
Da sie keinerlei Erwartungen haben, ist für sie jeder Weg möglich, der mit Gott vereinbar ist.
Erscheint Dir Dein Aufstiegsprozess schwer und mühevoll, kann Dir ihre Energie zu mehr Leichtigkeit verhelfen.

Feste oder Partys werden ausgelassen und mit vollem Einsatz ge- und erlebt. Alles mutet wie eine monumentale Kindergeburtstagsparty an. Musik ist in Larimar überaus beliebt. Allerdings halten sie nichts von großen Symphonien. Ihre Musik ist einfach und sehr schlicht gehalten. Gesang kennen sie nicht.
Einen festen Ablauf des Festes gibt es indessen nicht. Von einem zum anderen Augenblick kann alles vorbei sein. Empfinden sie keine Freude mehr, verlassen sie das Fest. Zumeist geschieht das bei allen Narays gleichzeitig.
Anders bei Meditationen: Gemeinsames Meditieren bedeutet nicht, dass sie das Gleiche meditieren. Beendet ein Naray seine Meditation, kann er die Energie verlassen, ohne die anderen zu berühren.
Ist eine Party auf der Erde für Dich langweilig, verbinde Dich mit den Narays und beobachte was sich verändert. Sie sind wundervoll kreativ in ihrer Kindlichkeit.

Aufstiegsprozesse beschreiten Narays immer zusammen mit ihrem Ponom. Kein Naray würde seinen Ponom zurücklassen. Sie sind miteinander auf besondere Weise verwoben, die nichts mit ihrer Seelensphäre zu tun hat. Naray und Ponom können sich nicht trennen. Erst in der zwölften Dimension und Ebene legen sie das Band der Verschmelzung ab.
Steht ein Naray mit seinem Ponom vor einem Erleuchtungsschritt, der zum Aufstieg führt, ziehen sie sich in eine tiefgehende Meditation zurück. Sie verbleiben so lange in der Meditation, bis sie in die nächste Ebene eingetaucht sind. Ihre „Körper“ lösen sich langsam in der alten Ebene auf und fließen in einer weichen Bewegung in die höhere Ebene ein.

Einen Empfang gibt es in der neuen Ebene keinen. Alles verläuft gleichermaßen wie in der vorherigen Ebene.

Die gesamte Sphäre ist für eine Bewusstwerdung nicht sonderlich gut geeignet. Es sei denn, Du bist selbst ein Naray oder kommst aus der Sphäre.
Natürlich gibt es Ausnahmen. Elben und Engel fühlen sich in der Larimar-Sphäre ausgesprochen wohl. Sie besitzen einige Gemeinsamkeiten und das Verständnis für Verhalten und Handlungen der Narays.
Selbstverständlich steht Larimar allen Wesen für eine Inkarnation zur Verfügung. Bitte bedenke, Larimar ist bereits in der siebten Dimension fünfte Ebene. In diesem Bewusstseins-Stadium handeln alle Wesen mehr und mehr aus ihrer Göttlichkeit heraus.
Narays akzeptieren Seelen aus anderen Sphären, bemühen sich jedoch nicht um sie. Inkarniert ein Wesen ins Larimar-Energiefeld, ist es weitgehend auf sich allein gestellt.
Narays sind keine Lehrer, genauso wenig wie die anderen Wesen aus Larimar. Hier lernst Du durch Beobachten, Erleben und Erfahren.
Das gilt für einige der Seelensphären. Allerdings hat Larimar das Verfahren vervollkommnet.

Die Wesen in Larimar lieben es, sich in Meditationen auf Sphärenwanderung zu begeben. Sie sind als einzige Wesenheit fähig, nicht nur in unserem Universum, sondern gleichfalls aus unserem Universum in andere Universen einzutauchen. Alles geschieht mit ihrem Willen in der Gedankenkraft.
Sie senden ihre Kraft und ihre Weisheit durch ihre Gedanken in andere Sphären. Ein Gedanke reicht einem Wesen beispielsweise in Lemurien aus, damit es einen Erleuchtungsprozess abschließen kann.
Insofern sind sie durchaus „Lehrer". Sie entsprechen nur nicht dem üblichen Bild eines Lehrers. Sie sind schlicht mit ihren Gedanken da, das genügt. Sie vermeiden Inkarnationen in andere Sphären.

Narays besitzen keine besonderen oder speziellen Aufgaben in unserem Universum. Trotzdem übernehmen sie eine Aufgabe, die gewichtig ist. Sie halten die Verbindung zu anderen Universen. Das geschieht durch die Larimar-Avatare in der zwölften Dimension

zwölfte Ebene. So werden alle Avatare und Seraphim darüber informiert, was in anderen Universen vonstattengeht.
Willst Du mit einem Naray zusammenarbeiten, erlerne ihre Art der Meditation und Kommunikation. Das geschieht durch Beobachten ihrer Energie.

In Larimar gibt es keine festen Regeln, wie die Narays zusammen leben. Mal geschieht das in Gemeinschaften, mal im Alleingang mit ihrem Ponom.
Sie lieben es, Dinge, die ihnen Freude bereiten, zu manifestieren. Das kann ein Haus, eine Schaukel, ein See oder ein Baum sein. Ist ihr Bedürfnis befriedigt, lösen sie die Energie auf und schöpfen etwas Neues.
Ein enges Verhältnis besitzen die Narays untereinander nicht. Sie fühlen sich niemanden verpflichtet.
Sie bleiben gerne an einem Ort in ihrer Sphäre. Sie lieben das Gewohnte. Veränderungen nehmen sie hin, jedoch ohne Freude am Neuen. Sie geben sich den veränderten Umständen hin. Dabei empfinden sie keine Emotionen. Freundschaften pflegen sie keine. Sie kommen mit allen gut aus, sind an tiefgehenden Verbindungen jedoch nicht interessiert.
Fällt es Dir schwer, Freundschaften ziehen zu lassen, bitte einem Naray um Unterstützung.

Ponom

Ponom ist ein Wesen, das die Formen von „Tieren“ wählt. Sie formieren sich unterschiedlich. Ihre Ausdrucksweise ist sensibel auf das Erscheinungsbild ihres Narays abgestimmt. Je nach Charakter des Narays, fand der Ponom seinen Weg zu seinem eigenen Erscheinungsbild.
Ponom sind hingebungsvolle Wesen, die unter der universalen Situation leiden. Ihre weiche und zärtliche Ausstrahlung berührt alle Wesen in der Liebe. Alle Ponom sind die Zwillinge der Drachenwesen, die sich gleichermaßen mit ihren Lichtwesen verbinden.
Im Gegensatz zu den Drachen sind Ponom anhängliche und behutsame Wesen. Sie beschützen auf ihre ureigen Weise die Narays und begleiten sie gütig zu ihrer Erleuchtung. Sie geben sich

allem hin und widersprechen niemals. Sie geben wenig Instruktionen oder Empfehlungen.

Übungen mit der Larimar-Sphäre

- Verbinde Dich geistig mit dem Namen „Larimar-Sphäre " oder meditiere mit der Energie.
- Lege Deine linke Hand auf Dein Herzchakra und singe.
- Gebe Deinen Zeigefinger auf Dein drittes Auge und meditiere.
- Kommuniziere mit dem Vorsteher Alewar oder mit Seraphim Metatron.
- Willst Du Deine Bewusstwerdung beschleunigen, verbinde Dich mit Avatar Alewar.
- Bei Unzufriedenheit oder Aggressivität hilft Dir die Energie von Larimar ruhiger zu werden.
- Fühlst Du bezüglich Deines Körpers Scham oder Scheu, verbinde Dich mit einem Naray.
- Arbeitest Du mit Narays, so sei Dir bewusst, dass sie niemals lehren oder Dir etwas zur Verfügung stellen, außer das Vertrauen, dass Du zu allem fähig bist, was Du willst.
- Willst Du einen Bewusstwerdungsprozess nach Art der Narays vollbringen, bitte sie, Dir ihre kraftvolle Energie der Meditation zu erklären. Dazu musst Du nichts weiter tun, als sie werken zu lassen.
- Willst Du Deine Meisterschaft erreichen, ist eine Inkarnation in die Larimar-Sphäre anzuraten. Hier lernst Du selbstständig Deinen Erleuchtungsweg zu beschreiten. Du bist in der Sphäre nicht versucht, um Unterstützung zu bitten, Du weißt, es gibt keine. Bist Du noch nicht bereit, auf die Weise zu handeln, ist von einer Inkarnation abzuraten.

Die Übungen werden Dich intensiver mit der Energie der Larimar-Sphäre verbinden. Bei regelmäßiger Anwendung ist eine Verbesserung Deines Lebensgefühls und Wohlbefindens deutlich spürbar. Es ist eher unwahrscheinlich, dass ein Wesen aus der Larimar-Sphäre persönlichen Kontakt aufnimmt, jedoch ist es nicht ausgeschlossen.

SEELENSPHÄRE
Zamarah
CHAMUEL
www.chamuel-world-of-spirit.com

Zamarah-Sphäre

Kurzbeschreibung Zamarah-Sphäre

Seelensphäre	Zamarah
Begleitender Engel	Seraphim Nathaniel
Erste Manifestation	vor 6 – 4,5 Milliarden Jahren
Bekannter Avatar	Lord Tonjash, Lady Mysmej
Vorsteher	Avatar Tonjash
Ort der Manifestation	gleichmäßig gesamte Erde
Unterste Dimension	8. Dimension 10. Ebene
Letzter Aufstiegsprozess	vor 38.000 Jahren
Jetzt im Aufstiegsprozess	Nein
Lichtwesen	Drachenreiter
Andere Seelengruppen	Drachen, Feuer
Menschliche Inkarnationen	Drachenreiter

Die Zamarah-Sphäre ist die Sphäre der aktiven Handlung zum Wohle Gottes. Keine andere Sphäre ist dergestalt klar und direkt bei der Ausrichtung auf Gott. Sie ist feurig und temperamentvoll in allen Bereichen.
Die Zamarah-Sphäre verkörpert die konkrete Realität zur eigenen Göttlichkeit. Ohne Umwege leben sie die Direktheit im Vollkommenen. Sie verbinden sich auf vollendete Art miteinander. Lichtwesen und Drachen bilden EINE Einheit. Das Feuerwesen umhüllt und durchdringt die Sphäre.

Energieform:
Tiefe Verbindung mit allen Wesen im Universum, Gradlinigkeit, freiheitsliebend, direkte Kommunikation, Vernunft, Selbstreflektion, aktive Handlung, unnachgiebig, liebevolle Herzlichkeit, Vertrauen, unbarmherzig im Kampf gegen Negativität, reinigend, schonungslose Ehrlichkeit, Schutz gegen Negativität, Kompromisslosigkeit beim Durchsetzen der Wahrheit, Naturverbundenheit, Erhaben, Stolz, Würde

Wirkt unterstützend bei:
Unehrlichkeit, Selbstbetrug, Angst vor der Realität, Selbstreflektion, fehlendem Durchhaltevermögen, Wahrheitsfindung, Realitätsverlust, Kältegefühl, Angst vor Feuer, Mangeldenken, Wankelmütigkeit, innere und äußere Unsicherheit, mangelnder Selbstwert, Schwäche, seine Meinung zu äußern

Bevorzugte Berufswahl:
Feuerwehr, Geologe, Paläontologe, Schweißer, Zoologe, Bergsteiger, Psychologe, Reporter, Kaminfeger, Turnierreiter, Pyrotechniker, Politiker, Künstler, Feuertänzer/Akrobat, Pilot, Sozialpädagoge, Lehrer

Begleitender Seraphim:
Seraphim Nathaniel ist der begleitende Seraphim für die Zamarah-Sphäre.
Nathaniels Name bedeutet: Gottes Gabe.
Er ist mit seiner direkten und unumwundenen Art wundervoll mit der Zamarah-Sphäre verbunden. Seine liebevolle Strenge und Unnachgiebigkeit passt sich hervorragend an die Energie der Sphäre an. Nathaniel ist der Hüter der göttlichen Entfaltung. Alle Wesen müssen seine Energie durchlaufen, wollen sie in die zwölfte Dimension aufsteigen.

Allgemeines

Zamarah erscheint in der Sphäre als ein einziger Energiestrudel aus Feuer. Seine rasend schnelle Energieschwingung entfacht ein regelrechtes Feuerwerk. Nicht einen Moment des Innehaltens gibt es in Zamarah. Alles pulsiert hochfrequent und die gesamte Sphäre fließt ineinander, löst sich, vereinigt sich wieder und explodiert in einem riesigen Feuerball.
Gleichzeitig strahlt die Sphäre eine unbeschreibliche Ruhe aus. Alles geschieht mit göttlicher Präzision und in vollendeter Übereinstimmung mit den Seelen der Sphäre. Benötigst Du Antriebskraft um ein Unterfangen zielstrebig und in Ruhe zu vollenden, verbinde Dich mit Zamarah.

Die Wesen erscheinen auf den ersten Blick als eine gesamte Seele. Tatsächlich jedoch sind es Milliarden einzelner Charaktere, die sich perfekt miteinander verbinden.
Alle Wesen in Zamarah sind charakterstarke Wesenheiten. Sie lassen sich nicht beeinflussen oder gar manipulieren. Sie teilen klar und ohne Rücksicht ihre Ansichten mit.

Zamarah besitzt nicht die Vielfältigkeit anderer Sphären. In ihr leben genau drei unterschiedliche Wesenheiten: Das Feuerwesen, das eine einzige Wesenheit ist, die Lichtwesen und die Drachenwesen. Dennoch ist die Mannigfaltigkeit der Energien gigantisch beeindruckend.
Die Wesenheiten aus Zamarah inkarnierten alle ins irdische Matrixfeld. In heutiger Zeit jedoch ist die stärkste Präsenz auf der Erde die des Feuerwesens.

Lichtwesen, also die Drachenreiter, inkarnieren weiterhin auf die Erde, allerdings hat sich ihre Zahl sehr reduziert. Drachen inkarnieren sehr selten auf die Erde. Sie zogen sich weitestgehend aus der Materie zurück. Lichtwesen und Drachen fanden in anderen kosmischen Projekten optimalere Bedingungen zur Bewusstwerdung. Die tiefe Dichte der Erde bietet für diese Wesen keine Entfaltungsmöglichkeiten mehr. Inkarnieren sie, dann zur Bewusstwerdungsunterstützung der Erde.
Willst Du in tiefer Meditation Dich ganz auf Dich und Deine Sphärenwanderung konzentrieren, verbinde Dich mit Zamarah.

Zamarah ist wild in seiner Energie. In seiner Wildheit ist sein Ziel unmissverständlich auf die liebevolle Entfaltung des göttlichen Bewusstseins gerichtet.
Mit der Erde sind die Wesen aus Zamarah vorwiegend durch das Feuerwesen verbunden. Das Wesen liebt innig die Art des irdischen Daseins. So lange wir das Feuerwesen auf der Erde benötigen, wird es uns zur Verfügung stehen, was angesichts der wesentlich höheren Sphärenschwingung nicht unbedingt voraussetzbar ist. Einige Wesen aus den Sphären verließen das Erdenprojekt bereits. Das Feuerwesen dient der Erde in vielerlei Hinsicht. Es kann zerstören und es kann heilend und nährend sein.
Bist Du unsicher in Deiner Handlungsweise, berate Dich mit dem Feuerwesen oder mit einem Drachen.

Die unterste Bewusstseins-Stufe befindet sich in der achten Dimension zehnte Ebene. Sollte die Erde weiterhin in der dritten Dimension verweilen, wird es für Lichtwesen aus Zamarah schwieriger, ins irdische Feld zu inkarnieren. Momentan wird mit keinem Aufstieg Zamarahs in die elfte Ebene gerechnet. Allerdings ist nicht immer voraussehbar, wie eine Bewusstseinsentwicklung vonstattengeht. Eine Beschleunigung des Aufstiegsprozesses wird unter anderem durch das Übernehmen der Selbstverantwortung gefördert.
Willst Du Deinen Aufwachprozess beschleunigen, begutachte, in welchen Bereichen Du Deine Verantwortung abgibst.

Das erste Zusammentreffen der Energiefelder von Zamarah und der Erde fand in Island statt. Noch heute sind in Island die Zamarah-Energien am deutlichsten spürbar.
Das Feuerwesen breitete sich von Island ausgehend blitzartig über das gesamte Energiefeld der Erde aus.
Die Drachenenergie kam später hinzu und Lichtwesen aus Zamarah inkarnierten nach der Zeitepoche von Atlantis.

Zamarah entfaltet auf der Erde eine eindringlich intensive bombastische Energie. Es ist nicht möglich, sich ihr auf der Erde zu verweigern. Sie ist spürbar. In der Sphäre erscheint sie nicht weniger spektakulär. Zamarah ist die Seelensphäre mit der ausdrucksstärksten Präsenz. Dafür sorgen die Drachen mit ihrer klaren und direkten Energie. Spüren Drachen einen Hauch von Unsicherheit in einem Wesen, löschen sie diesen in Zusammenarbeit mit dem Feuer aus. Drachen sind an keinen Diskussionen interessiert, es sei denn, sie machen sich einen Spaß aus der Verwirrung anderer. Lass Dich niemals auf eine längere Diskussion mit einem Drachen ein. Sei versichert, Du verlierst. Drachen verstehen es ausgesprochen hervorragend, die Sinne ihres Gegenübers zu verwirren.
Lichtwesen, also die Drachenreiter, sind stille und zurückgezogene Wesen. Sie sind Beobachter.
Das Feuer ist ausgesprochen temperamentvoll und hat seine Energie des Öfteren im Überschwang nicht so ganz unter Kontrolle.

Die Seelen aus Zamarah sind streng und fordernd. Sie akzeptieren keine Unsicherheit und auch kein Wenn und Aber. Sie können durchaus vernichtend erscheinen. Sie unterstützen keine Wesen, die nicht klar in ihren „Forderungen“ und im Willen sind.
Wenden sie sich einer Seele als Begleiter zu, erfährt dieser eine unangenehme Zeit. Sie konfrontieren massiv und akzeptieren keine Schwäche.
Entweder ein Wesen will oder eben nicht. Dazwischen gibt es für Zamarah-Wesen nichts.

Die Heilenergie des Feuers ist für die Erde außerordentlich wichtig. Das Feuer erfährt in sich nichts Schmerzvolles. Es ist zur Selbstreinigung fähig und benötigt in der Sphäre keine Stätte der Heilung.
Drachen würden niemals eine andere Seele als ihre Drachenreiter um Unterstützung bitten. Sollte ein Drachen, was sehr selten vorkommt, Hilfe benötigen, so erfährt er sie in seiner Sphäre.
Drachenreiter sind die einzigen Lichtwesen, die NICHT den Heilungsweg über Lemurien beschreiten. Sie erzeugen ein Energiefeld im Kosmos in dem sie sowohl durch das Feuer wie durch ihre Drachen Reinigung und Heilung erfahren.
Willst Du eine Verbesserung Deiner spirituellen Lebensqualität erreichen, bitte ein Wesen aus Zamarah um Unterstützung.

Festaktivitäten gibt es auf Zamarah keine. Für sie ist das „Kinderkram“. Sie fühlen sich zu erhaben, um solche Spiel zu spielen. Solche Vergnügungen sind unter ihrer Würde.
Dennoch leben sie Freude und Witz. Sie sind gerne zusammen und erzählen sich Geschichten und Erlebnisse. Dabei präsentieren sie einen kleinen Hang zur Ausschmückung.
Besondere Plätze für Versammlungen besitzen sie in der achten Dimension nicht mehr.
Sie sind so verbunden, dass sie immer und allzeit miteinander kommunizieren können.
Im Kosmos ist Zamarah eine pulsierende Erscheinung. Alles flimmert und wirkt übermäßig lebendig.
In keiner anderen Sphäre ist die Strenge Gottes so spürbar wie in Zamarah. Sie konfrontiert und gleichzeitig öffnet sie Türen und zeigt Wege auf.

Eine Hauptaufgabe Zamarahs im Kosmos ist die Aufsicht über den Bewusstwerdungsprozess im Allgemeinen.

Die Drachenreiter

Das Erscheinungsbild der Drachenreiter ist streng. Sie strahlen eine ruhige Entschlossenheit aus, die leicht mit Unnahbarkeit verwechselt wird. Drachenreiter sind ausgeglichene Wesen. Es gibt gleich viel männliche wie weibliche Drachenreiter. Sie behalten ihre Schwingung bis in die elfte Dimension bei. Ab der elften Dimension heben sich die weiblichen oder männlichen Schwingungen auf. Sie entstehen durch unser Polaritätsprinzip. Im Universum können wir unsere Form wählen. Jedes Wesen probiert sowohl die männliche wie ebenso die weibliche Schwingung aus. Willst Du auf der Erde erfahren, wie sich das andere Geschlecht anfühlt, verbinde Dich entweder mit der männlichen oder der weiblichen Schwingung.

Die Ausdrucksform der Drachenreiter in Zamarah könnten wir als extrem durchtrainiert betiteln. An ihnen ist nichts Weiches oder Sanftes. Sie wirken stählern. Ihre Größe variiert stark und zudem legen sie sich niemals fest.
Sie sind hoheitsvoll und achtsam im Umgang miteinander. Jedoch geht es wesentliche rauer zu als im Rest des Universums. Das betrifft vorwiegend den Umgang miteinander. Zärtliches Gesäusel ist ihnen fremd und unangenehm. Sie sprechen eine klare und unmissverständliche Sprache. Alles Blumige ist ihnen suspekt und wird nicht gelebt.
Ihre „Kleidung" in den unteren Sphären ist zweckmäßig, ohne verspielte Accessoires. Sie wählen in den unteren Dimensionen gedämpfte Erdtöne wie beispielsweise ein sanftes rot, braun oder orange. Ihre „Kleidung" ähnelt dem Design von Militäranzügen, allerdings wesentlich luftiger. Die Sphäre ist extrem heiß.

Drachenreiter sind „bodenständige" und handfeste Wesen, die exakt wissen, was sie wollen. Sie bekunden sehr deutlich ihre Meinung. Teilen sie etwas mit, so geschieht dies gerade heraus.
Sie bewegen sich rasend schnell und exakt. Alles geschieht dennoch in Ruhe und mit stiller Gelassenheit. Ihre Gradlinigkeit ist durch ihre Handlung spür- und fühlbar. Kein Handgriff ist zu viel, nichts wird ausgelassen. Sie finden immer genau die Mischung und

all ihre Aktionen werden speditiv/rasch erledigt. Müßiggang gibt es in der Sphäre nicht. Sie lieben es, in der Ruhe ihre Aufgaben zu erfüllen.
Arbeitest Du mit einem Drachenreiter zusammen, musst Du klar in Deinen Gedanken sein. Spreche Deine Bedürfnisse deutlich aus. Zeige keine Unsicherheit in Deinen Absichten.

Kommunizieren Drachenreiter, sind die Aussagen präzise und verständlich. Sie sind qualifiziert, sich jedem Wesen verständlich mitzuteilen. Sie nutzen hierfür alle Kanäle, die es im Universum gibt. Sie können beispielsweise durchaus die verschlungene Sprache der Elben oder Feen sprechen und nutzen sie, sofern es erforderlich erscheint.
Inkarnieren Wesen in die Zamarah-Sphäre, so lernen sie rasch die Ausdrucksweise der Sphäre. Besonders die Drachen sind keine geduldigen Wesen, wenn es um Kommunikation geht. Bei der Kommunikation mit Drachenreitern ist es vorteilhaft, sie direkt anzusprechen. Über Dritte etwas mitzuteilen, nehmen sie sehr übel.

Ansonsten ist die Kommunikation mit Drachenreitern sehr unkompliziert. Sie sind nicht zimperlich, sofern Kritik konstruktiv und unterstützend angebracht wird. Sie selbst sagen im Augenblick des Geschehens ihre Meinung. Niemals teilen sie etwas mit, was nicht zeitnah ist. Prinzipiell sind Drachenreiter stille Wesen, die keinen Smalltalk praktizieren.
Mit ihrem Drachen ist eine Kommunikation hinfällig. Sie wissen, was sie gegenseitig benötigen oder was zu tun ist.

- Sie sind streng und präzise.
- Sie sind humorvoll und kameradschaftlich.
- Sie lieben die Verbundenheit zu ihren Drachen.
- Sie lieben die Weite ihrer Sphäre.
- Sie sind absolut loyal.
- Sie sind klar strukturiert.
- Sie sind schlicht und ausdauernd.
- Sie lieben es, gemeinsam mit ihren Drachen zu fliegen.
- Sie sehen alle Geschöpfe im Universum auf der gleichen Stufe.
- Sie sind „stolz“ und königlich.
- Ihr Motto ist: Einer für alle, alle für einen.
- Sie neigen zu Untertreibungen.

- Sie sind gute Vermittler.
- Sie stehen nicht gerne im Mittelpunkt.

Drachenreiter lieben das gesellige Beisammensein. Sie können eine Zusammenkunft unendlich lange ausdehnen und genießen. Zusammen mit ihren Drachen und dem Feuerwesen kosten sie jedes Fest aus. Sie nutzen die göttliche Schwingung für wundervolle Musik, die sehr bombastisch anmutet. Musik oder Feste nehmen jedoch keine übergeordnete Rolle in der Sphäre ein. Sie werden gelebt, wenn es gerade gefällt und angenehm ist.

Drachenreiter sind gesellige Wesen, jedoch sind sie genauso gerne mit ihrem Drachen allein. Sie verbringen nicht selten gemeinsam eine Zeit der Bewusstwerdung in einsamen Gefilden. In dieser Zeit schotten sie sich vom Rest der Gruppe oder Familie ab und konzentrieren sich ausschließlich auf ihre Entfaltung. Da Drachenreiter und Drache ihre Bewusstwerdung aneinander gekoppelt haben, besteht die Chance, dass sie wesentlich zügiger zur Erleuchtung gelangen. Da wir im Universum der Polarität verweilen, kann es geschehen, dass das Gegenteil eintritt, das heißt, der Prozess wird durch einen der beiden aufgehalten. Das ist glücklicherweise die Ausnahme.
Die gemeinsame Bewusstwerdung ist zwingend, da sie nur einheitlich aufsteigen können. Kein Drache und kein Drachenreiter kann ohne seinen Partner in der neuen Ebene existieren.
Bei einem Bewusstwerdungsprozess ist der Drachenreiter gemeinsam mit seinem Drachen auf sich allein gestellt. Sie erhalten von keinem anderen Wesen Unterstützung oder Hilfe. Benötigst Du Mut, einen Weg alleine zu beschreiten, verbinde Dich mit einem Drachenreiter und seinem Drachen.

Drachenreiter sind hervorragende Mentoren. Als Lehrer im Allgemeinen kann man sie nicht bezeichnen. Sie lehren nicht, sie erklären oder legen etwas dar. Das ist für sie ein großer Unterschied.
Sie geben Unterstützung und Hilfestellungen, sofern sie gebraucht werden. Das bedeutet, sie warten ab, um zu sehen, wie ein „Schüler" mit einer Situation umgeht. Verstrickt er sich, geben sie Impulse. Drachenreiter fungieren als geistiger Begleiter in der Sphäre und sind in dieser Aufgabe bei allen Wesen im Kosmos außerordentlich beliebt. Besonders bei Inkarnationen auf die Erde

werden sie und die Drachen oft gebeten, Begleiter zu sein.
Sie greifen selten in Bewusstwerdungsprozesse ein, vielmehr senden sie ihrem Schützling klare Impulse.
Untereinander unterstützen sie sich vorbildlich. In keiner anderen Sphäre wird das gemeinsame Erwachen in solchem Ausmaß er- und gelebt.

Drachenreiter und ihre Drachen sind vielseitig im Kosmos unterwegs. Sie inkarnieren in alle Sphären und gleichfalls in alle Ebenen und Dimensionen. Sie unterstützen vielmals Seraphim Michael bei seiner Arbeit und ebenso ihren Begleiter Seraphim Nathaniel. Drachenreiter und Drachen sind herausragende Kämpfer für Gott. Ihr intuitives Wissen, wie man Luzifer und seinen Mannen Einhalt gebietet, ist bemerkenswert. Obwohl sie jegliche Art von Gewalt verabscheuen, sind sie bereit, ihr Können in den Dienst Gottes zu stellen. In ihrer eigenen Sphäre lehnen sie Gewalt ab, auch in den unteren Dimensionen. Drachen sind kraftvoll, jedoch nicht kriegerisch. Ebenso verhält es sich mit den Drachenreitern. Willst Du Deine Kraft ohne zerstörerische Elemente leben, nutze die Weisheit.

Drachenreiter interessieren sich nicht für einzelne Entwicklungsstufen im Universum. Sie arbeiten mit vielen Wesen in den kosmischen Räten zusammen. Sie feilen am großen Universums-Plan. Kleinigkeiten sind uninteressant und werden ignoriert. Drachenreiter fokussieren sich auf das Gesamtbild und arbeiten am Allumfassenden. Sie lassen das mit einer Hingabe geschehen, dass sie alles um sich herum vergessen können. Sie sind ausgesprochen ausdauernd.
Arbeitest Du mit Drachenreitern zusammen, sei Dir bewusst, dass Du einiges an Ausdauer mitbringen musst.

Drachenreiter schließen sich zu Gemeinschaften zusammen. Die Gemeinschaften bestehen über lange Zeitabschnitte hinweg, genauer ausgedrückt: Sie bestehen so lange, bis ein Drachenreiter und sein Drache in die nächste Ebene aufsteigen.
Eine Gemeinschaft besitzt eine gigantische Größe. Sie ist allerdings breit gefächert und verteilt sich auf ein unermesslich weites Gebiet. Enge ertragen weder Drachen noch Drachenreiter.
Es gibt in der Sphäre keine Gebäude. Vielmehr bildet das Feuerwesen gigantische Gebilde, in denen sich die Drachen und

Drachenreiter aufhalten.
Drachenreiter beschreiten nach einer Inkarnation ihre eigenen Heilwege und verweigern die Unterstützung von Lemurien.

Hauptaufgabe der Drachenreiter ist, das Universum vor falschen Illusionen zu schützen. In den einzelnen Sphären ist die Energie der Illusion zum Teil unbewusst, jedoch liebevoll. Nicht jede Illusion ist bösartig. Prinzipiell bedeutet Illusion, dass ein Wesen seinen Weg zu Gott nur eingeschränkt wahrnehmen kann, da irreführende Wege sichtbarer sind. Im Kosmos können sowohl Luzifer wie ebenso seine Gehilfen Illusionsfelder erschaffen. Sie funktionieren wie Spinnennetze. Verfängt sich ein Wesen darin, eilen die Drachen und Drachenreiter zur Hilfe und befreien die Wesen.

Drachen

Das Erscheinungsbild der Drachen unterscheidet sich nicht wesentlich von der irdischen Formgebung. Allerdings zeigen sich Drachen auf der Erde nicht sehr kreativ. Das ist in ihrer Sphäre komplett anders. Hier findet die Form unendliche Möglichkeiten sich auszudrücken.
Drachen wirken gleich wie Drachenreiter streng. Zudem könnte der Eindruck von Überheblichkeit entstehen, was sie durchaus auch sind. Sie sehen sich als die intelligenteste Wesenheit im Universum an. Die Drachenreiter belassen sie in diesem Glauben, sie führen mit ihren Drachen keine Diskussionen.
Drachen besitzen wesentlich mehr unterschiedliche Charaktere als Drachenreiter. Die Charaktereigenschaften reichen von wild bis handzahm, von kriegerisch bis lieblich.

Drachen sind freundlich, solange man sie nicht hinters Licht führen will. Unaufrichtigkeit ertragen sie nicht. Sie selbst allerdings drehen die Wahrheit des Öfteren nach ihren Bedürfnissen. Überhaupt sind sie sehr launisch und schnell pikiert.
Sie wollen wie Könige behandelt werden und im Gegenzug behandeln sie ihr Gegenüber wie einen Untergebenen. Bis auf ihre Drachenreiter. Die werden immer respektvoll behandelt.
Bitte beachte, dass Drachen hochsensible Wesen sind. Sie erkennen viele Wahrheiten. Welche Wahrheit sie gerade leben,

erschließt sich Dir nicht immer auf Anhieb.

Drachen sind bedingungslos fürsorglich. Sie lieben es, Wesen zu beschützen. Handelt ein Wesen allerdings gegen die Überzeugung eines Drachen, kann sich das Blatt blitzartig wenden.
Drachen besitzen durchweg eine strenge und unnachgiebige Ader, die sie bei Bedarf durchaus einsetzen.
Sie beobachten gerne ihre „Schüler", um sie anschließend zu sich zu zitieren.
Sie bewegen sich schnell und leise, was den Nachteil hat, dass sie nicht immer frühzeitig von ihren Schülern wahrgenommen werden. Arbeitest Du mit Drachen, versuche immer darauf zu achten, wo sich Dein Drache befindet. Sie lehren Dich, Deine Wahrnehmung anzuwenden. Drachen sind sehr genau und jede kleinste Verfehlung wird augenblicklich beanstandet.

Drachen sind unerschöpfliche Wesen. Pausen machen sie selten, sie sind lieber in Bewegung.
Es gibt unterschiedliche Drachenwesen. Gleich wie bei Licht- oder Engelwesen sind alle Charaktere vorhanden.

Drachen nutzen viele Kanäle zur Kommunikation. Sie sind zudem fähig, genauso wie wir zu sprechen. Das ist ein wesentlicher Unterschied zu vielen anderen Wesen, die ähnlich in der Essenz sind.
Drachen sind sehr ungeduldige Wesen.
Sie spielen gerne mit ihrem Gegenüber und das mit großem Vergnügen.

Drachen sind im Gegensatz zu Drachenreitern sehr komplexe und komplizierte Wesen.
Sie besitzen verschlungene Pfade des Denkens und keiner außer den Drachenreitern kann ihnen folgen. Sie sind perfekt darin, Wesen zu verwirren und ihnen hierdurch ihre Schwächen auf klare und oft brutale Art vor Augen zu führen.

- Sie sind unnachgiebig.
- Sie sind auf lehrreiche Art hinterhältig.
- Sie lieben die Verbundenheit zu ihren Drachenreitern.
- Sie lieben die Freiheit.
- Sie sind machtvoll.

- Sie sind beschützend.
- Sie sind herrschaftlich.
- Sie lieben die Intelligenz.
- Sie tragen das goldene Herz und teilen es mit den Drachenreitern.
- Sie sind majestätisch und temperamentvoll.
- Sie lieben Rätsel.
- Sie neigen zu Übertreibungen.
- Sie sind gute Begleiter.
- Sie stehen gerne im Mittelpunkt.

Drachen lieben es, bei Festen auf der Erde oder in anderen Sphären zuzusehen. Sie beteiligen sich je nach Befinden sogar daran, z.B. mit himmlischen Farbspielen.
Sie lieben Musik noch mehr als die Drachenreiter und können sich meist nicht satthören.
Drachen lassen sich ab und an dazu hinreißen, wundervolle und vor allen Dingen lange Reden zu halten. Diese sind feurig, doch die Dauer überfordert so manchen.
Drachen lieben es, gleichfalls mit ihren Drachenreitern allein durch das unermesslich große Universum zu fliegen.
Willst Du eine Sphärenwanderung auf besondere Weise erleben, bitte einen Drachen mit Dir durch das Universum zu fliegen. Viel Freude!

Drachen sind ebenso wie Drachenreiter hervorragende Mentoren. Allerdings geht es bei ihnen wesentlich strenger und kontrollierter zu. Sie ahnden jede Kleinigkeit. Dennoch ist es vorteilhaft, mit Drachen zusammen zu arbeiten. Sie konfrontieren, zeigen jedoch gleichzeitig Wege und Lösungen auf.
Das gilt allerdings nur bei Schülern, die einen absoluten Willen zur eigenen Entfaltung zeigen.
Willst Du Spiritualität mehr zum Zeitvertreib oder als Hobby erleben, rate ich Dir ab, mit Drachen zu arbeiten. Es wäre möglich, dass unangenehme Situationen auf Dich warten. Drachen sind strenger als Metatron.

Drachen übernehmen viele Aufgaben im Universum. Sie sind oft Boten zwischen verschiedenen Welten oder Sphären. Sie lieben es, Seraphim Michael zu dienen. Er ist der Einzige, der ihnen Befehle erteilen darf.

Drachen verabscheuen alles, was mit Luzifer zu tun hat. Sie wurden in unterschiedlicher Art massiv von ihm missbraucht. Einige Drachen befinden sich weiterhin in den Fängen von Luzifer.
Sie werden, wie alle anderen Wesen gleichfalls, irgendwann ihre Liebe wieder entdecken und in die Lichtreiche zurückkehren.

Drachen sind ausgesprochen ausdauernde Wesen. Sie bleiben geduldig an einem Thema dran, bis es gelöst ist. Sie können Millionen Jahre auf den richtigen Moment warten. Als Begleiter sind sie bedauerlicherweise weniger geduldig. Hier können sie sogar richtiggehend ungeduldig sein. Arbeitest Du mit Drachen zusammen, sei Dir bewusst, dass Drachen Dich vollkommen durchschauen.

Feuerwesen

Das Feuerwesen ist eine einzige Wesenheit. Vergleichbar mit dem Wasserwesen oder dem Windwesen.
Es ist in der Sphäre das temperamentvollste. Das Feuerwesen besitzt weder zu Drachen noch zu den Drachenreitern eine innige Verbindung. Vielmehr wirbelt es in der gesamten Sphäre umher.
Es beteiligt sich an nur peripher an Festaktivitäten. Es sei denn, es wird explizit dazu eingeladen.
Das Feuerwesen ist gerne mit sich allein und vermeidet den engen Kontakt zu allen Wesen, die nicht aus der Zamarah-Sphäre kommen.
Dennoch liebt es alle Wesen und dient ihnen, wo immer es nötig ist.

Das Feuerwesen ist bereits in die zwölfte Dimension aufgestiegen und dient aus der Avatar-Ebene seiner Seelensphäre. Es bietet allen Wesen hervorragenden Schutz. Es ist eine wundervoll einhüllende und tragende Wesenheit.

Übungen mit der Zamarah-Sphäre

- Verbinde Dich geistig mit dem Namen „Zamarah-Sphäre " oder meditiere mit der Energie.
- Lege Deine linke Hand auf Dein Herzchakra und bitte ein Drachenwesen, sich mit Dir zu verbinden.
- Gebe Deinen Zeigefinger auf Dein drittes Auge und lass zur Reinigung die Energie des Feuerwesens hindurch fließen.
- Kommuniziere mit dem Vorsteher Laphron oder mit Seraphim Nathaniel.
- Benötigst Du intensiveres inneres Feuer, verbinde Dich mit dem Feuerwesen.
- Willst Du die reine Ursprungsenergie Zamarahs auf Erden spüren, verbringe Ferien auf Island. Gleich wo Du Dich in Island befindest, durch Deine Fußchakren kannst Du Zamarah-Energie aufnehmen.
- Bei Kontakt mit dieser Sphäre konzentriere Dich auf Deinen Willen und Deine Absichten. Spürt die Sphäre einen Hauch von Überheblichkeit in Dir, wird es keinen Kontakt geben!
- Hast Du das Gefühl, dass in einer Gemeinschaft nicht am gleichen Strang gezogen wird, öffne Dich für die Energie von Zamarah.
- Die meisten Menschen begleitet ein Drache auf Erden. Willst Du wissen, wie Dein Drache sich anfühlt, bitte ihn, sich Dir SANFT zu nähern.
- Bei der Kommunikation mit Drachen ist es vorteilhaft, ihnen in die „Augen" zu sehen. Hier erkennst Du schnell, ob sie mit Dir spielen, oder ein ernsthaftes Gespräch führen.

Die Übungen werden Dich intensiver mit der Energie der Zamarah-Sphäre verbinden. Bei regelmäßiger Anwendung ist eine Verbesserung Deines Lebensgefühls und Wohlbefindens deutlich spürbar. Bei stetigem Ausüben kann es geschehen, dass ein Drachenreiter oder ein Drache aus der Zamarah-Sphäre persönlichen Kontakt zu Dir aufnimmt.

SEELENSPHÄRE
Sun & Star
CHAMUEL
World of Spirit
www.chamuel-world-of-spirit.com

Sun & Star

Kurzbeschreibung Sun & Star

Seelensphäre	Sun & Star
Begleitender Engel	Seraphim Sandalphon
Erste Manifestation	vor 2 – 1,5 Milliarden Jahren
Bekannter Avatar	Lord Zorchey, Lady Xyna
Vorsteher	Avatar Laro
Ort der Manifestation	keinen festen Bezugspunkt auf der Erde
Unterste Dimension	1. Dimension 1. Ebene bis 12. Dimension 12.Ebene
Letzter Aufstiegsprozess	individuell
Jetzt im Aufstiegsprozess	individuell
Lichtwesen	Sonnen-, Sternen-, Planetenwesen
Andere Seelengruppen	Asteroiden, Kometen
Menschliche Inkarnationen	Sonnen-, Sternen-, Planetenwesen Mondwesen (sie inkarnieren nicht)

Sun & Star ist genau genommen keine Seelensphäre. Die Wesen schlossen sich zu einem lockeren Verbund zusammen. Wir auf der Erde nennen sie Galaxien oder Sonnensysteme.
Die Wesen besitzen unterschiedliche Charaktere und für sie ist es unangenehm, mit anderen Wesen verbunden zu sein. Die Sun- & Star-Sphäre ist die Energie der Selbständigkeit und Freiheit. In keiner anderen Sphäre wird die Selbstverantwortung in solchem Ausmaß gelebt.
Sie verkörpert die Unabhängigkeit schlechthin. Die damit verbundene Selbstreflektion ist gelebte Realität.

Energieform:
Die Wesen strotzen vor Selbstbewusstsein, Selbstreflektion, eigene Schwächen erkennen und akzeptieren, den eigenen Weg erkennen, Selbstbestimmung, Akzeptanz des Gegenübers, experimentelle Kreativität, selbstverantwortlich seinen Weg suchen und finden, lösungsorientiert, ehrliche Freundschaft, zielorientierte

Kommunikation, über sich selbst lachen, auf die eigene Individualität achten, Mut NEIN zu sagen

Wirkt unterstützend bei:
Opfer- und Täterrollen, Verleugnen der eigenen Kräfte, Resignation, Mangeldenken, Sehnsucht nach Partnerschaft, Angst vor dem Alleinsein, mangelndem Selbstwert, Selbstüberschätzung, Ablehnen der Eigenverantwortung, Aggression, Wille eigenständig Lösungen zu finden, sich zeigen

Bevorzugte Berufswahl:
Sie wollen schlicht alles ausprobieren.

Begleitender Seraphim:
Seraphim Sandalphon ist der begleitende Seraphim für die Sun- & Star-Sphäre.
Sandalphons Name bedeutet: Gärtner Gottes.
Sein Name passt hervorragend zu seiner Aufgabe. Das Universum ist der große Garten Gottes und Sandalphon betreut die Blumen Gottes in einer kindlichen und heiteren Weise.
Er ist mit seiner unkomplizierten und lebenslustigen Art wundervoll mit der Sun- & Star- Sphäre verbunden.
Seine umtriebige Lebensfreude, sein lockeres Auftreten passt sich hervorragend an die Energie der Sphäre an. Sandalphon ist der Hüter der göttlichen Galaxien. Sandalphon begleitet alle Sun- & Star-Wesen in allen Dimensionen.

Allgemeines

Sun- & Star-Sphäre ist keine Seelensphäre im herkömmlichen Sinne. Die Wesen verschmelzen nicht miteinander und bilden kein gemeinsames Energiefeld. Das ist der größte Unterschied zu allen anderen Sphären. Das ist, was sie - die „Sphäre" - einzigartig macht.

Anmerkung: Im weiteren Verlauf benutzte ich der Einfachheit halber weiterhin die Betitelung Sphäre.

Sun & Star erscheint in der Sphäre als hätte Gott einen riesigen, mit leuchtenden Diamanten gefüllten Beutel in den Kosmos verteilt.

Manchmal gibt es Ansammlungen von vielen Wesen, manchmal durchstreift ein Wesen allein den Kosmos. Sie rasen durchs Universum oder trödeln langsam vor sich hin. Alles ist möglich.
Alle Sun & Star-Wesen leben ihren Charakter vollkommen aus.
Benötigst Du mehr Vertrauen in Deinen eigenen Rhythmus, verbinde Dich mit der Sun- & Star-Sphäre.

Gleich wie die Zamarah-Sphäre pulsiert die gesamte Sun- & Star-Sphäre. Die Folge ist, dass das Universum gleichfalls von der ersten bis zur zwölften Dimension in einem wechselnden Rhythmus schwingt. Je nach Situation entstehen explosive Situationen im Kosmos und die Wesen liefern sich grandiose und spektakuläre Verfolgungsjagden.
Manchmal findet eine überwältigende Verschmelzung statt, ein andermal eine Aufspaltung der Seelen.
Eines findet man allerdings schwer in der Sun- & Star-Sphäre... Ruhe.
Willst Du Deine Facetten erforschen und ausprobieren, verbinde Dich mit der Sun- & Star-Sphäre.

Die Wesen erscheinen auf den ersten Blick unterschiedlich, sowohl in Form wie im Wesen an sich. Es erschließt sich jedem die Vielfältigkeit der Charaktere. Zudem ist sofort spürbar, welche Wesen miteinander eine Verbindung eingegangen sind.
Sie sind in der Lage, ihre Bedürfnisse kompromisslos durchzusetzen.
Bei oberflächlicher Betrachtung kann der Eindruck entstehen, dass die Wesen Egoisten sind. Sun- & Star-Wesen besitzen einige Charaktereigenschaften und eine gewisse gesunde Portion Egoismus gehört in den unteren Dimensionen sicher mit dazu.
Willst Du lernen, in einer Gruppe Deine Interessen wahrzunehmen, dann nehme Kontakt zur Sun- & Star-Sphäre auf.

In der Sun- & Star-Sphäre gibt es nicht nur Seelen mit einem großen Selbstbewusstsein.
Seelen mit sanften und fast schüchternen Charakteren sind gleichfalls vorhanden, so, wie die alles überstrahlenden Wesen.
Die Sphäre bietet Reichtum sowohl an Arten wie ebenso an Formen.
Dennoch besitzen alle Sun- & Star-Wesen eine Grundschwingung.

Vergleichbar mit beispielsweise Tier- oder Lichtwesen aus anderen Sphären.
Die Sphäre ist oft spektakulär im Auftreten. Wie auf der Erde geht es meist nicht friedlich zu. Prinzipiell kann davon ausgegangen werden, dass alle Wesen aus der Sphäre eine kriegerische Ader besitzen, welche sie ab der zehnten Dimension wandeln.
Im Gegensatz zu anderen Sphären können wir die Sun- & Star-Sphäre beobachten. Wir erhalten einen kleinen Einblick, wie grandios und gigantisch unser Universum ist.
Willst Du Deine Größe und Unendlichkeit intensiver spüren, verbinde Dich mit der Sun- & Star-Sphäre.

Sun- & Star-Wesen inkarnierten bis jetzt in geringer Zahl ins irdische Matrixfeld der Erde. Der Kosmische Rat der Erde hat beschlossen, dass künftig mehr Sun- & Star-Wesen ins irdische Energiefeld inkarnieren dürfen.
Im kosmischen Rat wird streng darauf geachtet, das Gleichgewicht zwischen den Seelen-Sphären auf der Erde einzuhalten.

Aus der Sphäre Sun & Star inkarnieren fast alle Wesenheiten. Dennoch verhält es sich so, das Sternen-, Planeten- und Sonnenwesen die häufigsten Vertreter sind.
Sie wählten, gleich wie Licht- oder Engelwesen, die menschliche Form.
Meist inkarnieren Seelen aus der dritten und vierten Dimension. Für sie ist die Erde ein optimaler Ort, um das Bewusstsein zu entfalten. Wesen aus höheren Dimensionen inkarnieren gleichfalls, allerdings weniger häufig.
Einer der Gründe für die Beliebtheit der Erde ist ihr Artenreichtum. Auf der Erde sind zwölf unterschiedliche Sphären aktiv beteiligt. Das fasziniert die Sun- & Star-Wesen ungemein. In ihrer Sphäre ist das Inkarnieren für Wesen aus anderen Sphären nicht einfach zu bewerkstelligen. Die Form einer Sonne oder eines Planeten anzunehmen, ist ein heikles und kompliziertes Verfahren. Prekär wird es für eine Seele, sofern sich die Inkarnation über Milliarden von Jahren hinzieht. Muss eine Inkarnation, aus welchen Gründen auch immer, abgebrochen werden, geschieht das auf spektakuläre Weise. Ein Sternen-, Sonnen- oder Planeten-Wesen löst sich nicht einfach in Luft auf. Das würde die gesamte Balance der Dimension ins Schwanken bringen.

Es ist zwingend erforderlich, Regeln und Vorgehensweisen einzuhalten.
Sind Situationen auf der Erde für Dich undurchschaubar und unklar, bitte um Energie von der Sun- & Star-Sphäre. Sie wird Dich dabei unterstützen, ungesunde Situationen klar zu trennen.

Für die Sun- & Star-Sphäre gelten besondere Aufstiegsmechanismen. Der Zusammenhalt einer Dimension und Sphäre gerät außer Rand und Band, verflüchtigt sich plötzlich ein Wesen. Die Sphäre ist nicht miteinander verschmolzen, jedoch bilden sie Verbände, in denen sie aufeinander angewiesen sind. Betrachten wir unser Sonnensystem. Es wäre für alle Beteiligten eine Katastrophe, würde sich der Mars bei seiner Entfaltung verflüchtigen. Durch die Destabilisierung würde unser Sonnensystem zusammenbrechen.
Die übliche Vorgehensweise ist, dass die Materie mit wenigen Seelenanteilen in der Dimension so lange verbleibt, bis alle Wesen aufsteigen.

Die Sun- & Star-Sphäre erscheint uns von der Erde aus als eine träge und langsame Energie. Das ist sie keineswegs. Sie lebt ihre Lebendigkeit im schnellen Tempo. Einzig durch unsere kurze Inkarnationszeit erliegen wir der Illusion von Zähigkeit.
Mit der Erde, also Gaia, sind alle Sonnen-, Planeten-, Sternen- und sonstige Wesen eng verbunden. Was nicht zwingend bedeutet, dass sie sich gegenseitig unterstützen. Das geschieht intensiver in den oberen Dimensionen. Ein Aspekt jedoch ist hoch erfreulich: Die Erde wird aus Machtspielen herausgehalten. Unser ganzes Sonnensystem unterliegt einem besonderen Schutz.
Benötigst Du in Situationen individuellen Schutz, verbinde Dich mit Seraphim Michael.

Die unterste Bewusstseins-Stufe der Sun- & Star-Sphäre beginnt in der tiefsten Seins-Form unseres Universums: Der ersten Dimension. Die erste Dimension befindet sich in einem Auflösungsprozess dennoch wirken Energien auf alle Sun- & Star-Wesen. Die Sun- & Star-Sphäre ist tief mit allen Dimensionen unseres Universums verbunden. Sie kann alle Ebenen wahrnehmen.
Die dritte Dimension wird zusehends unruhiger und alle Wesen,

einschließlich Gaia, streben mit aller Macht der fünften Dimension entgegen.
Die beste Unterstützung, die Du Gaia zur Verfügung stellen kannst, ist die, Dein eigenes Bewusstsein zu entfalten.

Das erste Zusammentreffen der Energiefelder von der Sun- & Star-Sphäre und der Erde kann man nicht allgemein beschreiben. Hier gilt es zwei unterschiedliche Aspekte zu berücksichtigen. Ein Aspekt wäre die Erschaffung unseres Sonnensystems. Dieser Zusammenschluss wurde vor fünfeinhalb Milliarden Jahren im kosmischen Rat der dritten Dimension beschlossen. Bis letztendlich alle Planeten, Sterne und Sonnen auf ihren Plätzen waren, verging einige Zeit.
Der zweite zu beachtende Aspekt behandelt die Inkarnation der unterschiedlichen Wesen auf die Erde. Als erstes inkarnierte ein Stern aus der dritten Dimension ins irdische Matrixfeld. Das war zu Beginn der jetzigen Samairis Zeitepoche. Also kurz nach dem Ende von Atlantis.
Dieser erste Kontakt lief wenig erfreulich ab, da der Stern die menschliche Materie nicht sehr gut annehmen konnte. Mit der Zeit und ein wenig Übung besserte sich die Lage. Allerdings fühlen sich die Wesen bis heute als Mensch nicht sonderlich wohl. Zum einen liegt das am menschlichen Körper, zum anderen am irdischen Dasein prinzipiell. Sie fühlen sich meist verloren und nicht verstanden.
Fühlst Du Dich weder im menschlichen Körper noch emotional auf der Erde willkommen, verbinde Dich mit Deiner eigenen Sphäre oder Deinem eigenen Aurafeld.

Die Sun- & Star-Sphäre entfaltet auf der Erde eine Energie des Suchens. Sie streben mehr noch als anderen Wesen ihrer Entfaltung entgegen.
Durch die Berührung mit solchen Wesen kann das Bedürfnis, den eigenen Entwicklungs-prozess schnellstmöglich voranzutreiben, entfacht werden.
Im Universum sind sie flächendeckend präsent. Sie mischen sich jedoch weniger in seelensphärische Angelegenheiten ein.
In kosmischen Räten ist ihre Anwesenheit zwingend. Sie versuchen allerdings, so weit als möglich, nicht in Projekte eingebunden zu

werden.
Sie sind Einzelgänger und bestrebt, das zu bleiben.
Sie diskutieren gerne, bleiben dabei jedoch oft diffus bei Antworten.
Sie legen sich nicht gerne fest.
Eine klare und exakte Beschreibung im Allgemeinen ist unrealistisch. Die Wesen weisen ein solches Spektrum an Abwechslungsreichtum auf, dass sie sich nicht in eine Schublade stecken lassen.

Die Seelen aus der Sun- & Star-Sphäre sind revolutionär und herausfordernd. Sie drehen Deine Argumente von oben nach unten und zeigen auf, welche Schwachstellen Deine Argumentation hat.
Bei Verwirrung und Unklarheit Deinerseits, bereitet es ihnen Vergnügen, Dich still zu beobachten. Sie liefern keine Antwort, sondern geben Impulse.
Fungieren sie als geistige Begleiter, lernt das zu betreuende Wesen, eigene Entscheidungen zu fällen und die Verantwortung in vollem Umfang zu tragen.
Ist es Dir ein Bedürfnis, ein Wesen aus der Sun- & Star-Sphäre zu begleiten, bitte darum.

Die Sun- & Star-Sphäre erfährt ihre Heilprozesse nach einer irdischen Inkarnation durch die lemurianische Heilenergie. Alle Seelen der Sphäre fühlen sich mit Lemurien innig verbunden.
Anders als bei den sonstigen Sphären begeben sich Sun- & Star-Wesen nicht nach Lemurien, Lemurien kommt zu ihnen.
Sun- & Star-Wesen nehmen gerne die Unterstützung aller Wesen in Anspruch, jedoch nur, wenn die Unterstützung nach ihren eigenen Regeln gegeben wird.
Alle Sun- & Star-Wesen lieben das Spektakel und Pompöse. Einfach einen Erleuchtungs-prozess zu durchlaufen, reicht ihnen nicht. Jeder soll sehen, wie sie aufsteigen.
Gelüstet es Dich nach mehr Glanz und Gloria in Deinem Leben, verbinde Dich mit der Sun- & Star-Sphäre.

Festaktivitäten gibt in der Sphäre keine. Hierzu sind die Wesen zu individuell. Sie würden sich nie einig werden, wie ein Fest abzulaufen hat.
Was nicht bedeutet, dass sie nicht ihren Spaß aneinander und miteinander haben. Den haben sie sogar in großem Ausmaß.
Die meisten Wesen besitzen einen tiefsinnigen Humor, der gepaart

mit dem Hang, sich selbst nicht zu ernst zu nehmen, für viel Heiterkeit sorgt.

Bedauerlicherweise sind nicht alle Wesen der Sphäre witzig, einige sind sehr ernst und streng. Sie sind es, die das Interesse in den kosmischen Räten für die Sun- & Star-Sphäre übernehmen.
Eine Hauptaufgabe der Sun- & Star-Sphäre ist es aufzuzeigen, wie wichtig die Selbst-verantwortung und Selbstwahrnehmung ist.

Sonnenwesen

Das Erscheinungsbild der Sonnenwesen ist strahlendes Leuchten. Sie sind leicht und neigen dazu, schwerwiegende Dinge zu verharmlosen.
Allerdings besitzen sie eine vulkanische Energie, die sich rapide Ausdruck verleiht, geht es nicht nach ihrem Willen. Sie sind die launigsten Wesen der Sphäre und man weiß nie hundertprozentig, wann die Stimmung umschlägt.
Sonnenwesen besitzen die weibliche wie ebenso die männliche Schwingungsform. Ihr Erscheinungsbild ist immer dasselbe, gleich welche Schwingung sie leben. Wie alle anderen Wesen legen sie das Weiblich-/Männlich-Prinzip in der elften Dimension ab.

Die Ausdrucksform der Sonnen ist in den unteren Sphären mit Lemurien gepaart. In den höheren Dimensionen ziehen die Stein-, Metall-, Feuer-Wesen oder sonstige Wesenheiten ihre Energie zurück und kehren in ihre eigene Sphäre zurück. Übrig bleibt die pure Energie des Sonnenwesens.
Kein Wesen der Sun- & Star-Sphäre ist fähig, Materie von sich aus anzunehmen. Die Materie wird ihnen zugeführt, beispielsweise durch einen Seraphim oder Avatar. Das ist ein großer Unterschied zu allen anderen Wesenheiten in unserem Universum.

Die Größe der Sonnenwesen variiert gigantisch. Sie sind zudem fähig, ihre Essenz auszudehnen oder zusammenzuziehen.
Sie sind nicht zimperlich was den Umgang mit ihresgleichen angeht. Sonstigen Wesen nehmen sie nicht sonderlich ernst, es sei denn, es handelt sich um Avatare oder Seraphim. Wobei auch hier gewaltige Unterschiede im Verhalten gemacht werden. Nicht jedem Seraphim oder Avatar wird der gebührende Respekt entgegen gebracht.

Sonnenwesen verdrehen gerne einmal die Spielregeln und biegen die Wahrheit, wie sie ihnen gerade angenehm erscheint.
Sie fühlen sich anderen Sun- & Star-Wesen haushoch überlegen und versuchen immer wieder, eine Führungsposition einzunehmen. Durch ihre Fähigkeit, verschiedene Problematiken auszublenden, gelingt ihnen das jedoch nur selten. Sie werden kontinuierlich von ihrer Umgebung mit ihren Schwächen konfrontiert. Das ertragen sie nur schwer. Sie fühlen sich königlich und sind bestrebt, das in vollem Ausmaß zu leben. Sie sind absolut extrovertiert. Von Schüchternheit halten sie nichts.
Fehlt es Dir ein wenig an Glanz und Extrovertiertheit, darfst Du Dich gerne mit einem Sonnenwesen verbinden. Das gilt ebenso, wenn es dir schwer fällt, Erfolge anzunehmen und zu genießen.

Sonnenwesen lieben es, lange an einem für sie angenehmen Ort zu verweilen. Vorzugsweise sollen alle anderen Wesen um sie herumkreisen. Sie sind der Mittelpunkt, um das sich alles dreht.
Sie bestimmen gerne über Wesen und führen, erwünscht oder nicht erwünscht, das Zepter. Läuft etwas nicht nach ihren Vorstellungen, lassen sie das jedes andere Wesen sofort spüren. Sie sind der Meinung, Emotionen müssen augenblicklich gelebt werden.
Durch ihre Launenhaftigkeit sind sie schwer einschätzbar. Was in einem Moment genehm ist, ist im nächsten Moment verpönt.
Sonnenwesen ruhen sich gerne in ihrem Glanz aus. Haben sie einmal einen Kraftakt erfolgreich absolviert, muss dieser für lange Zeit halten. Sie kosten ihn bis ins Kleinste aus.

Bei Kommunikation mit Sonnen achte darauf, ihnen mit präzisen Informationen oder Fragen zu begegnen. Sie sind nicht allzu geduldig. Sie reden lieber über sich selbst. Und das so viel und lange wie irgend möglich. Hinhören ist keine Stärke von ihnen. Es fällt ihnen zudem schwer, konstruktive Kritik anzunehmen. Erhalten sie Tipps, ignorieren sie diese vorzugsweise.
Sonnenwesen können schwer, gleich in welchen Bereichen, Unterstützung von anderen Wesen annehmen.
Fällt es Dir das gleichfalls schwer, Unterstützung anzunehmen, verbinde Dich mit Deinem Schutzengel.

Sonnenwesen besitzen dennoch eine wundervoll warmherzige Seite. Finden sie Gefallen an einem Wesen, neigen sie zur

Selbstaufgabe. Dann kennt ihre Hingabe und Liebe keine Grenzen. Sie verschenken zudem überall ihr Strahlen und ihren Glanz.

- Sie stehen gerne im Mittelpunkt.
- Sie sind wärmend.
- Sie lieben die Selbstbestimmung.
- Sie lieben es zu strahlen.
- Sie fühlen sich keinem verpflichtet.
- Sie sind extrovertiert.
- Sie sind tonangebend.
- Sie lieben es bedient zu werden.
- Sie sehen sich als Maß aller Dinge.
- Sie sind selbstbewusst.
- Sie neigen zu Übertreibungen.
- Sie neigen dazu, andere mit ihrer Liebe und ihrem Glanz zu überfordern.
- Sie sind gute Wächter.
- Sie halten das Universum im Gleichgewicht.

Sonnenwesen würden gerne ein geselliges Beisammensein leben. Bedauerlicherweise ist ihnen das durch die Konstellationen nicht immer möglich. Sie halten intensiven Kontakt mit allen Wesen um sie herum. Sie genießen es, alle Fäden in der Hand zu halten.
Sie lieben, wie fast alle Wesen im Universum, die Musik. Ihre Musik entsteht durch das dahingleiten im Kosmos.

Spüren Sonnenwesen, dass sie gerade nicht der Mittelpunkt des Geschehens sind, ziehen sie sich zurück. Hier ist es möglich, dass der Eindruck entsteht, sie sind gekränkt. In den unteren Dimensionen ist das sicher auch der Fall.
Sonnenwesen ertragen es schwer, allein zu sein, oder sich allein zu fühlen. Sie sind bestrebt, immer mehrere Wesen in ihrer Nähe zu haben.
Selbst bei intensiven Bewusstwerdungsprozessen bleiben sie präsent für andere. Sie durchschreiten ihre Entwicklung nicht im stillen Kämmerchen, sondern sichtbar für jeden.
Sie lassen alle an ihrem Werdegang teilhaben und nehmen die Anerkennung für einen Erleuchtungsschritt huldvoll entgegen.
Die Sun- & Star-Sphäre hat ihre Bewusstwerdung an die Dimension angepasst. Ist es Dir wichtig, gemeinsam mit Freunden zu wachsen, verbinde Dich mit der Sun- & Star-Sphäre.

Sonnenwesen sind wundervolle Lehrer. Einziger Wermutstropfen: Sie akzeptieren nur Schüler ab der siebten Dimension. Das gilt ebenso für Sonnenwesen, die die siebte Dimension noch nicht erreicht haben. Nehmen sie einen Schüler an, ist das ein wahrer Glücksfall, solange der Schüler keine Fragen stellt. Sie hören sich selbst gerne zu und referieren geschickt und spannend.
Sonnenwesen aus den hohen Sphären übernehmen häufig Lehreraufträge im Universum.
Freiwillig allerdings bieten sie selten Unterstützung an. Zudem verflüchtigen sie sich, sobald es darum geht, diverse Aufgaben im Kosmos wahrzunehmen.
Sie geben Hilfestellungen, werden sie darum gebeten, dennoch sehen sie ihre Aufgabe darin, andere Wesen anzustrahlen.

Eine Schwierigkeit stellt sich bei ihnen immer wieder: Sie können es nicht lassen, in Prozesse einzugreifen.
Hast Du das Gefühl, in Prozesse eingreifen zu müssen, verbinde Dich mit Seraphim Michael und bitte ihn um die Kraft des Abwartens.

Sonnenwesen inkarnieren in andere Sphären und Projekte. Vergleicht man die Inkarnationen mit anderen Wesen, ist die Anzahl gering. Sie bevorzugen eindeutig ihre eigene Form.

Ist es unabdingbar, beteiligen sie sich auch an Kriegen. Doch verhält es sich meist so, dass sie unfreiwillig mit hineingezogen werden.
Sie unterstützen lieber, indem sie Wesen erlauben, in ihr Energiefeld zu inkarnieren.
Willst Du an Projekten nicht teilnehmen, verbinde Dich mit einem Sonnenwesen.

Sonnenwesen sind am Bewusstwerdungsprozess des Universums sehr interessiert.
Leider mehr peripher als aktiv. Sie wollen alles wissen, etwas dafür tun, sehen sie kritisch.
Ist es Dir wichtig, aktiv zu gestalten, verbinde Dich mit dem Orion und werde zum kosmischen Schöpfer.

Hauptaufgabe der Sonnenwesen ist die Stabilität der einzelnen materiellen Dimensionen.

Sternenwesen

Das Erscheinungsbild der Sternenwesen ist tiefgründig und nachdenklich.
Sie sind die tiefsinnigsten Wesen der Sphäre. Ihre nachdenkliche Art ist berührend.
Sie sind absolut aufrichtig und ehrlich. Sie stehen nicht gerne im Mittelpunkt. Sie versuchen tunlichst zu vermeiden, dass Sonnenwesen sie in Beschlag nehmen. Sie mögen es nicht, überstrahlt zu werden.
Sternenwesen können sehr wild sein. Jedoch ist ihre Energie nicht wie ein Vulkan, sie ist mehr wie ein Erdbeben, das sich grollend nach oben arbeitet.
Sie sind stabile Wesen, die selten ihren Emotionen freien Lauf lassen.
Sternenwesen sind kontrollierte Wesen, die bemüht sind, Situationen aus unterschiedlichen Blickwinkeln zu betrachten.
Gleich wie Sonnenwesen leben sie weibliche und männliche Energie.
Hast Du das Gefühl, in Situationen oberflächlich zu sein, verbinde Dich mit einem Sternenwesen.

Die Ausdrucksform der Sterne ist, gleich wie bei Sonnenwesen, in den unteren Sphären mit Lemurien gepaart. Doch ist das nicht die einzige Sphäre, die Wesen zur Materialisation zur Verfügung stellt.
Die Wal- & Delphin-Sphäre und ebenso die Sirius-Sphäre stellen gleichfalls Wesenheiten zur Verfügung.
Auch hier gilt: In den höheren Dimensionen ziehen sich die Stein-, Metall-, und Feuer-Wesen oder andere Wesenheiten zurück.

Die Größe der Sternenwesen ist im Durchschnitt kleiner als die der Sonnenwesen. Untereinander können sie gleichfalls verschiedene Ausmaße annehmen. Sie stellen sich ganz und gar in den Dienst der Galaxien oder Sonnensysteme und passen sich den Gegebenheiten an.
Sie sind wesentlich achtsamer im Umgang mit ihresgleichen und immer bemüht, auf die Bedürfnisse ihrer Umgebung einzugehen.
Sie gehen mit allen Wesen respektvoll um und sind gute Tröster bei unangenehmen Zuständen.

Benötigst Du Aufmerksamkeit und Trost, verbinde Dich mit einem Sternenwesen.

Sternenwesen halten sich gern an vorgegebene Abläufe und es widerstrebt ihnen, irgendwelche Regeln zu missachten oder sie sogar zu brechen. Sie benötigen klare Strukturen und vorhersehbare Vorgänge. Von Spontanität halten sie wenig.
Sie scheuen sich, Führungspositionen einzunehmen, die Verantwortung zu tragen erscheint ihnen eine zu große Belastung.
Sternenwesen stellen sich jedem Thema augenblicklich und schieben nichts vor sich her.

Sternenwesen sind gerne für sich. Sie sind introvertiert und scheuen sich, allzu vehement aufzutreten. Fast könnte man sie als schüchtern bezeichnen. Das trifft es jedoch nicht genau. Sie sind schlicht mit sich selbst zufrieden und suchen keine Bestätigung im Außen. Sie ruhen in sich, ohne Furcht, gesehen zu werden.
Fühlst Du Dich zu extrovertiert und wünscht Dir mehr Introvertiertheit, verbinde Dich mit einem Sternenwesen.

Sternenwesen lieben es, im Universum umher zu wandern. Ergibt sich die Gelegenheit aus einem System auszubrechen, nehmen sie diese augenblicklich wahr. Sie sind freiheitsliebende Wesen, die absolut unternehmungslustig sind. Sie bevorzugen es, nicht allzu intensiv in eine Aufgabe eingebunden zu sein.
Sie reagieren wesentlich flexibler in oder auf Situationen als Sonnenwesen, dennoch lieben sie klare und absehbare Abläufe. Unvorhersehbare Geschehnisse verwirren sie leicht und werfen sie aus ihrer Bahn.
Sternenwesen sind nicht allzu gut darin, offen ihre Emotionen zu zeigen und so werden sie ab und an missverstanden. Ist das der Fall, ziehen sie sich kurzfristig zum Nachdenken zurück. Ist dieser Vorgang abgeschlossen, öffnen sie sich und sind bereit zur Kommunikation.

Bei Kommunikation mit Sternen solltest Du darauf achten, dass es in Ruhe und mit genügend Zeit geschieht. Hast und Hektik ist nichts für Sterne. Sie sind zwar schnell, meist schneller als Sonnenwesen, jedoch nicht in der Kommunikation. Sterne sind geduldiger als Sonnenwesen, jedoch nicht allzu sehr. Sterne sind gute Hinhörer und immer gewillt, bei einer Problemlösung mitzuwirken.

Hast Du Schwierigkeiten Lösungen zu erkennen, verbinde Dich mit einem Sternenwesen.

Sternenwesen sind immer an konstruktiver Kritik interessiert. Für sie ist es regelrecht ein Sport, Lösungen ausfindig zu machen. Sie lieben es, neue Gedanken zu erforschen und anzuwenden. Sternenwesen nehmen gerne an und sind für alle Tipps und Informationen dankbar. Sie sind wundervolle Freunde. Zumindest so lange Du in ihrer Nähe bist. Verabschiedest Du Dich aus ihrem Umfeld, vergessen sie Dich schnell. Sie halten keinen Kontakt auf allzu weite Distanz.

- Sie lieben das Nachdenken.
- Sie sind kühlend.
- Sie lieben das Umherziehen.
- Sie lieben es, Sonnen und Planeten zu beobachten.
- Sie fühlen sich den Engeln sehr verbunden.
- Sie sind introvertiert.
- Sie handeln im Hintergrund.
- Sie lieben es, allen Wesen zu dienen.
- Sie sehen sich als Mittler zwischen den Sonnenwesen und dem Rest der Sphäre.
- Sie sind auf rationale Weise emotional.
- Sie neigen zum Fluchtverhalten.
- Sie neigen dazu, ihr eigenes Licht hinter das anderer Wesen zu stellen.
- Sie sind gute Strategen.
- Sie halten das Gleichgewicht zwischen den Sphären

Sternenwesen sind über ihre Situation im Kosmos ganz glücklich. Sie wünschen keinen allzu engen Kontakt zu anderen Wesen. Versammlungen, Feste oder Partys wäre ihnen definitiv zu viel an Ansammlung. Es fällt ihnen schwer, im kosmischen Rat Vertreter für ihre Sache zu finden. Sie lieben alle Wesen, jedoch nach Möglichkeit in einer für sie angenehmen Distanz.
Für verantwortungsvolle Aufgaben sind sie wenig zu begeistern, sofern es sich um einen langanhaltenden Einsatz handelt. Kurze Aufträge erledigen sie in Freude und mit vollem Einsatz.

Während eines Bewusstwerdungsprozesses bleiben sie für sich. Sie ertragen keine anderen Wesen und selbst ihre sphärischen Begleiter gehen auf Abstand zu ihnen. Sie kommunizieren ihren Wunsch auf Rückzug klar und liebevoll. Sie durchlaufen ihren Prozess im Inneren.

Sternenwesen sind als Begleiter oder Lehrer gut geeignet. Sie achten auf die Bedürfnisse ihres Schützlings und lassen ihn eigene Ideen und Abenteuer erleben. Sie schreiten selten in Prozesse ein. Sollte ihr Schützling straucheln, fangen sie ihn liebevoll und ohne Bewertung auf. Sie geben Impulse und ermutigen ihn weiter, seine Ideen auszuprobieren.
Fehlt es Dir an Mut spirituelle Ideen auf der Erde umzusetzen, verbinde Dich mit einem Sternenwesen.

Sternenwesen inkarnieren liebend gern überall im Universum. Sie sind die „Vagabunden“ der Sphäre. Man begegnet ihnen in allen Bereichen, selbst auf der Erde sind sie häufiger anzutreffen als Sonnenwesen. Sie finden es zudem lustig, andere Gestalten und Formen anzunehmen.
Sterne sind hervorragende Krieger und dienen Seraphim Michael in mehreren Funktionen.

Planetenwesen

Das Erscheinungsbild der Planetenwesen ist bunt und aufgeweckt. Die Wesen sind in der Sphäre die flexibelsten und luftigsten.
Sie scheuen sich nicht, Dinge direkt anzugehen und offen über „Fehler“ zu sprechen.
Planetenwesen neigen zu keinen Wutausbrüchen, noch ziehen sie sich in sich selbst zurück.
Sie sind offen und an allem interessiert. Planetenwesen sind in weiblicher und männlicher Form vorhanden.
Überwältigen Dich manchmal Deine Emotionen, verbinde Dich mit einem Planetenwesen Deiner Wahl.

Einige Planetenwesen gehen in den unteren Sphären mit unterschiedlichen Seelensphären Symbiosen ein. Sprich, sie begleiten eine Sphäre innerhalb der Sphärenenergie. Das ist für alle Seelensphären eine wundervolle Erfahrung. Sie dienen innerhalb ihrer Sphäre einem Planetenwesen, ohne dass das Planetenwesen direkt mit der Seelensphäre verbunden ist.

Die Größe der Planetenwesen unterliegt einigen Gravitations-Regeln. Planeten wählen einen Platz im Universum, der ihren Anforderungen entspricht. Daher besitzen sie weit weniger Spielraum, frei ihre Position zu wählen, als Sternen- oder Sonnenwesen.
Planeten sind sensible Seelen und anfälliger für hinderliche Emotionen. Was Sonnen verbrennen und Sterne kalt lässt, trifft Planeten mit voller Wucht.
Sie lassen sich gerne begleiten und beraten. Sie lieben die Seraphim oder Avatare und fordern des Öfteren ihre Begleitung. Hast Du Hemmungen, einen Avatar oder Seraphim um Unterstützung zu bitten, nimm Dir ein Beispiel an den Planetenwesen. Sie haben keine Scheu, einen Avatar oder Seraphim um Unterstützung zu bitten. Ganz im Gegenteil finden sie, dass das ihr gutes Recht ist.

Planetenwesen lieben die Wahrheit und sind stets bestrebt, diese zu finden. Sie akzeptieren die Meinung anderer Wesen und neigen dazu, sich diese zu Eigen zu machen. Planetenwesen verhalten sich wie Kinder in ihrer Sphäre. Alles Neue und Spannende muss ausprobiert werden. Sie schießen dabei ziemlich oft über das Ziel hinaus. Hierdurch verursachen sie so manchen ungewollten Crash im Universum. Allerdings kann ihnen keiner böse sein. Sie sind dermaßen naive, kindliche Wesen, dass ihnen leicht vergeben wird. Sie weisen keine Spur von Schüchternheit auf, ganz im Gegenteil gehen sie offen und voller Vertrauen auf alle Wesen zu.
Ein Planetenwesen gibt Dir gerne Hilfestellung, solltest Du Schwierigkeiten haben, auf Menschen offen und vertrauensvoll zuzugehen.

Planetenwesen lieben es, sich sicher und geborgen zu fühlen. Sie sind daher ganz glücklich, ein Sonnenwesen in ihrer Mitte zu haben. Planetenwesen sind nicht bestrebt der Mittelpunkt zu sein, obwohl sie die Funktion meisterlich bewältigen würden. Sie können eine ganze Galaxie unterhalten. Leider erleiden sie hierdurch kleine Bewusstseins-Rückschläge. Sie versäumen dabei, sich auf sich selbst zu konzentrieren. Stattdessen fokussieren sie das Außen. Gelegenheiten zur Bewusstwerdung fließen vorbei, ohne dass sie sie wahrnehmen. So manches Planetenwesen könnte sich bereits in einer höheren Dimension befinden, würde es alle Chancen nutzen.

Verpasst Du auffällig oft Chancen, verbinde Dich mit Seraphim Uriel. Er zeigt Dir Wege auf, Chancen klar zu erkennen.

Bei Kommunikation mit Planeten solltest Du darauf achten, bei der Sache zu bleiben. Planeten neigen dazu, gerne vom Thema abzuschweifen. Sie lieben alles am Universum und sind begierig darauf, jede noch so kleinste Information zu erhalten. Planeten können warten und beobachten ihre Umgebung genau. Sie sind geduldige Wesen. Sie lieben es, über ihr Sein zu kommunizieren. Andererseits lauschen sie aufmerksam den Geschichten anderer Wesen.

Planeten sind herzliche Wesen, die es lieben, die leichte und kindliche Seite der Göttlichkeit zu leben.
Sie geben sich allen Wesen hin. In der Sphäre sind sie die Wesen, die am häufigsten Projekte mit anderen Sphären eingehen, siehe unsere Erde Gaia.

- Sie gehen gerne Symbiosen ein.
- Sie sind kindlich.
- Sie lieben Geborgenheit.
- Sie lieben neue Erfahrungen zu erleben.
- Sie fühlen sich verbindend.
- Sie sind verspielt.
- Sie sind tonangebend.
- Sie lieben es, andere Wesen zu behüten.
- Sie brauchen klare Richtlinien.
- Sie sind naiv und manipulierbar.
- Sie neigen zur Verzettelung.
- Sie neigen dazu, schnell die Lust an Projekten zu verlieren.
- Sie sind gute Alleinunterhalter.
- Sie geben uns die Möglichkeit, mannigfaltige Erfahrungen zu erleben.

Planetenwesen würden es bevorzugen, alle an einem Ort zu verweilen. Aus ersichtlichen Gründen ist das nicht durchführbar. Dennoch kommen sie zu jeder Gelegenheit zu Versammlungen jeglicher Art. Planeten halten zu allen Wesen im Universum den Kontakt aufrecht. Sie lassen das aus reiner Freude am Begegnen geschehen.

Planetenwesen durchlaufen ihre Bewusstwerdung immer in Begleitung eines Seraphim oder Avatar. Sie benötigen das Auffangnetz als Sicherheit, um sich auf gewisse Abläufe einzulassen. Planeten benötigen ein vertrautes Umfeld für Entfaltungswege. Sie verweilen eine lange Zeit an einem Ort. Sie kommen ohne stabiles Energiefeld nicht in die Situation, frei und vertrauensvoll einen Lernschritt zu absolvieren.

Planetenwesen übernehmen Lehraufträge im Kosmos. Sie betreuen alle Arten von Wesen in allen Dimensionen. Sie selbst inkarnieren fleißig in alle Sphären und lernen begierig alles, was es zu lernen und zu erfahren gibt.

Übungen mit der Sun- & Star-Sphäre

- Verbinde Dich geistig mit dem Namen „Sun- & Star-Sphäre “ oder meditiere mit der Energie.
- Lege ein Stück Gold auf Dein Herzchakra und bitte ein Sonnenwesen, sich mit Dir zu verbinden.
- Lege ein Stück Silber auf Dein drittes Auge und verbinde Dich mit einem Sternenwesen.
- Kommuniziere mit dem Vorsteher Sora oder mit Seraphim Sandalphon.
- Fürchtest Du Dich davor, eine Situation genau zu betrachten, verbinde Dich mit einem Sternenwesen.
- Kommunizierst Du mit der Sun- & Star-Sphäre sei Dir bewusst, dass sie Dir Millionen Aspekte aufzeigen und Du selbst entscheiden musst, welchen Du annimmst.
- Ist es Dir ein Bedürfnis, aus einem Projekt auszusteigen, in dem Du verbleiben musst, verbinde Dich mit der Sun- & Star-Sphäre. Sie wird Dich unterstützen, für alle Teilnehmenden den optimalen Weg zu finden.
- Fühlst Du Dich verletzt, verbinde Dich mit einem Sternenwesen. Es wird Dir Wege aufzeigen, die Verletzung zu verarbeiten und Dich wieder Deinem Gegenüber zu öffnen.
- Begegnest Du einem Sonnenwesen, ist es vorteilhaft streng und klar Deine Position einzunehmen. Verspüren sie einen Hauch von Unsicherheit, nutzen sie das gnadenlos aus.
- Willst Du Freunden oder Deiner Familie den Wunsch auf Rückzug kommunizieren, verbinde Dich mit einem Sternenwesen. Es wird Dir die passenden Worte übermitteln.
- Fühlst Du Dich bei einem Entfaltungsprozess allein und traust Dich nicht einen Seraphim oder Avatar um Unterstützung zu bitten, verbinde Dich mit einem Planetenwesen.

Die Übungen werden Dich intensiver mit der Energie der Sun- & Star-Sphäre verbinden. Bei regelmäßiger Anwendung ist eine Verbesserung Deines Lebensgefühls und Wohlbefindens deutlich spürbar. Bei stetigem Ausüben kann es geschehen, dass ein Sternen-, Sonnen-, oder auch Planetenwesen aus der Sun- & Star-Sphäre persönlichen Kontakt zu Dir aufnimmt.

SEELENSPHÄRE
Anoara
CHAMUEL
World of Spirit
www.chamuel-world-of-spirit.com

Ansara-Sphäre

Kurzbeschreibung Ansara-Sphäre

Seelensphäre	Ansara
Begleitender Engel	Seraphim Haniel
Erste Manifestation	vor 1 - 0,5 Milliarden Jahren
Bekannter Avatar	Lord Docha
Vorsteher	Avatar Tamura
Ort der Manifestation	China, Süd Amerika, Afrika
Unterste Dimension	9. Dimension 8. Ebene
Letzter Aufstiegsprozess	vor 2000 Jahren
Jetzt im Aufstiegsprozess	Nein
Lichtwesen	Talaner
Andere Seelengruppen	Tolam, Shymi, Luspha, Wohambi...
Menschliche Inkarnationen	Talaner

Die Ansara-Sphäre ist die Sphäre der absoluten Sanftheit und Liebeskraft. Keine andere Sphäre ist/lebt die göttliche Güte und Gnade in solchen Ausmaß. Sie ist ruhig und friedlich in allen Daseinsformen.
Die Ansara-Sphäre verkörpert die zärtliche, fürsorgliche Göttlichkeit in uns. Sie leben Sanftheit in vollkommener Hingabe an sich selbst und Gott. Sie verbinden sich zart mit allen Wesen im Universum.

Energieform:
Sanft, lieblich, weich, unschuldig, introvertiert, zärtlich, warmherzig, sich selbst vergebend, verständnisvoll, aktive Vergebung, wohltätig, gelebte Güte, Achtsamkeit, Vertrauen, Ruhe, Toleranz, positive Lebenseinstellung, Sensibilität, innere zarte Kraft, gefühlsbetonte Handlungen, Intuition, Flexibilität, Unschuld, FRIEDEN

Wirkt unterstützend bei:
Auflösung von Opfer-Täter-Rollen, innerer Härte, Verbitterung, Extrovertiertheit, nicht vergeben können, Pessimismus, Gefühllosigkeit, Starre, Aggression, Mangeldenken, innerer Unruhe, Unverständnis, Selbstsucht, Egodenken, an Regeln

festhalten, Hoffnungslosigkeit, Hektik

Bevorzugte Berufswahl:
Die Seelen aus Ansara sind neu auf der Erde. Sie werden, falls möglich, Berufe wählen, bei denen sie aktiv am Weltfrieden arbeiten.

Begleitender Seraphim:
Seraphim Haniel ist der begleitende Seraphim für die Ansara-Sphäre.
Haniels Name bedeutet: Gott ist Gnade.
Sie ist der sanfteste Seraphim und passt vollkommen in die friedliche Energie der Ansara-Sphäre. Ihre weiche sanfte Hingabe an alle Wesen umhüllt die Sphäre und trägt sie der Erleuchtung entgegen. Haniel ist die Hüterin der Göttlichen Gnade. Alle Wesen erfahren durch sie die Gnade in sich selbst.

Allgemeines

Ansara erscheint in der Sphäre als sanft fließend himmlischer Wasserfall. Sein weicher Energiefluss schwebt auf leisen Sohlen im Universum. Ansara-Energie berührt sanft alle Wesen im Kosmos. In Ruhe und Stille, vollkommen friedlich, offenbart es seine Weisheit. Nichts ist hektisch oder schnell in dieser bezaubernden Sphäre. Der sichtbare Pulsschlag mit dem göttlichen Rhythmus ist tief bewegend.

Die Wesen erscheinen auf den ersten Blick als abwesend und nicht berührbar. Sie wirken entrückt und zerbrechlich. Tatsächlich jedoch sind sie die stärksten Wesen unseres Erden-Projekts. Ihre Herzqualität überstrahlt jeden Schmerz und jede irdische Unpässlichkeit.
Sie lassen sich nicht von einer Illusion einfangen und schreiten mit zarten Schritten ihrer Bewusstwerdung entgegen. Sie folgen ausschließlich ihrem Herzzentrum.

In der Ansara-Sphäre leben viele Wesenheiten, die niemals die Sphäre verlassen haben. Einzig die Lichtwesen begeben sich ins offene Universum. Es herrscht ein regelrechter Überfluss an Formenreichtum. Die Seelen aus Ansara entfalten ihre ureigene

Formenvielfalt. Für menschliches Denkvermögen sind ihre Formen undenkbar. Zu abstrakt und fließend sind ihre „Körper".
Fühlst Du Dich in Deiner Gedankenwelt zu oft festgefahren, oder willst Du herkömmliche Vorstellungen sprengen, verbinde Dich mit Ansara.

Talana-Lichtwesen sind die einzigen Seelen, die aus dieser Sphäre einen Schritt ins Universum wagen. Talanawesen inkarnieren erst seit März 2015 ins irdische Matrixfeld.
Alle anderen Wesenheiten bleiben in der Sphäre. Sie inkarnieren selten und nur auf Bitten von Haniel sind sie bereit, ihre Sphäre zu verlassen.
In keiner universalen Sphäre finden sie Bedingungen, die ihren friedlichen Charakteren entsprechen. Ansara-Wesen sind hoch entfaltete Wesen und ihre Inkarnation auf die Erde dürfen wir als ein Wunder betrachten.
Ist es Dir ein Bedürfnis, die Wunder der Göttlichkeit in Dir zu erfahren, so verbinde Dich mit Ansara und lass Ihre Energie auf Dich wirken.

Ansara ist die friedlichste Sphäre im Universum. In ihr existieren Wesen, die nie die unterste Dimension unseres Kosmos erlebt haben. Die sanfte Energie der Sphäre entfaltet die Lieblichkeit der eigenen Göttlichkeit. In Ansara ist die Energie von Luzifer unbekannt.
Sie richten ihre Energie absolut auf Gott und die Vereinigung mit der Einheit. Sie kennen keine Gedanken, die sich mit Negativität befassen. Die meisten Wesen aus Ansara sind bereits in die zwölfte Dimension zwölfte Ebene aufgestiegen. Sie vernahmen den leisen und sanften Ruf Haniels, die sie um Unterstützung für das Erdenprojekt bat.
Die Zeit ihrer Anwesenheit auf Erden wurde vorerst auf die nächsten hundert Jahre festgelegt. Sollte sich bis dahin die Situation auf der Erde nicht zum Besseren wandeln, muss ihre weitere Anwesenheit neu beurteilt werden. Droht ihnen Schaden, wird das Projekt vorzeitig beendet.
Kannst Du auf der Erde eine Situation, die Dir schadet, nicht verlassen, verbinde Dich mit Ansara.
Die unterste Bewusstseinsstufe befindet sich in der neunten Dimension, achte Ebene. Ein Inkarnieren wird durch den großen

Bewusstseinsunterschied massiv erschwert. Je weiter sich Ansara von der Erde und ihrer Dimension entfernt, desto gefahrenvoller wird eine Inkarnation für sie. Daher wird der Aufstieg Gaias immer dringlicher.
Ansaras letzter Aufstieg war vor ca. 2000 Jahren, jedoch sind die Wesen fähig, jeden Augenblick eine Entfaltung zu erfahren. Die Friedensenergie der Ansara-Sphäre fördert eine Beschleunigung der Bewusstwerdung.

Das erste Zusammentreffen der Energiefelder fand vor ca. 2 Milliarden Jahren in China und Südamerika statt. Allerdings zogen sich die Talana-Lichtwesen gleich wieder zurück. Sie verankerten einzig die Energie des neuen Erdenzeitalters Samairis auf der Erde. Seit diesem Zeitpunkt nehmen sie aus dem Universum heraus auf der Erde Einfluss. Sie führen der Erde unablässig Friedensenergie zu. Friedensenergie muss von jedem Wesen auf der Erde selbst aktiviert und genutzt werden. Es ist nicht möglich, Friedensenergie aus Ansara in einem Wesen auf der Erde zu aktivieren.

Ansara entfaltet auf der Erde eine zärtlich sanfte Energie. Durch die vielen Ablenkungen, die zudem laut und hektisch sind, werden die Impulse nur von wenigen Seelen wahrgenommen. Jedoch sind immer mehr Seelen bereit, wieder in die Stille zu gehen und ihr Leben zu entschleunigen. Weniger ist mehr.
In der Sphäre offenbart sich die Energie fast schüchtern und außergewöhnlich lieblich.
Ansara ist mit einer warmherzigen gütigen Energie im Universum präsent. Sie ist flauschig und federleicht und dennoch klar spürbar. Auf der Erde verwechseln wir Sanftheit oft mit willensschwach. Die Wesen aus Ansara sind gütig und warmherzig, schwach sind sie nicht.
Spüren Wesen aus Ansara Negativität in einem Wesen, darf das Wesen nicht in ihre Sphäre inkarnieren. Sie akzeptieren keine Luzifer Energie.
Ansara-Seelen besitzen einen in sich ruhenden Charakter. Sie beteiligen sich selten an universalen Geschehnissen und sind nur mit jeweils einem Lichtwesen in den unterschiedlichen Räten vertreten. Ratschläge geben sie nie.

Die Seelen aus Ansara sind gütig und verständnisvoll. Zudem sind sie ehrlich in ihren Handlungen. Sie akzeptieren keine Handlungen, die gegen ihre Sanftheit und gegen Gott gerichtet sind.
Talaner sind gerechte und gradlinige Wesen. Sie erkennen es augenblicklich, sollte ein Wesen Spiele spielen. Ist dies der Fall, wird das Wesen der Sphäre verwiesen und hat die Chance vertan, jemals wieder in Ansara inkarnieren zu dürfen.
Als sphärische Begleiter fungieren Talaner selten bis gar nicht. Willst Du einen Talaner als sphärischen Begleiter, verbinde Dich mit Avatar Tamura und bringe Deine Bitte vor.

Talaner wählen nach einer irdischen Inkarnation den Reinigungsweg über Lemurien. Sie verweilen jedoch nur eine kurze Zeitspanne in der lemurianischen Energie. Sie sind fähig, sich selbst zu reinigen, jedoch genießen sie die Energie der Kristalle im besonderen Ausmaß. Ansonsten würden Talaner niemals andere Wesen um Unterstützung bitten. Das Gleiche gilt für die Sphäre. Einzig Seraphim Haniel unterstützt die einzelnen Wesen und die gesamte Sphäre. Die Ansara-Sphäre stellt selten Heilenergie für den Kosmos zur Verfügung. Sie fokussieren ihren Willen auf ihre Sphäre. Auf ausdrücklichen Wunsch oder Bitten verwehren sie sich jedoch keiner Seele.
Ist es Dein Wunsch, Ansara-Heilenergie zu erfahren, verbinde Dich mit Seraphim Haniel und Avatar Tamura und bitte sie, Dir die Energie zur Verfügung zu stellen.

Ansara ist eine stille, ruhige Sphäre. Daher sind laute Festaktivitäten nicht vorhanden. Alles was schnell oder hektisch aussieht, vermeiden sie. Große Seelenansammlungen finden gleichfalls keinen Raum in der Sphäre. Sie finden sich in kleinen Gruppen zusammen und erzählen sich liebevolle Geschichten und Erlebnisse. Sie tauschen sich über ihr Befinden und über Gott aus. Spaß oder Witz, wie wir es auf der Erde kennen, ist in der Sphäre unbekannt. Sie sind jedoch keinesfalls ernste oder verbissene Wesen. Sie sind einfach unbeschreiblich sanft und hingebungsvoll. Sie besitzen keine besonderen Aufenthaltsplätze. Alle Seelen der Sphären bewegen sich nach eigenem Empfinden. Sie begegnen sich alle mit Sanftheit und vollendetem Verständnis. Sollte ein Wesen einen „Fehler“ begehen, so wird augenblicklich die Gnade Gottes spürbar. Vergebung ist ein wichtiger Bestandteil der Sphäre.

Willst Du auf der Erde tiefe göttliche Vergebung in Dir finden, unterstützt Dich die Energie von Ansara gerne.

Eine Hauptaufgabe Ansaras ist, die göttliche Gnade ins Universum zu leiten.

Die Talaner

Das Erscheinungsbild der Talaner ist weich. Sie strahlen eine beruhigende Eleganz aus. Sie sind warmherzig und gleichzeitig introvertiert. Nichts und niemand kann die Wesen aus ihrer Mitte oder Ruhe bringen.
Sie wählen bevorzugt eine weibliche Schwingungsform, jedoch nicht nur. Es sind durchaus männliche Schwingungen vertreten.
Hast Du das Gefühl, als irdischer Mann fehlen Dir weibliche Energien, verbinde Dich mit einem Talaner.

Die Ausdrucksform der Talaner in Ansara ist einfach himmlisch sanft. Alles ist weich und ihre Formen verschwimmen. Feste Strukturen sind keine mehr vorhanden. Alles ist in einer fließenden Bewegung. Nichts ist kontinuierlich, alles ist stetig in zarter Bewegung.
Talaner sind behutsam und zurückhaltend im Umgang miteinander. Sie achten darauf, nie die Grenze eines Wesens zu überschreiten. Sie gehen zärtlich mit allen Wesen in ihrer Sphäre um und pflegen eine tiefe Verbundenheit zu Haniel. Sofern sie kommunizieren, sprechen sie eine liebliche und dennoch klare Sprache. Die Sphäre leuchtet in beruhigenden blauen und lila Tönen. Kleidung gibt es keine mehr.

Talaner sind verträumte Wesen und dennoch klar in ihrem Willen. Das eine schließt das andere nicht aus. Sie wandeln in der Sphäre in absoluter Glückseligkeit zu Gott. Sie spielen keine Spiele und sind immer ehrlich in ihren Aussagen.
Ungeduld oder Rastlosigkeit ist ihnen unbekannt. Sie sind gemütlich und überaus vorsichtige Wesen. Sie lassen alles mit liebevoller Überlegung und Bedachtsamkeit geschehen. Planlose Handlungen gibt es nichts. Jede ihrer Aktionen hat einen wohldurchdachten Hintergrund. Ihre Grundstimmung ist sanfte Fürsorglichkeit ihrem

Nächsten gegenüber. Sie sind stets bemüht, Gott zu dienen und seinen Willen im Universum geschehen zu lassen.
Sollte es Deinem Bedürfnis entsprechen, den göttlichen Willen in Dir mehr zu leben, verbinde Dich mit einem Talaner oder Avatar Tamura.

Talaner kommunizieren wenig. Sie befinden sich in einem steten Glückszustand. Sie fühlen kein Bedürfnis, sich anderen mitzuteilen. Sie spüren vielmehr, wie sich die Schwingung um sie herum anfühlt. Teilen sie sich einmal mit, so geschieht das auf leise umsichtige Weise. In Ansara ist die Kommunikation mit Talanern liebe- und respektvoll. Sie lassen sich bei einer Unterhaltung ausreichend Zeit. Sie warten ab, bis ein Wesen vollkommen erfasst hat, was sie mitteilen wollen. Sie würden einem Wesen niemals eine negative Botschaft mitteilen. Sie kommunizieren immer mit positiver Energie. Jegliche Kommunikation geschieht lautlos. Meist mit dem göttlicher Farbspektrum. Mit in Ansara inkarnierten Wesen kommunizieren sie rein durch das Fühlen von Schwingung.
Eine Inkarnation in die Ansara-Sphäre ist für Dich möglich, sobald Du Dein Bewusstsein in die neunte Dimension achte Ebene erhoben hast. Vorher ist eine Inkarnation leider ausgeschlossen.

Talaner sind überaus achtsame Wesen und verletzen niemals ein Wesen. Auch nicht zufällig. Sie überprüfen die Schwingung ihrer Aussage. Nur wenn sie die richtige Mischung enthält, geben sie die Energie frei.

- Sie sind sanft und weich.
- Sie sind verständnisvoll.
- Sie lieben die Hingabe an Gott.
- Sie lieben, allen Wesen zu vergeben.
- Sie sind willensstark.
- Sie sind still und friedlich.
- Sie sind behutsam.
- Sie kommunizieren nicht gerne.
- Sie sind stille Wesen.
- Sie wehren sich niemals.
- Sie geben sich allen Situationen hin.
- Sie neigen dazu, zu viel von anderen Wesen zu tragen.
- Sie sind introvertiert.
- Sie fokussieren sich auf sich selbst.

Talaner lieben das Arbeiten in ihrer Sphäre. Sie hegen und pflegen gegenseitig einen lockeren Austausch. Sofern es sich ergibt, finden sie sich zur stillen inneren Einkehr zusammen. Hierbei geht es vorwiegend um die Energie jedes Wesens in Ansara. Sie umsorgen sich in jeder Hinsicht.
Talaner übernehmen in Ansara keine Führungsposition. Diese wird unter allen Wesen gerecht aufgeteilt. Je eine Wesensgruppe übernimmt für einen bestimmen Zeitraum die Aufgabe der Betreuung und Repräsentation im Universum. Allerdings übernehmen nur Talaner die Aufgabe, im Universum ihre Seelensphäre zu vertreten.

Talaner begeben sich häufig in die Einsamkeit. Für sie ist es ein gutes Mittel, ihren inneren Kern zu fühlen und ihre Essenz zu erkennen. Manchmal begeben sie sich innerhalb einer Gruppe in einen Erwachungsprozess. Ihre Bewusstwerdung absolvieren sie mit Unterstützung für sich allein. Allerdings kann es geschehen, dass sie beschließen, eine Erleuchtung gemeinsam zu erleben. Sie sind innerhalb eines Prozesses immer in der Sphäre präsent und schotten sich nicht ab. Da sie ihre Bewusstwerdung nicht voneinander abhängig machen, kann jede Seele jederzeit in eine andere Ebene aufsteigen. Sie bilden keine Familien oder Gruppen. Sie sind alle gemeinsam in der Sphäre. Sie leben göttliche Freiheit in der Gemeinschaft.
Empfindest Du Deine irdische Familie als beengend, bitte ein Wesen aus Ansara, Dich bei Deiner Befreiung zu unterstützen.

Selten stellen sich Talaner als sphärische Begleiter zur Verfügung. Übernehmen sie diese Aufgabe, sind sie liebevolle Mentoren. Sie begleiten ihre Schützlinge in allen Situationen und stehen diese gemeinsam mit ihnen durch. Allerdings begleiten sie einzig Wesen, die die neunte Dimension bereits erreicht haben.
Einen allgemeinen Lehrauftrag fürs Universum besitzen sie nicht. Wünscht ein Wesen ihre Anwesenheit als kosmischer Lehrer, verschließen sie sich dieser verantwortungsvollen Aufgabe nicht. Ihre Lehrmethode liegt im Fühlen. Sie sind der Meinung, erst wenn etwas in seiner Gesamtheit gefühlt wurde, wird es verinnerlicht. Als sphärischer Begleiter und/oder Lehrer begleiten sie ein Wesen über einen langen Zeitraum. Voraussetzung dafür ist eine vorherige Inkarnation in ihre Sphäre.

Wie bereits beschrieben, verlassen nur Talaner die Ansara-Sphäre. Alle anderen Wesenheiten dringen nicht in unseren Kosmos ein. Sie entschlossen sich, keine Inkarnationsverfahren zu absolvieren. Inkarnationen sind ein Weg der Bewusstwerdung. Sie sind freiwillig und kein Muss.
Talaner unterstützen das Universum aus ihrer Sphäre heraus oder indem vereinzelt Talaner in kosmischen Räten eine Friedensaufgabe übernehmen. Einige Talaner unterstützen Seraphim Michael in seiner Friedensmission. Talaner sind Wesen, die niemals kämpfen. Sie sind absolut friedliche göttliche Geschöpfe. Sie besitzen die sanfte, heilende Kraft der Gnade und Vergebung.
Willst Du die Kraft der Gnade und Vergebung in Dir entfachen, verbinde Dich mit einem Talaner oder Seraphim Haniel.

Talaner sind, auch wenn sie das Universum nicht häufig besuchen, sehr an seiner Entwicklung interessiert. Sie übernehmen durchaus Aufgaben, die dem gesamten Universum dienen, sozusagen Homework.
Sie haben sich darauf spezialisiert, dem Kosmos die Energie aus ihrer Sphäre heraus zur Verfügung zu stellen.
Die Hauptaufgabe der Talaner besteht darin, die Friedens-, Gnaden- und Vergebungsenergie aus ihrer Sphäre in unser Universum zu leiten.

Übungen mit der Ansara-Sphäre

- Verbinde Dich geistig mit dem Namen „Ansara-Sphäre“ oder meditiere mit der Energie.
- Lege Deine linke Hand auf Dein Herzchakra und bitte die Ansara-Sphäre, Dich mit ihrer Liebe zu verbinden.
- Lege Deinen rechten Zeige- und Mittelfinger auf Dein drittes Auge und verbinde Dich mit Tamura.
- Kommuniziere mit dem Vorsteher Tamura oder mit Seraphim Haniel.
- Da die Sphäre durch ihre Inkarnation und durch dieses Buch irdisch öffentlicher und bekannter wird, haben sie sich entschlossen, auch Wesen aus unteren Dimensionen eine Zeit lang zur Seite zu stehen. Willst Du einen Talaner an Deiner Seite, bitte darum.
- Fällt es Dir schwer, in einer hektischen Zeit Ruhe zu bewahren, verbinde Dich mit der Energie von Ansara.
- Willst Du in Dir die Energie des göttlichen Friedens erfahren, verbinde Dich mit Ansara.
- Willst Du auf der Erde mit der Samairis Energie arbeiten oder sie empfangen, verbinde Dich mit Ansara. Fühle, wie ein sanfter Energiewasserfall Dir Samairis-Energie zuführt.
- Willst Du die Ansara-Energie auf Erden spüren, setze Dich an einen ruhigen Ort, am besten nachts, und fühle ihren sanften Rhythmus.
- Arbeitest Du mit einem Talaner zusammen, sei Dir bewusst, dass er sanft und behutsam Deine Wege leitet. Achte auf die leisen Töne.

Die Übungen werden Dich intensiver mit der Energie der Ansara-Sphäre verbinden. Bei regelmäßiger Anwendung ist eine Verbesserung Deines Lebensgefühls und Wohlbefindens deutlich spürbar. Bei stetigem Ausüben kann es geschehen, dass ein Talaner aus der Ansara-Sphäre persönlichen Kontakt zu Dir aufnimmt.

SEELENSPHÄRE
Engelsphäre
CHAMUEL
World of Spirit
www.chamuel-world-of-spirit.com

Engel-Sphäre

Kurzbeschreibung Engel-Sphäre

Seelensphäre	Engel-Sphäre
Erste Manifestation	vor 6 – 5,5 Milliarden Jahren
Bekannter Seraphim	Seraphim Michael
Vorsteher	Name bleibt in der Engel-Sphäre
Ort der Manifestation	kein spezieller Ort auf der Erde
Unterste Dimension	12. Dimension 12. Ebene
Innerhalb der Sphäre	3 x 3 Ebenen
Engelwesen	Engel
Andere Seelengruppen	keine
Menschliche Inkarnationen	Engel

Die Engel-Sphäre ist die Sphäre der puren Liebe. Sie ist das absolute Sein ohne eigenen Willen. Alles geschieht zum Wohle der göttlichen Schöpfung. Das bedeutet unermessliche Freiheit. Es gibt nur DAS SEIN und DIE LIEBE.

Energieform:
Herzzentrum der göttlichen Schöpferquelle, pure Liebe, Verbindung zum Universum und zur Einheit, Reinheit, Vergebung, liebende Kraft und Macht, Lobgesänge zu Ehren der Göttlichen Quelle in der Einheit und zu uns selbst

Wirkt unterstützend bei:
Verlust der Liebe in sich, Verlust der eigenen Göttlichkeit, Glaubensverlust in jeglicher Hinsicht, negative Gefühle, negative Gedanken, Gefühl, von negativen Energien verfolgt zu werden, Schuldgefühlen, Opfer- und Täterbewusstsein

Bevorzugte Berufswahl:
alle sozialen Berufe, alle medizinischen Berufe, Musiker, Autor
Prinzipiell mögen Engel alles ausprobieren.

Begleitender Seraphim:
Der Name des Vorstehers der Engel-Sphäre wird im Universum nicht ausgesprochen.
Die Energie besteht innerhalb der Sphäre und hält die Verbindung zur Einheit.

Allgemeines

Das Energiefeld der Engel-Sphäre existiert ausschließlich in der zwölften Dimension. Das stellt somit den größten Unterschied zu allen anderen Seelensphären dar. Zumindest bei Sphären, die noch nicht mit allen Wesen in die 12. Dimension/Avatarebene aufgestiegen sind. Sphären, die bereits mit all ihren Wesen den Bewusstseinsprozess abgeschlossen haben, existieren gleichfalls ausschließlich in der zwölften Dimension! Innerhalb der Engel-Sphäre gibt es keine Materie, es gibt weder hell noch dunkel, auch kein Licht oder Schatten. Es gibt nur bewusstes Sein.

Obwohl die Engel-Sphäre nur in der zwölften Dimension existiert, sind nicht alle Engel in ihrer Bewusstwerdung vollkommen entfaltet. Die Notwendigkeit, dass die Engel-Sphäre in der zwölften Dimension beheimatet ist, ergibt sich aus dem Umstand, dass es einen intensiven und direkten Verbindungsstrahl aus der Einheit in die Engel-Sphäre gibt. Durch diesen Strahl wird das gesamte Universum genährt.

Die Engel-Sphäre muss durch diesen Umstand ein in sich abgeschlossenes System sein. Das Engel-Sphären-System unterliegt strengen Richtlinien. Bei der Entstehung des Universums sind die Engelwesen lediglich mit 50% ihrer Seelenanteile ins Universum eingeflossen. Die anderen 50% verharren demnach weiterhin in der Einheit. Auch dieses stellt im Vergleich zu allen anderen Wesenheiten unseres Kosmos eine absolute Besonderheit dar.

Es gibt 3 x 3 Hierarchieebenen innerhalb der Sphäre

Erste Engel-Sphäre (oberste Hierarchie)

9 Seraphim
8 Cherubim
7 Elohim

Zweite Engel-Sphäre (mittlere Hierarchie)

6 Throne
5 Kräfte
4 Gewalten

Dritte Engel-Sphäre (unterste Hierarchie)

3 Fürstentümer
2 Erzengel
1 Engel

Die Abstufungen der Engelhierarchie sind mit den zwölf mal zwölf Dimension und Ebenen vergleichbar, die alle anderen Wesen im Universum durchlaufen. Da es bei den Engeln anstatt 12 x 12 nur 3 x 3 Ebenen gibt, dauert der einzelne Aufstiegsprozess bei Engelwesen länger, da sie eine größere Entwicklung durchlaufen müssen, bis sie in die nächst höhere Ebene aufsteigen dürfen.

Alle Seelensphären oder sonstige Energiefelder sind offen und können, sofern gewünscht, von allen Wesenheiten besucht und für Lernschritte genutzt werden. Voraussetzung ist, die Seelen besitzen den nötigen Bewusstseinsgrad für die gewünschte Seelensphäre. Die Engel-Sphäre bildet hier ebenfalls eine Ausnahme. Es ist schlussendlich einzig Engelwesen gestattet, die Sphäre zu betreten. Alle Versuche, die Sphäre für die gesamte göttliche Schöpfung zu öffnen, schlugen fehl. Selbst kraftvollen Avataren wie beispielsweise Saint Germain, Buddha oder Jesus Sananda ist der Eintritt verwehrt. Die Engel-Sphäre wird von einer feinen Membran umhüllt, die nur Engelwesen passieren lässt. Die Membran kann die Schwingungsunterschiede zwischen Engelwesen und allen anderen Wesenheiten unterscheiden. Innerhalb der Engel-Sphäre existiert eine weitere Membran, die als Abgrenzung zwischen Universum und der göttliche Einheit dient.

Die Folge für die Engel-Sphäre ist: Es gibt außer den unterschiedlichen Engelwesen keine weiteren Wesenheiten in der Sphäre. Die Mannigfaltigkeit an Wesensreichtum ist demzufolge nicht gegeben. Dennoch besitzt die Sphäre unbeschreiblich viele einzigartige Aspekte der Göttlichkeit. Gleich wie bei Lichtwesen gibt es Milliarden unterschiedlicher Engel mit abwechslungsreichen Charaktereigenschaften. Sie alle entspringen einer einzigen Seelensphäre.
Engel sind sich ihrer Einzigartigkeit bewusst. Untereinander fördern sie ihre Talente und entwickeln ihre spezifischen Stärken.
Kannst Du keine besonderen Eigenschaften an Dir feststellen, bitte einen Engel, sie Dir aufzuzeigen. Das gleich gilt, solltest Du Dir verbieten, etwas Besonderes zu sein.

Die Engel-Sphäre ist eine friedliche und zugleich hoch aktive Sphäre. Wie in anderen Sphären geht es hier geschäftig zu. Jedoch alles in einer fast langweilig anmutenden Eintönigkeit. Die Engel selbst empfinden ihre Engel-Sphäre als lebhaft und bunt. Sie genießen das sanfte dahinplätschern ihrer Sphäre und ihrer Bewusstwerdung. Allerdings nur so lange, bis die Engel ihre Sphäre verlassen und in unseren Kosmos eintauchen.

Engel stellen sich, wie alle anderen Wesenheiten auch, dem Universum zur Verfügung, bis alle Wesen vollkommen erwacht sind und die Vereinigung mit der Einheit beginnt. Die Hauptaufgabe der Engelwesen ist es, alle Wesen an die Liebe der Göttlichkeit im Universum zu erinnern. Sie richten ihre ganze Energie auf das Erwachen der einzelnen Seelen im Kosmos. Engel sind fähig, die göttliche Energie aus der Engel-Sphäre in das Universum zu leiten. Ihr Einfluss, wie sich die Liebe im Universum verteilt, endet jedoch an den Toren zur Engel-Sphäre. Somit ergab sich die Notwenigkeit für die Engelwesen, dass sie die Engel-Sphäre verlassen müssen. Als erster Engel verließ „Luzifer“ die Engel-Sphäre.
Seraphim Michael verließ als zweiter Engel die Sphäre und tauchte ins Universum mit seinen Milliarden von unterschiedlichen Seelensphären und Energiefeldern ein. Nach und nach folgten ihm Heerscharen von Engeln. Engeln jeder Bewusstseinsstufe ist es erlaubt, die Engel-Sphäre zu verlassen und ihren Entfaltungsprozess nach eigenem Wünschen zu gestalten.

Gleichwohl gibt es Engel, die nie die Engel-Sphäre verlassen und auch bis heute keine Ambitionen zeigen, jemals ihre eigene Sphäre zu verlassen.

Engel durchlaufen einen Bewusstwerdungsprozess wie alle Wesen in unserem Universum. Das kann sowohl innerhalb ihrer Sphäre geschehen, oder ebenso im Kosmos.
Viele Engel übernehmen, ihrem Bewusstsein entsprechend, eine Schutzaufgabe bei anderen Seelen. Sie begleiten sie durch viele Projekte und/oder Inkarnationen hindurch.

Da die Engel-Sphäre komplett in der zwölften Dimension beheimatet ist, benötigen Engel beim Verlassen ihrer Sphäre ein gesondertes Verfahren. Verlassen Engel die Sphäre, werden sie durch den Energiestrahl eines Seraphim in die Dimension begleitet, die ihrem eigenen Bewusstseinszustand entspricht. Ein Seraphim benötigt keinen anderen Seraphim, er kann sich allzeit frei im Universum bewegen, außer bei Inkarnationen in ein Projekt, beispielsweise dem Erdenprojekt in der dritten Dimension.
Will ein Engel wieder in die Engel-Sphäre eintauchen, benötigt er wiederum die Hilfestellung eines Seraphim. Die Problematik besteht darin, dass Engel nicht in ihre Sphäre zurück-kehren dürfen, sofern sie Energien aus dem Universum in sich tragen. Bevor ein Engel seine Sphäre betritt, müssen daher alle Energien des Universums entfernt werden. Der Engel vergisst alle negativen und teilweise auch positiven Erfahrungen und Erlebnisse. Engel besuchen zur Heilwerdung nicht Lemurien, bevor sie in ihre Sphäre zurückkehren. Sie werden in einem gesonderten Energiefeld von Engeln gereinigt und fließen anschließend direkt in die Engel-Sphäre ein.
Benötigen Engel Unterstützung, so erhalten sie diese immer von einem Engel aus der oberen Engelhierarchie, also entweder Elohim, Cherubim oder Seraphim.

Heute Inkarnieren viele Engel aller Bewusstseinsebenen ins irdische Matrixfeld.
Das erste Zusammentreffen der Energiefelder von Engel-Sphäre und Erde fand im sphärischen Energiefeld der Erde statt. Seraphim Michael ummantelt die Erde und legt damals wie heute ein Schutzschild darum. Daher ist Michael einer der bekanntesten Engel auf Erden, denn seine Energien sind auf der gesamten Erde

spürbar. Der erste Engel inkarnierte im heutigen England. In der späten Zeit der Atlantis-Epoche begannen mehr und mehr Engelwesen, die Erde als besonderes Lernprojekt zu entdecken.

Die Engel-Sphäre entfaltet auf der Erde eine Energie der Vergebung und des Friedens.
Mehr und mehr Menschen wollen sich der Energie hingeben, werden jedoch von Luzifers
Verführungs- und Illusionsenergie daran gehindert. In der Sphäre ist die Energie der Vergebung und des Friedens im Herzen überall gegenwärtig. Engel jeder Bewusstseinsstufe tragen die Liebe und den Frieden und somit die Vergebung in sich.

Die Engel-Sphäre lässt die Energie aus der zwölften Dimension in alle Dimensionen und Ebenen einfließen. In der Engel-Sphäre existieren bewusste Liebeswellen, die die Engel durch ihre Seelenanteile in der Einheit in ihre universellen Seelenanteile weiterleiten. Es ist ein einmaliger Vorgang im Kosmos, dass eine Energie direkt von der Einheit durch eine Sphäre geleitet wird. Benötigst Du direkte göttliche Energie, verbinde Dich mit der Engel-Sphäre und stelle sie Dir als Wasserfall vor. Die Energie fließt direkt in Dich hinein.

Die Seelen aus der Engel-Sphäre sind kompromisslos, was die Hingabe an oder zu Gott anbelangt. Verstößt ein hohes Wesen gegen die göttliche Ordnung, sind Engel diejenigen, die das Wesen zur Ordnung rufen. Sie unterstützen keine Wesen, die sich mit voller Absicht Luzifers Energie hingeben. Weder auf der Erde, noch im Universum. Fungieren sie als Schutzengel, begleiten sie das Wesen über einen längeren Zeitraum hinweg. Ihre Aufgabe besteht darin, die Seele bei allem, was ihr dienlich ist, zu unterstützen. Fungieren sie als sphärische Begleiter, sorgen sie dafür, dass die Lebensaufgabe erfüllt wird und die Lernprozesse stattfinden. Verstößt ein Seraphim oder ebenso ein Avatar auf der Erde gegen die göttliche Harmonie, so wird ihm die Unterstützung der Engel entzogen.
Fühlst Du Deine Engel nicht, so bitte sie Dir aufzuzeigen, wo Du gegen die Göttlichkeit gehandelt hast.

Innerhalb der Engel-Sphäre finden Festaktivitäten in Form von Lobgesängen an Gott statt. Dafür gibt es keine speziellen Orte, die gesamte Sphäre singt.
In der Engel-Sphäre gibt es durchaus Lachen und Freude und ebenso wildes „Herumtollen". Engel können verspielt oder streng sein. Alles jedoch geschieht in und mit Liebe und Hingabe an Gott. Ihre Handlungen richten sich nach dem göttlichen Willen. In keiner anderen Sphäre ist das Eins-Sein mit Gott so präsent und spürbar, wie in der Engel-Sphäre.

Eine Hauptaufgabe der Engel-Sphäre im Universum ist die Einhaltung der Göttlichen Gesetze. Zudem sorgt Seraphim Michael für das Gleichgewicht zwischen den Polen. (Positiv und Negativ)

Die Engel

Das Erscheinungsbild der Engel ist nicht konkret zu beschreiben. Was sie alle gemeinsam haben, ist die Form der Flügel. Doch selbst hier gibt es immense Unterschiede.
Engel der ersten Hierarchie besitzen zwei Flügel, die der zweiten Hierarchie vier und die der drittem Hierarchie sechs Flügel. Damit ist der gemeinsame Engelsausdruck jedoch auch schon vorbei.
Ihre Energie ist vielseitig und erstreckt sich vom Krieger (Michael) bis zur Lieblichkeit (Haniel). Arbeiten Engel in den höheren Dimensionen, erscheinen sie meist als Flamme oder Lichtkugel/Gestalt. In den unteren Sphären nehmen sie durchaus „menschliche" Gestalt an und erwählen weibliche oder männliche Schwingung. Sie können diese bei Bedarf verändern oder anpassen. Nicht immer erscheint Seraphim Michael beispielsweise in männlicher Form. Hat ein Mensch Probleme mit der männlichen Ausdrucksform, wird Michael diese Form meiden und lieber als Frau oder Kind erscheinen. Jedes Wesen trägt, gleich welchen materiellen Körper wir wählen, weibliche und männliche Schwingung in sich.
Fällt es Dir schwer, beide Essenzen in Dir zu spüren, verbinde Dich mit einem Engel.
Doch Achtung: Engel sind nicht immer die liebevollen Wesen, als die sie vorzugsweise beschrieben werden. Sie sind liebevoll und können, je nach Anforderung, gleichzeitig zerstörerisch sein.

Die Ausdrucksform der Engel reicht von groß und mächtig über zart und filigran bis zu einem Hauch von Nichts. Je nach Essenz und Aufgabe nehmen sie entsprechend Materie an.
Engel sind hoheitsvoll und respekteinflößend oder auch kindlich, lieblich und entzückend. Sie sind das eine und das andere und alles was dazwischen liegt.
Engel in der Engel-Sphäre gehen miteinander achtsam und umsichtig um. Jeder Engel unterstützt alle Engel. Selbst ein Engel aus der untersten Engelhierarchie bietet einem Seraphim seine Hilfe an. Diese wird ein Seraphim immer gerne annehmen. Ein „sich über andere stellen" gibt es nicht. Alle Engel sind sich ebenbürtig.
Engel untereinander sprechen eine deutliche Sprache, die von Nicht-Engeln allerdings des Öfteren nicht verstanden wird. In der Engel-Sphäre kommunizieren Engel nicht wirklich miteinander, es ist nicht nötig. Im Universum sind sie sehr kreativ und leben daher ihre Kommunikation in allen erdenklichen Methoden.

Engel sind sowohl massiv wie luftig in ihrer Energie. Grundsätzlich kann man davon ausgehen, je bewusster ein Engel, desto kompakter und komplexer ist seine Energie und seine Handlung. Selbst ein Engel mit weichen Energien wie Seraphim Gabriel oder Haniel fühlen sich massiver an, als alle kriegerischen Engel der unteren Hierarchien.
Engel richten ihren Blick in der Sphäre ausschließlich auf Gott. Es ist für Engel ein Gewaltakt, ihren Blick aus der Engel-Sphäre hinaus ins Universum zu richten. Engel sind nicht sonderlich darauf erpicht, ins Universum einzutauchen. Dennoch übt der Kosmos eine gewisse Anziehung auf die Engel aus. Befinden sich Engel innerhalb ihrer Sphäre, können sie nicht wahrnehmen, was im Kosmos geschieht. Das ist der Grund, warum nur die Hälfte der Engel ihre Sphäre verlassen. Am Tor zur Engel-Sphäre stehen Wächter, die willige Engel ermutigen, Erfahrungen im Universum zu erleben.
Engel arbeiten in der Sphäre, indem sie sich Gott absolut hingeben. Im Universum lassen sie viel für Dich geschehen. Allerdings sind sie nicht Deine Untergeben und Diener im irdischen Sinn.
Arbeitest Du auf der Erde mit einem Engel zusammen, achte auf seine Hilfestellungen oder Impulse.

Bittest Du einen Seraphim Dich intensiver zu unterstützen, dann beachte seine Inspiration und seine Kommunikation mit Dir. Ein

Seraphim-Engel akzeptiert ein Einmischen in seine Arbeitsmethoden nicht. Gerade Seraphim Michael ist hierbei mehr als streng. Er lässt sich nicht sagen, wie etwas zu geschehen hat. Er ignoriert Befehle oder Bitten von Dir, die er als kosmisch irrelevant erachtet. Die Seraphim unterstützen Dich, allerdings werden sie keine Aufträge für Dich erledigen, oder Aufträge von Dir entgegennehmen. Arbeitest Du mit einem Seraphim zusammen, achte genau auf Deinen Auftrag. Konzentriere Dich auf die Hingabe und erkenne die Eingebungen, die sie Dir senden.

Mit Engeln zusammenzuarbeiten kann außerordentlich befruchtend für Deine Entfaltung sein. So lange Du nicht Deine Verantwortung an sie abgibst: Weder an Deinen Schutzengel, noch an Deine geistigen Begleiter, noch an einen Seraphim.

Engel beschreiten Wege, die uns aus irdischer Sicht unlogisch und verwirrend anmuten. Sie erkennen Zusammenhänge, welche uns auf der Erde manchmal verborgen bleiben. Hier ist Vertrauen in sich selbst und in die Kraft und Liebe der Engel gefragt.

- Sie sind liebe- und hingebungsvoll.
- Sie sind verträumt.
- Sie lieben es, Gott zu dienen.
- Sie lieben es, dem Universum zu dienen.
- Sie können brutal sein.
- Sie sind eigensinnig.
- Sie können naiv und stur sein.
- Sie lieben das Musizieren.
- Sie sehen manches durch eine rosa Brille.
- Sie sind mächtig und erhaben.
- Sie sind Hüter der Tore zur Einheit.
- Sie neigen zur Selbstaufgabe.
- Sie lachen sehr gerne und oft.
- Sie zeigen neue Sichtweisen auf.

Engel lieben gemeinsames Erschaffen. Sie sind gerne mit anderen unterwegs und feiern ausgiebige Feste. Engel sind gesellige Wesen, die niemals alleine unterwegs sind. Sie sind immer in Gruppen anzutreffen. Nun, zumindest einige von ihnen. Andere hingegen lieben die Stille und das Alleinsein. Allerdings findet das außerhalb der Sphäre statt.

In der Sphäre sind Engel immer gemeinsam mit allen. Dort gibt es keinen Rückzugsort. Alle Engel bilden ein Bewusstsein. Feste oder ähnliches finden dort nicht statt. Sie halten die Schwingung und leiten sie aus der Sphäre ins Universum weiter. Innerhalb der Sphäre ist ihr Bewusstsein ausschließlich auf Gott und die Liebe gerichtet. Würden die Wächterengel an den Toren zum Kosmos nicht ihre Aufmerksamkeit erregen, sie würden das Universum und die darin enthaltenen Wesenheiten komplett übersehen.

Eine Bewusstseinsentfaltung innerhalb der Engel-Sphäre geschieht langsamer als im Universum. Erstens durch die Hierarchiestufen von 3 x 3 anstatt 12 x 12 und zweitens durch die Erfahrungswelt in der Engel-Sphäre. Sie ist wesentlich eingeschränkter als im Universum. Folglich wählen manche Engel die unendlichen Möglichkeiten des Universums. Vollkommen erwachte Engel, also Seraphim, folgen Michael und unterstützen ihn bei allen Angelegenheiten.

Engel sind vorbildliche Lehrer. Sie begleiten Wesen über einen langen Zeitraum und selbst ein Seraphim Michael ist sich nicht zu schade, eine Begleiter- und Lehrer-Funktion zu übernehmen. Sie verlangen ihren Schülern einiges ab, doch sind sie immer bereit, sich vollkommen für sie einzusetzen. Merken sie jedoch, dass der Schüler gegen sie arbeitet, werden sie ihren Lehrauftrag aufheben. Auch dies geschieht alles außerhalb der Sphäre. Innerhalb der Engel-Sphäre sind Lehraufträge unbekannt. Engel erwachen in sich durch sich in der Sphäre.

Engel im Kosmos erledigen jegliche Arten von Arbeiten. Von Krieger bis Tröster ist alles dabei. Engel sind vielschichtiger als auf der Erde wahrgenommen wird.
Sie inkarnieren im ganzen Universum und mischen überall mit. Engel übernehmen allerlei Aufgaben, sowohl sphärisch im Universum, wie auch inkarniert in Sphären und auf der Erde. Engel scheuen sich nicht, im Kosmos Gewalt anzuwenden... sofern es nötig wird. In der Sphäre gibt es die Energie von Gewalt nicht.

Engel in der Sphäre übernehmen keine Aufgaben im Universum. Tauchen sie in den Kosmos ein, dann immer mit einem Auftrag.

Übungen mit der Engel-Sphäre

- Verbinde Dich geistig mit dem Namen „Engel-Sphäre“ oder meditiere mit der Energie.
- Lege Deine linke Hand auf Dein Herzchakra und bitte einen Engel Deiner Wahl, Dich mit seiner Liebe zu verbinden.
- Lege Deinen rechten Zeige- und Mittelfinger auf Dein drittes Auge und verbinde Dich mit einem Seraphim Deiner Wahl.
- Kommuniziere täglich mit Deinem Schutzengel.
- Überschreitest Du bei anderen Grenzen oder werden Deine Grenzen überschritten, verbinde Dich mit der Engel-Sphäre. Sie lehrt Dich liebevoll, Grenzen zu erkennen und Stopp zu sagen.
- Willst Du Dich mit Gott verbinden, unternehme eine Astralreise zu einem Engelenergiefeld Deiner Wahl. Es leitet göttliche Liebe direkt in Dein Herz.
- Ist es Dir wichtig, nach den göttlichen Gesetzen und der göttlichen Liebe zu handeln, verbinde Dich mit der Engel-Sphäre oder einem Engel Deiner Wahl.
- Fehlt Dir Mut, etwas Neues zu wagen, verbinde Dich mit der Engel-Sphäre oder einem Engel Deiner Wahl.
- Jeder Engel stellt sich bei der Kommunikation auf Dich ein. Erforsche Deine Art zu hören und zu kommunizieren. Spreche in Gedanken oder laut mit einem Engel Deiner Wahl und bitte ihn, Dir klare und für Dich verständliche Zeichen zu unterbreiten.
- Benötigst Du Unterstützung bei Deiner Bewusstwerdung, bitte Deinen Schutzengel, Dir Impulse zu senden. Weiß er nicht weiter, wird er sich Rat bei einem höher-schwingenden Engel holen. Meldet sich der Engel bei Dir, bleibe ruhig und folge den Impulsen. Falle bitte nicht vor Ehrfurcht in Starre. Dann können sie schwerlich mit Dir arbeiten.
- Wünschst Du einen bestimmten Engel an Deiner Seite, auch einen Seraphim, dann äußere Deinen Wunsch klar und deutlich. Sie unterscheiden nicht zwischen hochgestellten Persönlichkeiten oder einfachen Arbeitern. Sie sehen die Seele und deren Willen und das ist ausschlaggebend. Die Menschlichkeit ignorieren sie.

Die Übungen werden Dich intensiver mit der Energie der Engel-Sphäre verbinden. Bei regelmäßiger Anwendung ist eine Verbesserung Deines Lebensgefühls und Wohlbefindens deutlich spürbar. Bei stetigem Ausüben kann es geschehen, dass Dein Schutzengel oder ein Seraphim persönlichen Kontakt zu Dir aufnimmt.

Allgemeine Tipps zur Kontaktaufnahme mit den Seelensphären

1. **Umgebung**
   Prinzipiell spielt die Umgebung keine große Rolle. Eine für Dich angenehme Umgebung fördert jedoch die Kontaktaufnahme sicher.
   Die feinfühlige Wahrnehmung eröffnet sich leichter bei Wohlbefinden.
2. **Position und körperliche Verfassung**
   Eine bequeme und sichere Position ist vorteilhaft. Die Intensität der Wahrnehmung ist unabhängig von Deiner Position. Liegen, Sitzen, Stehen... Erlaubt ist, was Dir behaglich erscheint.
   Für eine leichtere Konzentration ist es gut, Deinen Hunger oder Durst vor der Kontaktaufnahme zu stillen. Eine leichte Ernährung ist hier sicher optimal, jedoch nicht zwingend.
3. **Emotionale Verfassung**
   Bei emotionaler Schieflage erscheint eine Kontaktaufnahme mühevoll. Versuche beruhigende Atemübungen. Fühlst Du Dich ausgewogener, dann beginne die Kontaktaufnahme.
   Übung zur Ausgeglichenheit: Hebe Deine Hand mit der Innenfläche zu Dir zeigend über Deinen Kopf und führe Deine Hand langsam und behutsam bis zu Deinem Wurzelchakra. Wiederhole dies so oft, bis sich das Gefühl der Ruhe einstellt.

Jedes Wesen nimmt die geistige Sphäre auf seine eigene Art wahr. Das gilt ebenso für die Seelensphären.

Eine Kontaktaufnahme zu den Seelensphären ist jederzeit und überall möglich. Die Verbindung zu einer Seelensphäre wird aufgebaut, sobald Du sie laut aussprichst oder auch nur daran denkst. Das Energiefeld besteht so lange, wie Du wünschst.

Die Seelensphäre entscheidet, was Du am dringendsten benötigst und wird dementsprechenden Kontakt mit Dir aufnehmen und/oder mit Dir arbeiten. Vertraue und gebe Dich hin. Je länger Du mit den Seelensphären arbeitest, desto intensiver und leichter wird es, ihre Sprache zu verstehen.
Ich wünsche Dir dabei unendlich viele bezaubernde Abenteuer.

Übung mit den Seelensphären
Verbindest Du Dich mit einem Wesen aus einer Seelensphäre, besteht die Möglichkeit, eine Botschaft zu erhalten. Hallte einen Stift und Papier griffbereit.
Öffne Deine Sinne und empfange.
Mit Übung und Geduld wirst Du tief bewegende und bezaubernde Erfahrungen erleben.

Fragen an die Lichtwesen aus den Seelensphären
Verbinde Dich mit der Sphäre.
Bitte ein Lichtwesen aus der Sphäre, Dir einen spürbaren Impuls zu senden.
Konzentriere Dich auf die Fragen und bleibe für alle Möglichkeiten offen.
Die Technik benötigt Geduld und Hingabe.
Mit der Zeit lernst Du, feine Energieströme wahrzunehmen.

Energieübertragung der Seelen- oder Engel-Sphäre
Verbinde Dich mit der Sphäre.
Bitte die Sphäre, Dir ihre Energie zuzuführen.
Sobald Du aufgefüllt bist, bedanke Dich bei ihnen.
Eine Trennung der Verbindung ist nicht von Nöten. Das geschieht von allein.

Krankheit
Jede Seelensphäre besitzt Heilenergien. Wähle die Sphäre, die Dich am meisten anspricht.
Arbeitest Du mit einer bestimmten Energie, beispielsweise Kristallen, verbinde Dich direkt mit ihnen.
FOLGE IMMER DEINER INTUITION!

Heilenergie für Tiere
Gehe wie üblich vor, inklusive dem Gedanken an das entsprechende Tier.

Übung mit einem Seraphim
Jeder Seraphim trägt die Energie der Sphäre, welche er begleitet, in sich.
Bitte Deinen Seraphim seine Hände auf Dein Herzchakra zu legen.
Genieße seine Zuwendung.

Allgemein gilt: Jedes Lichtwesen, jeder Engel und jede Sphäre wird Deine Arbeit unterstützen. Allerdings werden sie sie nicht für Dich erledigen.

Ich wünsche mit allen Tipps und Übungen viel Erfolg und unendliche Freude.

Seelen- und Engel-Sphären Seminar/ Workshop/ Abende
Ich biete unterschiedliche Workshops zum Thema Seelensphären an.
Bitte informiere Dich auf meiner HP:

www.chamuel-world-of-spirit.com

Es ist nicht zwingend erforderlich, ein Seminar zu besuchen, damit die Energie spürbar ist.

Übungen mit Seelensphären-Produkten
Gehe wie gehabt vor.
Verbinde Dich mit der Sphäre.
Lege ein Bild/ Auraspray/ Anhänger der Seelensphäre oder des Seraphim auf Dein Herzchakra. Spüre, wie die Kraft und Schönheit der Sphäre/des Seraphim in Deinen menschlichen Körper fließt.

Meditation mit Seelensphären-Bildern.
Positioniere das Bild in Augenhöhe.
Betrachte es und beobachte, was sich verändert und sich in Dir bewegt.

Wirkung der Seelensphären-/ Seraphim-Produkte
Die Seelensphären- oder Seraphim-Produkte wirken im sphärischen Bereich. Sie harmonisieren Deine Astralkörper und gleichen sie ins Positive, Unterstützende aus.
Jedes Produkt hat einen Wirkungskreis von 18m im Durchmesser.

Schlussworte

Das Buch zu allen Seelensphären zu schreiben, war ein spannender, anstrengender, manchmal verzweifelter und oft überraschender Weg. Neue Eindrücke und Erkenntnisse offenbarten sich, während ich in den Sphären schwebte. Ich bin immer wieder aufs Neue überwältigt, wie präsent und aktiv die Seelensphären auf der Erde sind. Alles ist möglich, sofern wir unsere Denkweise ein klein wenig öffnen und unseren Spirit mit unserem Körper vereinen. Ein achtsamer und offener Umgang mit allen Seelen ist mir ein ausgesprochenes Anliegen.

Jedes Wesen/jeder Mensch hat seine Eigenheiten, die er auf der Erde leben soll und darf.
Zu erkennen, welche wundervollen Charaktereigenschaften wir aus unseren Sphären mitbringen, ist ein andauerndes Überraschungspaket. Durch das Erkennen der einzelnen Sphären und ihrer Art, sich zu offenbaren, meistern wir das Miteinander wesentlich leichter.

Das Recht, jedem seine Art zuzugestehen, ist ein großer und intensiver Lernprozess auf der Erde.

Ich wünsche viel Freude beim Erforschen und Entdecken Deiner Seelensphäre.
In tiefer Verbundenheit
Chamuel Schauffert

Danke

Ein Buch zu schreiben, fordert von allen viel Hingabe. Der Autor, also ich, ist die eine Seite. Die andere Seite sind die bezaubernden Seelen, die mich auf meinem Weg mit tiefer Liebe und Vertrauen begleiten.
Ich bin dankbar, die Erfahrung auf der Erde erleben zu dürfen. Auch für die negativen Erfahrungen bin ich dankbar... zumindest nach einer gewissen Zeit. Selbstverständlich bevorzuge ich die positiven Erlebnisse.

Viele bezaubernde Seelen begleiten meinen Weg und unterstützen mich auf vielfältige Weise. Manche sind zwar ahnungslos, jedoch liegt gerade hierin der Zauber ihrer Unterstützung.
Zu nennen wären: Bashtar Paul Katzlberger (mein Denkerherz), Celestina Bräutigam (meine Managerin, Assistentin und Nervensäge), Saint Germain Reinhard Korsitzke, Grace Birgit Glowalla (meine Retterin in allen Computerangelegenheiten), Raphael Stefan Felber, Chamuel Sandra Zottele, Laymah Gudrun Tockner, Avoda und Manfred Eichhorn, Aishaniel Kathrin Witgert und Emaniel Bianka Huber.
Alle diese wundervollen Seelen sind unschätzbar wertvoll für mich. Durch sie darf ich erfahren, was wahre Freundschaft auf der Erde bedeutet.
Dieses Abenteuer ist wertvoller als jegliche Materie und ich hoffe für jede einzelne Seele auf Erden, dass sie diese Erfahrung erleben darf.
DANKE

Ich will zudem denjenigen danken, die mich ein Stück meines Wegs begleitet haben. Ich durfte einige Erfahrungen erleben: Schöne und äußerst schmerzvolle. Durch sie habe ich erkannt, wie wichtig es ist, sich abzugrenzen und gleichzeitig offen zu bleiben. Wie wichtig es ist, seine eigene Verantwortung zu tragen und abzugeben, was einem anderen gehört.
Ich danke Euch allen für diese Erfahrung.

Danken darf ich gleichfalls meiner Familie. Gemeinsam mussten wir tiefgreifende Abschiede erleben. Ich bin davon überzeugt, dass wir hierdurch gelernt haben, aufeinander zu achten und zu spüren, was

uns gemeinsam wohl tut. Unbeschreiblich ist für mich das Gefühl unseres Zusammenhaltens.
Die Liebe fängt allen Schmerz auf und wandelt ihn in Hoffnung und Mut, das Leben auf der Erde anzunehmen und zu leben. Ganz gleich, welche Hürden auftauchen.
Ich danke Euch für Eure Geduld mit mir.

Natürlich Danke ich GOTT und meinen sphärischen Begleitern Seraphim Michael und Uriel. Eure Liebe begleitet mich in alle Tiefen und in alle Höhen, die es zu erleben und zu erfahren gilt. Obwohl ich immer noch der Meinung bin, dass wir die schmerzvollen Tiefen getrost überspringen können. SIE sind offensichtlich anderer Meinung. Und so wird sichtbar, wer am längeren Hebel sitzt, ich bin es jedenfalls nicht.

Autorin Chamuel Schauffert

Chamuel Schauffert ist eine spirituelle Lehrerin und lebt mit ihrer Familie in der Schweiz.
Ihre Aufgabe besteht darin, die Weisheit der Seelensphären aufzuzeigen. Erstmalig wird ausführliches Wissen über Seelensphären und Engel-Sphäre in Buchform zusammengefasst und publiziert.
Sie hat bereits ein Buch über die Engel-Sphäre und Seraphim veröffentlicht.
Ihre Weisheit lehrt sie in Seminaren und Vorträgen in der Schweiz, Deutschland und Österreich.

weitere Bücher von Chamuel Schauffert

Seraphim Engel
Deine Begleiter auf dem Weg zum Ursprung

weitere Bücher von Chamuel Schauffert

Seelensphäre

Begegne Deinem Ursprung

Im webshop finden Sie buchbegleitende Poster:

chamuel-world-of-spirit.com